BASTEI
LÜBBE
TASCHENBUCH

Über den Autor:

Oberstleutnant Juan Reinaldo Sánchez gehörte mehr als zwei Jahrzehnte zum Sicherheitsapparat des ehemaligen kubanischen Regierungschefs Fidel Castro. Siebzehn Jahre lang war er Castros persönlicher Leibwächter und enger Vertrauter. 1994 reichte er sein Rücktrittsgesuch ein – für den Maxímo Líder eine Majestätsbeleidigung, die er mit zwei Jahren Gefängnis und Folter bestrafte. 2008 gelang Sánchez nach zehn gescheiterten Versuchen die Flucht in die USA, wo er 2015 nach schwerer Krankheit starb.

Sánchez hat seine Geschichte zusammen mit Axel Gyldén niedergeschrieben. Gyldén ist Autor und Journalist und arbeitet unter anderem als Auslandskorrespondent für den französischen L'Express.

Juan Reinaldo Sánchez
mit Axel Gyldén

Das verborgene Leben des Fidel Castro

Ich war 20 Jahre Leibwächter des Maxímo Líder. Das ist die wahre Geschichte

Aus dem Französischen von
Monika Buchgeister und Norma Cassau

BASTEI LÜBBE
TASCHENBUCH

BASTEI LÜBBE TASCHENBUCH
Band 60897

Dieser Titel ist auch als E-Book erschienen

MIX
Papier aus verantwortungsvollen Quellen
FSC® C083411
FSC
www.fsc.org

Vollständige Taschenbuchausgabe
der bei Lübbe Hardcover erschienenen Hardcoverausgabe

Titel der französischen Originalausgabe: »La vie cachée de Fidel Castro.
Les révélations explosives de son garde du corps personnel«

Titelillustration: © getty-images/
Jose GOITIA/Gamma-Rapho
Umschlaggestaltung: Guter Punkt, München
Satz: Dörlemann Satz, Lemförde
Gesetzt aus der Documenta
Druck und Einband: CPI books GmbH, Leck, Germany
ISBN 978-3-404-60897-3

4 5 3

Sie finden uns im Internet unter www.luebbe.de
Bitte beachten Sie auch: www.lesejury.de

Für meine Mutter, das Licht meines Lebens,
Vorbild an Bescheidenheit und Hingabe.
Für meine Kinder Aliette und Ernesto.
Für ihre Mutter, die während meiner Abwesenheit
so oft auch die Vaterrolle übernahm.
Für meinen Onkel Manuel, diesen »Papa«,
der mir so außerordentliche ethische Werte vermittelte.
Für meine Großeltern, Angela und Crespo,
diese Schutzengel, die mir stets zur Seite stehen.
Für meine Enkel, für meinen Bruder.
Und für all diejenigen,
die mich in schwierigen Augenblicken unterstützt haben.
Möge Gott sie alle segnen!

INHALT

1

CAYO PIEDRA, DIE PARADIESISCHE INSEL DER CASTROS

Die Jacht von Fidel Castro schaukelt auf dem Karibischen Meer. Erst vor zehn Minuten haben wir Anker gelichtet, und schon haben uns weiße Delfine auf dem türkisblauen Wasser an der Südküste Kubas ausgemacht. Ein Schwarm von neun oder zehn dieser Säugetiere patrouilliert steuerbord, ganz nah am Schiffsrumpf; eine andere Gruppe folgt im Kielwasser etwa dreißig Meter backbord hinter uns. Das Ganze wirkt beinahe wie die motorisierte Eskorte eines Staatschefs bei einem offiziellen Besuch …

»Die Ablösung ist da: Du kannst dich ausruhen«, sage ich zu Gabriel Gallegos und weise auf die zahlreichen Rückenflossen, die rasend schnell die Wasseroberfläche durchpflügen.

Mein Scherz entlockt dem Kollegen ein Grinsen. Aber drei Minuten später ändern die unberechenbaren Tiere ihren Kurs, entfernen sich und verschwinden am Horizont.

»Kaum da, und schon wieder weg! Wie unprofessionell …«, scherzt nun Gabriel seinerseits.

Was Professionalität angeht, macht uns keiner etwas vor. Wir sind beide vor dreizehn Jahren in den Personenschutz des *Comandante* eingetreten. Das war im Jahr 1977. Und auf Kuba ist nichts professioneller organisiert, besser eingespielt oder gar wichtiger als der persönliche Schutz des Staatschefs. Die kleinste Bootstour von Fidel, sei es auch nur ein einfacher Angelspaß oder eine Unterwasserjagd, setzt einen beeindruckenden Apparat militärischer Sicherheitsmaßnahmen in Gang. So wird die Jacht von Fidel Castro, die *Aquarama II*, grundsätzlich von der *Pionera I* und der *Pionera II* eskortiert, zwei fünfundfünfzig Fuß (siebzehn Meter) langen, beinahe identisch ausgestatteten, leistungsstarken Schnellbooten, von denen eines zudem mit einer vollständigen medizinische Notversorgung ausgestattet ist, sodass der *Comandante* im Fall plötzlich auftretender gesundheitlicher Probleme unverzüglich versorgt werden kann.

Zehn Mitglieder des engsten Personenschutzes von Fidel, jener Eliteeinheit, der auch ich angehöre, verteilen sich auf diese drei Boote – so wie wir uns an Land auf drei Autos verteilen. Die Boote sind mit schweren Maschinenfeuerwaffen ausgerüstet und verfügen über einen Vorrat an Granaten, Kalaschnikows vom Typ AK-47 sowie ausreichend Munition, um jeder Eventualität angemessen begegnen zu können. Es stimmt, dass Fidel Castro seit Anbeginn der kubanischen Revolution unentwegt von Attentaten bedroht ist: Die CIA hat zugegeben, dass sie Hunderte geplant hatte – sei es mit Gift, mit präparierten Schreibutensilien oder Zigarren …

In offeneren Seegebieten wird zusätzlich noch ein Boot der Küstenwache mobilisiert, das dort dann die Radarkontrolle in der Luft und auf dem Wasser übernimmt. Die Instruktion lautet: Jedes Boot, das sich auf mehr als drei Seemeilen der *Aquarama II* nähert, wird aufgebracht. Auch die kubanische Luftwaffe ist in diese Manöver eingebunden: Am etwa einhundert Kilometer entfernten Luftwaffenstützpunkt Santa Clara harrt ein Pilot in voller Ausrüstung und in höchster Alarmbereitschaft aus, um jederzeit in seine MiG-29 sowjetischer Bauart springen, in weniger als zwei Minuten starten und die *Aquarama II* mit Überschallgeschwindigkeit erreichen zu können.

An jenem Tag herrscht schönes Wetter. Das überrascht nicht: Es ist Hochsommer Anno Salutis 1990, also im zweiunddreißigsten Jahr der Herrschaft von Fidel Alejandro Castro Ruz, der mittlerweile dreiundsechzig Jahre alt ist. Im vorausgegangenen Herbst ist die Berliner Mauer gefallen. Der amerikanische Präsident George H. Bush bereitet die Operation »Wüstensturm« vor: den Einmarsch in den Irak Saddam Husseins. Und Fidel Castro schippert hier an Bord des einzigen Luxusbootes der Republik Kuba, das er natürlich sein Eigen nennt, zu seiner streng geheim gehaltenen Privatinsel Cayo Piedra.

Es ist ein elegantes Schiff mit weißem Rumpf, dessen Länge 90 Fuß (27,5 Meter) beträgt. Anfang der 70er-Jahre in Betrieb genommen, ist es die gesteigerte Antwort auf die Rennjacht *Aquarama I* und übertrifft diese sogar noch. Die *Aquarama I* gehörte zuvor einer dem Regime von Fulgencio Batista nahestehenden Persönlichkeit und wurde beschlagnahmt, als jener, wie bekannt, am 1. Januar 1959 gestürzt wurde, nachdem zweieinhalb Jahre zuvor Fidel und etwa sechzig *barbudos* im undurchdringlichen Dickicht der Sierra Maestra die kubanische Revolution begonnen hatten. Außer den zwei Doppelkabinen, von denen eine – die von Fidel – ein Privat-WC besitzt, verfügt das Boot über Schlafmöglichkeiten für zwölf weitere Personen. Die sechs Sessel des Salons lassen sich zu Betten ausziehen. Zwei Pritschen befinden sich im Funkraum. Und in der der Mannschaft vorbehaltenen Kabine im Bug des Schiffes gibt es vier weitere Kojen. Für ihre Passagiere ist die *Aquarama II* mit jeglichem modernen Komfort ausgestattet: Klimaanlage, zwei Badezimmer, WC, Fernsehen und eine Bar.

Im Vergleich zu den Spielzeugen der neureichen Russen und Saudis, die heute bei den Antillen oder im Mittelmeer die Gewässer kreuzen, mag die *Aquarama II* mit ihrer strengen Silhouette und in ihrem Vintage-Look ein wenig altmodisch wirken. Aber in den 70er-, 80er- und 90er-Jahren des vergangenen Jahrhunderts stand diese Luxusjacht, deren Planken vollständig aus seltenem, aus Angola importiertem

Mahagoniholz bestehen, den in den Marinas der Bahamas oder in Saint-Tropez vor Anker liegenden Luxusbooten in nichts nach.

Genau genommen ist sie diesen aufgrund ihrer Maschinenleistung sogar weit überlegen. Ihre vier Motoren, die Leonid Breschnew Fidel Castro geschenkt hat, sind absolut identisch mit denen der Küstenwachschiffe der sowjetischen Marine. Unter Volldampf treiben sie die *Aquarama II* mit der sagenhaften Geschwindigkeit von 42 Knoten voran, was 78 Stundenkilometer bedeutet! Das ist einfach unschlagbar.

Auf Kuba weiß niemand – oder fast niemand – von der Existenz dieser Jacht, deren Ankerplatz sich in einem uneinsichtigen und unzugänglichen Winkel an der Ostküste der berühmten Schweinebucht befindet, etwa einhundertfünfzig Kilometer südöstlich von Havanna. Seit den 60er-Jahren befindet sich hier, mitten in einem militärischen Sperrgebiet, die private Marina von Fidel. Die Gegend heißt La Caleta del Rosario und steht unter strenger Bewachung. Außerdem befindet sich dort einer der zahlreichen Zweitwohnsitze von Fidel, und in einem der Nebengebäude ist ein kleines Museum untergebracht, in dem die Prachtstücke von Fidels Angeltouren ausgestellt sind.

Von dieser Marina braucht man ungefähr fünfundvierzig Minuten, um Cayo Piedra zu erreichen, die paradiesische Insel des *Comandante*. Hunderte Mal habe ich diese Überfahrt mit ihm gemacht, und doch bin ich immer aufs Neue von dem Blau des Himmels, der Klarheit des Wassers und der Schönheit der Unterwasserwelt überwältigt. Mindestens bei jeder zweiten Überfahrt erscheinen Delfine zu unserer Begrüßung, schwimmen ein Stück weit neben uns her, bevor sie dann je nach Laune wieder das Weite suchen.

Für uns ist es ein beliebtes Spiel geworden, wer sie als Erster erblickt; ist es so weit, ruft derjenige: »*Aquí están!*«! (»Da sind sie!«) Oft folgen uns auch Pelikane von der kubanischen Küste bis nach Cayo Piedra. Ich liebe ihre behäbige, etwas schwerfällige Flugweise. Für uns, die Mitglieder der Eliteeinheit des kubanischen Militärs, stellt diese dreiviertelstündige Überfahrt eine willkommene Erholung dar, denn der Schutz einer so anspruchsvollen Persönlichkeit wie Fidel verlangt unsere ununterbrochene Aufmerksamkeit und verzeiht keinerlei Nachlässigkeit.

Während der gesamten Fahrt hält sich *»El Jefe«* (»der Chef«), wie wir ihn nennen, normalerweise im Salon auf. Dort sitzt er gewöhnlich in seinem großen, schwarzledernen Chefsessel, auf dem noch nie ein anderes menschliches Wesen Platz genommen hat. In der gedämpften Atmosphäre dieses Aufenthaltsraums vertieft er sich mit einem Glas Whisky Chivas Regal *on the rocks* in der Hand (sein Lieblingsgetränk) in die zusammenfassenden Berichte der Geheimdienste, blättert in der internationalen Presseschau, die sein Stab ihm zusammengestellt hat, oder analysiert die Auswahl der Meldungen von Agenturen wie France-Press, Associated Press und Reuters.

El Jefe nutzt die Zeit auch, um aktuelle Angelegenheiten mit José Naranjo, genannt »Pepín«, seinem treuen Adjutanten, zu besprechen, der bis zu seinem Krebstod im Jahr 1995 tagsüber nicht von Fidels Seite wich.[1] Dalia ist natürlich auch dort, die Mutter von fünf der neun Kinder Fidels. Seit 1961 ist Dalia Soto del Valle die Frau an seiner Seite, dies allerdings heimlich ... Die Kubaner erfuhren von ihrer Existenz erst in den ersten Jahren des neuen Jahrtausends! Außerdem ist noch Eugenio Selman anwesend, bis zum Jahr 2010 der persönliche Leibarzt von Fidel, dessen Kompetenz *El Comandante* auch bei politischen Gesprächen schätzt. Die Hauptaufgabe dieses eleganten, zuvorkommenden und allseits geachteten Mannes besteht selbstverständlich darin, Sorge für die Gesundheit des Chefs zu tragen. Aber der persönliche

Leibarzt von Fidel kümmert sich auch um die Wehwehchen des gesamten Umfelds.

★

Nur selten befindet sich ein Gast – ein Unternehmer oder Staatschef – an Bord. Aber es kann vorkommen. Dann lädt *El Comandante* diesen ein, ihn auf die obere Brücke zu begleiten, von der man das Panorama der kubanischen Küsten bewundern kann, besonders die Schweinebucht, aus der wir gerade ausgelaufen sind. Während die *Aquarama II* sie langsam hinter sich lässt, schildert Fidel, der ein unvergleichliches Erzähltalent besitzt, seinem jeweiligen Gast die dramatischen Stunden der Landung in dieser Bucht, die seither so berühmt ist. Von der hinteren Brücke aus beobachten wir, wie er sich in weit ausholenden Erklärungen ergeht, dabei wild gestikuliert und mit dem Finger auf verschiedene Stellen dieser sumpfigen, von Mücken heimgesuchten Gegend weist. Der Meister lässt seinem augenblicklichen Schüler eine äußerst plastische Geschichtsstunde zuteil werden.

»Dort hinten sehen Sie am Ende der Bucht Playa Larga! Und dort am östlichen Ende der Bucht liegt Playa Giron! Dort landeten am 17. April 1961 um genau 1:15 Uhr morgens etwa eintausendfünfhundert von der CIA angeworbene Exilkubaner, um die Heimat zu erobern, einen Umsturz durchzuführen und sich an die Macht zu bringen. Aber auf dieser Insel ergibt sich niemand! Und nach drei Tagen heroischen Widerstands der Bevölkerung mussten die Eindringlinge bis zur Playa Giron zurückweichen. Und dort schließlich die Waffen strecken.«

Die Operation war bereits unter Dwight D. Eisenhower geplant worden, bevor sie zu Beginn der Amtszeit von John F. Kennedy durchgeführt wurde und letztlich in einem vollständigen Fiasko endete: 1200 Mitglieder der Exilanten-Brigade wurden gefangen genommen, 118 getötet. Auf der Seite der Anhänger Castros waren 176 Tote und mehrere Hundert Verletzte zu beklagen. Für Washington bedeutete die Aktion die totale Demütigung. Zum ersten Mal in seiner Geschichte musste der »amerikanische Imperialismus« eine vernichtende Niederlage hinnehmen, während Fidel Castro sich nun auf der internationalen Bühne zum unbestreitbaren Führer der Dritten Welt aufschwang. Er galt von nun an in aller Offenheit als Verbündeter der UdSSR und verhandelte auf Augenhöhe mit den Mächtigen dieser Erde.

Auf der oberen Brücke lauscht der Gast in der prallen Sonne andächtig den Worten desjenigen, der unbestreitbar als einer der ganz Großen in die Geschichte eingehen wird. Fasziniert von dessen Erzählung, gewinnt er beinahe den Eindruck, die Schlacht unmittelbar mitzuerleben. Zweifellos wird er sich sein Leben lang an diese paar auf der Jacht von Fidel Castro verbrachten Stunden erinnern. Dann kehren die beiden Männer wieder in den Salon zu Dalia und Dr. Eugenio Selman zurück. Aber da drosselt der Kapitän auch schon den Motor der *Aquarama II*, und die Farbe des Wassers färbt sich smaragdgrün: Wir nähern uns Cayo Piedra.

★

Die Ironie der Geschichte will es, dass Fidel Castro die Entdeckung dieser Sommerfrische indirekt der von »JFK« ausgelösten Invasion der Yankees verdankt.

In den auf die gescheiterte Landung in der Schweinebucht folgenden Tage im April 1961 erkundet Fidel die Gegend und begegnet einem Fischer, der dort lebt und den alle nur *el viejo Finalé* nennen. Er bittet den »alten Finalé«, ihm die Gegend zu zeigen. Der Fischer mit dem von Wind und Wetter gegerbten Gesicht nimmt ihn unverzüglich auf seinem Boot mit bis Cayo Piedra, einem kleinen »Juwel« etwa fünfzehn

Kilometer vor der Küste, das nur Einheimischen bekannt war. Damals lebte dort nur ein Leuchtturmwärter – einsam wie ein Eremit. Fidel verliebt sich auf der Stelle in diesen Ort, der eines Robinson Crusoe durchaus würdig ist. Der Leuchtturmwärter wird gebeten, seine Stellung zu verlassen, der Leuchtturm wird außer Betrieb genommen und schließlich demontiert.

Im Kubanischen bezeichnet das Wort *cayo* eine flache und sandige, meist auch schmale und lang gestreckte Insel. Um Kuba herum gibt es Tausende davon. Viele werden heute von Touristen besucht, die gerne schnorcheln oder tauchen. Die Insel von Fidel weist etwa eineinhalb Kilometer Länge auf und beschreibt einen leichten von Nord nach Süden reichenden Halbkreis. An der Ostseite befindet sich zum offenen Meer hin eine felsige Steilküste. Dort ist das Wasser tief und blaugrün. Der windgeschützte Westen hingegen bietet feine, weiße Sandstrände und ein türkisfarbenes Meer. Es ist ein paradiesischer Flecken Erde, umgeben von wunderbaren Meeresgründen. Und alles ist beinahe noch genauso intakt wie zu Zeiten der großen Entdeckungen durch die europäischen Seefahrer. Wer weiß, ob hier nicht einmal Piraten vor Anker gegangen sind oder ins Auge gefasst haben, einen Schatz auf der Insel zu verstecken?

Genau genommen besteht Cayo Piedra nicht aus einer Insel, sondern aus zweien. Irgendwann ist sie durch einen heftigen Wirbelsturm in zwei Teile zerrissen worden. Aber Fidel hat dieses unangenehme Ereignis aus der Welt geschafft: Er ließ die beiden Teile von Cayo Piedra durch eine zweihundertfünfzig Meter lange Brücke verbinden, wobei er auf das Talent und Geschick des Architekten Osmany Cienfuegos setzte, des Bruders von Camilo Cienfuegos, der zu den Helden der kubanischen Revolution zählt. Das südliche Inselstück ist etwas größer und bildet den Hauptteil. Dort hat Castro an der Stelle des alten Leuchtturms sein Haus bauen lassen.

Dieses aus Zement erbaute Haus ist ebenerdig, äußerst funktional und darauf angelegt, keinen Luxus zur Schau zu stellen. Außer dem Schlafzimmer von Fidel und Dalia gibt es einen Schlaftrakt für die Kinder, eine Küche und an der Ostseite ein zur Terrasse ausgerichtetes Wohn-Esszimmer mit Blick aufs weite Meer hinaus. Die Holzmöbel sind einfacher Machart; an den Wänden hängen Bilder, Zeichnungen oder Fotos, die meist Angelszenen oder Elemente der Unterwasserwelt wiedergeben.

Aus den Fenstertüren dieses Zimmers sieht man draußen auf der rechten Seite den Hubschrauberlandeplatz. Etwas dahinter liegt in etwa einhundert Metern Entfernung das Gebäude, in dem wir untergebracht sind – wir, die Leibwächter von Fidel. Daneben erhebt sich eine kleine Kaserne, die das übrige Personal beherbergt: Köche, Mechaniker, Elektriker, Funkoffiziere und zehn bewaffnete Soldaten, die dauerhaft auf Cayo Piedra stationiert sind. Noch etwas weiter entfernt gibt es ein Lager mit Treibstoff und Süßwasser (das mit dem Schiff vom Festland herübergebracht wird) und ein kleines Kraftwerk zur Erzeugung von Elektrizität.

Im Westen, zum Sonnenuntergang hin, haben die Castros einen sechzig Meter langen Landesteg bauen lassen. Er liegt unterhalb des Hauses an dem kleinen weißen Sandstrand, der die Innenseite des Halbkreises markiert. Um das Anlegen der *Aquarama* und der Schnellboote *Pionera I* und *II* zu ermöglichen, haben Fidel und Dalia darüber hinaus eine Fahrrinne von einem Kilometer Länge ausheben lassen. Ihre kleine Flotte könnte mit ihrem beachtlichen Tiefgang von zwei Meter fünfzig die Insel sonst nicht ansteuern, da das Wasser sehr flach und der Boden sehr sandig ist.

An den Landungssteg ist eine fünfzehn Meter lange Schwimmbrücke angedockt, auf der ein Restaurant mit Bar und Grillstelle eingerichtet wurde. Das stellt das eigentliche Zentrum des sozialen Lebens auf Cayo Piedra dar. Hier nimmt die Familie meistens ihre Mahlzeiten ein … wenn sie nicht an Bord der Jacht speist. Von diesem schwimmenden Restaurant aus kann jeder die Tiergehege im Wasser bewundern. In dem einen schwimmen Wasserschildkröten (manche von ihnen sind einen Meter groß, landen aber letztlich doch auf dem Teller von Fidel). Das andere ist ein Delfinarium, in dem zur großen Freude von Erwachsenen wie Kindern die zwei hier gefangen gehaltenen Delfine mit Kunststücken und Sprüngen aufwarten.

Der andere, nördlich gelegene Inselteil ist praktisch unbewohnt. Außer einer Abschussrampe für Boden-Luft-Raketen liegt dort nur das Gästehaus. Es ist größer als dasjenige der Gastgeber und weist vier Schlafzimmer sowie ein großes Wohnzimmer auf. Zwischen dem Haus von Fidel und demjenigen der Gäste, die gerade einmal fünfhundert Meter voneinander entfernt sind, wurde eine Telefonleitung verlegt. Um von einem zum anderen zu gelangen, benutzt man einen der beiden VW Käfer Cabrios, die sich auf Cayo Piedra befinden. Außerdem steht eine Art Geländewagen sowjetischer Bauart zur Verfügung, um Material und Lebensmittel zu transportieren.

Das Haus auf dem Nordteil verfügt über ein Außenschwimmbad mit Süßwasser, dessen Becken fünfundzwanzig Meter lang ist, sowie über ein natürliches Jacuzzi. Es liegt in einer Felsennische und wird mit Meerwasser gespeist, das über eine in den Fels gehauene Rinne mit jeder neuen Welle ins Becken gespült wird.

★

Sein ganzes Leben lang hat Fidel beteuert, dass er keinerlei Vermögen besäße außer einer bescheidenen »Fischerhütte« irgendwo an der Küste. Allerdings hat sich diese Fischerhütte in ein Luxusferienhaus verwandelt, das beachtliche logistische Schritte hinsichtlich der Überwachung und des Unterhalts erfordert. Hinzu kommen außerdem etwa zwanzig andere Immobilien, angefangen von Punto Cero, seinem riesigen Anwesen in Havanna ganz in der Nähe des Botschaftsviertels; La Caleta del Rosario, wo auch sein Privathafen liegt; La Deseada, ein Ferienhaus mitten in dem Sumpfgebiet der Provinz Pinar del Rio, wo Fidel beinahe jeden Winter auf Enten- oder Wasserwildjagd geht. Ganz zu schweigen von den ganzen anderen Grundbesitztümern, die in jeder Provinz von Kuba der ausschließlichen Nutzung durch Fidel vorbehalten sind.

Fidel Castro hat auch zu verstehen gegeben und manchmal sogar standfest behauptet, dass die Revolution ihm keinerlei Entspannung, keinerlei Freizeit lasse; dass ihm die bürgerliche Vorstellung von Ferien fremd sei, ja, dass er sie gar verachte. Das ist eine Lüge. Von 1977 bis 1994 habe ich ihn unzählige Male in das kleine Paradies von Cayo Piedra begleitet. Und ich habe an unzähligen Angelpartien und Unterwasserjagden teilgenommen.

Während der Regenzeit bevorzugt Fidel La Deseada. In der schönen Jahreszeit hingegen, also von Juni bis September, fahren Fidel und Dalia jedes Wochenende auf ihre Trauminsel. Im August richten sich die Castros sogar für einen ganzen Monat dort ein. Wenn ein unaufschiebbarer Arbeitstermin oder der Besuch einer ausländischen Persönlichkeit von Rang und Namen den »Kommandanten der Revolution« dazu zwingt, nach Havanna zu reisen, ist das kein Problem: Er steigt in den während seiner Anwesenheit ständig auf Cayo Piedra stationierten Hubschrauber. Und so legt er den Hin- und Rückweg bequem an einem Tag zurück, wenn er möchte!

Bemerkenswert ist, dass vor mir niemand die Existenz von Cayo Piedra erwähnt oder beschrieben hat. Außer den Satellitenbildern auf Google Earth (wo sich das Haus von

Fidel sowie das Gästehaus, der Landungssteg, die Fahrrinne und die Brücke zwischen den beiden Inselteilen in aller Deutlichkeit erkennen lassen), gibt es keinerlei Ansicht dieses Paradieses für Milliardäre. Man mag sich fragen, warum ich nicht selbst Fotos von diesem Fleckchen Erde gemacht habe. Die Antwort ist einfach: Ein Oberstleutnant des Sicherheitsdienstes, der mit dem Schutz einer hochstehenden Persönlichkeit beauftragt ist, spaziert nicht mit einem um den Hals baumelnden Fotoapparat herum, sondern mit einem Maschinengewehr im Anschlag! Außerdem wäre die einzige Person, die Cayo Piedra mit angemessenem Geschick festhalten könnte, Pablo Caballero, der offizielle Fotograf von Fidel Castro. Aber dieser ist natürlich vor allem darum bemüht, die Aktivitäten des *Comandante* zu verewigen und nicht die Landschaft um ihn herum. So kommt es, dass meines Wissens noch nie Aufnahmen von Cayo Piedra oder der *Aquarama II* veröffentlicht wurden.

★

Das Privatleben des *Comandante* ist das bestgehütete Geheimnis der Revolution auf Kuba. Fidel Castro hat stets darauf geachtet, seine Familie betreffende Informationen nicht nach außen dringen zu lassen. Das ist ihm so gut gelungen, dass man seit sechs Jahrzehnten so gut wie nichts weiß über die Sippe der Castros, die sieben Geschwister zählt. Diese Abschottung hat ihren Ursprung in seinem früheren Leben als Untergrundkämpfer, aber heute hat die Trennung von öffentlichem und privatem Leben unvorstellbare Ausmaße angenommen.

Keiner seiner Schwestern und Brüder hat jemals eine Einladung nach Cayo Piedra erhalten. Möglicherweise hat Raúl, dem Fidel am nächsten steht, in dessen Abwesenheit ein paar Tage dort verbracht. Aber ich bin ihm dort nie begegnet.

Außer dem engsten Kreis der Familie, also Dalia und den fünf gemeinsamen Kindern, können nur wenige, sehr wenige Personen sich damit brüsten, die geheimnisvolle Insel mit eigenen Augen gesehen zu haben. Fidelito, sein ältester Sohn aus erster Ehe, war weniger als fünf Mal hier. Und seine einzige Tochter, Alina, die aus einer außerehelichen Beziehung stammt und heute in Miami in Florida lebt, hat niemals einen Fuß auf diese Insel gesetzt …

Ich für meinen Teil erinnere mich neben einigen ausländischen Geschäftsleuten, deren Namen ich vergessen habe, und einigen bevorzugten kubanischen Ministern lediglich an den kolumbianischen Präsidenten Alfonso López Michelsen (1974–1978), der 1977 oder 1978 gemeinsam mit seiner Frau Cecilia ein Wochenende dort verbrachte, an den französischen Geschäftsmann Gérard Bourgoin, der auch den Beinamen »Hühnerkönig« hatte und um das Jahr 1990 zu Besuch dort weilte, in einer Zeit, als dieser Unternehmer sein Wissen über die Geflügelproduktion in die ganze Welt trug, an Ted Turner, den Besitzer von CNN, an die bekannte amerikanische Fernsehmoderatorin Barbara Walters und an Erich Honecker, den Staatschef der Deutschen Demokratischen Republik (1976–1989), sowie an einige weitere wichtige Verbündete Kubas.

Den vierundzwanzig Stunden währenden Besuch Honeckers auf Cayo Piedra im Jahr 1980 werde ich niemals vergessen. Man muss wissen, dass Fidel Castro acht Jahre zuvor, im Jahr 1972, eine Insel der südlich von Kuba gelegenen Inselkette Cayos Blancos del Sur in »Ernst-Thälmann-Insel« umbenannt hatte. Genauer gesagt: Als symbolische Geste »unter Brüdern« hatte er, um die Freundschaft ihrer Länder zu bekräftigen, dieses unbewohnte Stück Land von fünfzehn Kilometern Länge und fünfhundert Metern Breite der DDR zum Geschenk gemacht. Es liegt etwa eine Bootsstunde von seiner Privatinsel entfernt.

Ernst Thälmann? Der war während der Weimarer Republik Vorsitzender der Kommunistischen Partei Deutschlands und wurde später, im Jahr 1944, durch die Nazis im KZ Buchenwald ermordet. Anlässlich dieses Staatsbesuchs von Honecker auf Kuba im Jahr 1980 schenkte nun Erhard Krack, der Bürgermeister von Ost-Berlin, der der Delegation angehörte, Fidel Castro eine Büste von Thälmann. Fidel beschloss dann sinnigerweise, das Kunstwerk auf der gleichnamigen Insel aufstellen zu lassen. Und so wurde ich Zeuge der absurden Szene, bei der zwei Staatsoberhäupter an Bord der *Aquarama II* irgendwo im Niemandsland anlegen, um auf einer einsamen Insel die Büste einer längst vergessenen Persönlichkeit aufzustellen – mit Leguanen und Pelikanen als einzigen Zeugen. Wie man hört, wurde die gewaltige, zwei Meter hohe Statue von Thälmann beim Durchzug des Wirbelsturms Mitch im Jahr 1998 von ihrem Sockel gerissen …

Im Grunde sind die beiden einzigen regelmäßigen Besucher von Cayo Piedra, die nicht zur Familie gehören, Gabriel García Márquez und Antonio Núñez Jiménez. Ersterer ist zweifellos der größte kolumbianische Schriftsteller, den es je gab. Sein Werk wurde im Jahr 1982 mit dem Nobelpreis ausgezeichnet. Márquez verbrachte einen großen Teil seines Lebens auf Kuba. Jiménez, der im Jahr 1998 starb, ist eine historische Figur der kubanischen Revolution, an der er im Rang eines Kapitäns teilnahm. In Erinnerung an diese Zeit trug er zeit seines Lebens einen langen Bart. Er war Anthropologe und Geograf und genoss als Intellektueller ebenfalls große Achtung. Auch er zählt zu dem sehr begrenzten Kreis der echten Freunde von Fidel. Márquez und Jiménez waren also die häufigsten Nutzer des Gästehauses auf Cayo Piedra.

★

Der Luxus von Cayo Piedra bemisst sich nicht in den bewohnbaren Quadratmetern und auch nicht in der Anzahl der vor Anker liegenden Jachten. Der wahre Schatz der Insel ist ihre wunderbare Unterwasserwelt. Von Touristen und Anglern verschont, stellen die Gewässer vor Cayo Piedra ein unvergleichliches ökologisches Refugium dar. Zu Füßen seines Hauses hat Fidel Castro gleichsam ein persönliches Aquarium von weit mehr als zweihundert Quadratkilometern! Ein Unterwasserspielplatz, von dem Millionen Kubaner nicht die geringste Vorstellung haben – ebenso wenig wie die Millionen Touristen, die jedes Jahr vor den vom Tourismusministerium verwalteten *cayos* zum Tauchen eintreffen.

Abgesehen von dem berühmten französischen Meeresforscher Jacques-Yves Cousteau, der an Bord seiner *Calypso* mit der ausdrücklichen Erlaubnis von Fidel Castro auch dort seine Erkundungen betreiben durfte, hat keine andere Person jemals den unglaublichen Reichtum der Fauna und Flora ermessen können. Fidel besitzt das alleinige Nutzerrecht. Mondfisch, Husarenfisch, Katzenfisch, Schmetterlingsfisch, Kofferfisch, Flötenfisch, Trompetenfisch, Hamletbarsch, Kardinalfisch, Blaustreifen-Doktorfisch, Gemeiner Sonnenbarsch, Thunfisch, Meerbrasse, Languste: Die unterschiedlichsten Arten von orangefarbenen, gelben, blauen und grünen Fischen tummeln sich dort zwischen roten und weißen Korallenriffen, zwischen grünen, schwarzen und roten Algen. Delfine, Tigerhaie, Hammerhaie, Schwertfische, Pfeilhechte und Wasserschildkröten vervollständigen das zauberhafte Bild dieser lautlosen Welt.

Fidel Castro ist ein ausgezeichneter Taucher. Das kann ich sehr gut beurteilen. Während all der Jahre, die ich in seinen Diensten verbracht habe, kam es mir zu, ihn bei seinen Unterwasserausflügen zu begleiten – insbesondere, um ihn gegen mögliche Angriffe der Haie, Pfeilhechte und Schwertfische zu verteidigen. Mehr noch als die anderen Aufgaben, die in meiner Verantwortung lagen – wie der Einblick in seinen Terminkalender oder die Organisation des Sicherheitsaufgebots bei seinen Auslandsreisen –, gab meine Beteiligung beim Tauchen oft Anlass zu Eifersüchteleien. Für ein Mitglied seines Begleitschutzes gibt es keine größere Auszeichnung als diejenige, Fidel bei seinen Unterwasserausflügen begleiten zu dürfen. Und dieses Vergnügen wurde mir sehr oft zuteil! Denn wie sehr er sich auch für Basketball oder Entenjagd begeistert, so stellt das Tauchen doch seine wahre Leidenschaft dar. Fidel ist mit einem eindrucksvollen Lungenvolumen ausgestattet (schließlich ist er auch 1,91 Meter groß und wiegt 95 Kilogramm) und kann ohne Sauerstoffgerät vollkommen problemlos bis in zehn Meter Tiefe tauchen.

Aber er betreibt die Unterwasserjagd auch auf eine ganz eigene Art. Man kann sie mit den königlichen Jagdzügen von Ludwig XV. in den Wäldern um Versailles vergleichen. Früh am Morgen, wenn der Herrscher noch schläft, schwärmt ein Trupp von Fischern in Begleitung des »alten Finalé« aus, um die Lage zu sondieren. Ihr Auftrag lautet, die fischreichen Gründe ausfindig zu machen, um die Erwartungen des Monarchen noch zu übertreffen. Nach getaner Arbeit kehrt dieser Trupp dann im Laufe des Vormittags nach Cayo Piedra zurück. Dort wartet er darauf, dass der König sich erhebt, der sich selten vor 3 Uhr morgens schlafen legt. Dann tritt der »alte Finalé« zum Rapport an.

»Nun, was haben wir denn heute?«, fragt Fidel, bevor er an Bord der *Aquarama II* geht.

»*Comandante*, heute müssten Bonitos und Doraden zu finden sein. Und mit ein bisschen Glück treffen wir auch auf Langusten.«

Die *Aquarama II* legt ab. An Bord wird unverzüglich mit den Vorbereitungen begonnen: Man holt die Masken und Schnorchel hervor, während Fidel sich gemütlich hinsetzt und die Beine ausstreckt. Jemand kniet vor ihm, um ihm

Flossen überzustreifen und Handschuhe zu reichen. Hinlänglich ausgerüstet, steige ich als Erster die Leiter hinunter, *El Comandante* folgt mir. Unter Wasser schwimme ich an seiner Seite oder über ihm. Mein Werkzeug besteht in einem Luftgewehr, dessen Geschosse vorne rund sind. Damit soll den getroffenen Fischen eine Art »Faustschlag« auf den Kopf versetzt werden können. Dies ist wichtig, wenn Haie oder Pfeilhechte sich Fidel gefährlich nähern.

Aber ich trage auch das Jagdgewehr des Chefs, denn er möchte sich nicht die ganze Zeit über mit einem solchen Gewicht belasten. Wenn Fidel jedoch eine Beute ins Visier nimmt und beschließt, sein Gewehr zu benutzen, streckt er den Arm in meine Richtung, ohne mich dabei anzusehen. Ich weiß, was ich dann zu tun habe: Ich platziere die Waffe schussbereit in seiner Hand. Fidel schießt die Harpune ab und reicht mir danach das Gewehr sofort zurück. Je nachdem, ob er sein Ziel verfehlt oder getroffen hat, lade ich das Gewehr nach oder kehre an die Wasseroberfläche zurück, um die Beute in das über uns schwimmende Beiboot zu verfrachten.

Wenn der Monarch genug hat, kehren wir nach Cayo Piedra zurück. Bei unserer Rückkehr findet stets das gleiche unvermeidliche Ritual statt. Der (sehr üppige) Fang von Fidel wird auf dem Landungssteg ausgebreitet und nach Arten sortiert: die Meerbrassen zu den Meerbrassen, die Doraden zu den Doraden, die Langusten zu den Langusten usw. Daneben werden auch die Fische von Dalia, die in Begleitung von zwei Kampfschwimmern ebenfalls auf Unterwasserjagd geht, zur Schau gestellt. Unter den bewundernden und belustigten Kommentaren des Begleittrosses sichten Fidel und Dalia ihre Ausbeute und ermessen das sich daraus ergebende Festessen.

»Comandante, es una otra pesca milagrosa!« (»So wie einst der wunderbare Fischfang!«), beteure ich in der Gewissheit,

dass mir diese Worte das Lächeln des selbstverliebten Führers und seiner Begleiter einbringen.

Während die Glut des Holzkohlengrills sich schon rot färbt, bestimmt Fidel die Fische, die er unverzüglich auf dem Grill sehen will, sowie diejenigen, die er großmütig der Garnison überlässt, und schließlich diejenigen, die er in Boxen voller Eis gut gekühlt nach Havanna bringen lässt, wo er sie in seinem Heim binnen 48 Stunden verzehren möchte. Dann begeben sich die Castros im Schatten des schwimmenden Restaurants zu Tisch.

★

Dieses *dolce vita* stellt ein unermessliches Privileg dar. Dies umso mehr, als sich die ohnehin recht spartanischen Lebensbedingungen auf Kuba nach dem Fall der Berliner Mauer und dem Zusammenbruch der Sowjetunion weiter verschlechtern. Die Subventionen aus Moskau, die einen gewissen Wohlstand aufrechterhalten hatten, versiegen zunehmend. Die kubanische Wirtschaft, die mehr als 80 Prozent ihres Außenhandels mit dem Ostblock betreibt, bricht wie ein Kartenhaus zusammen. In vielen Privathaushalten herrscht Hunger. Das Bruttoinlandsprodukt sinkt um 35 Prozent, und die Elektrizitätsversorgung ist nicht mehr ausreichend gewährleistet. Um dem massiven Rückgang der Exporte und Importe zu begegnen, ordnet Fidel Castro im Jahr 1992 gesetzlich den Beginn der »Sonderperiode in Friedenszeiten« an, die die Zeit der Entbehrungen offiziell bestätigt und die Ära des internationalen Massentourismus einläutet.

★

Bis zu Beginn der 90er-Jahre hatte ich mir niemals Gedanken darüber gemacht, wie eigentlich das System funktionierte.

Ein typischer Fehler von Militärangehörigen … Als guter Soldat erfüllte ich meinen Auftrag nach bestem Wissen und Gewissen, und damit war ich glücklich. Allerdings durfte ich mich auch rundum kompetent fühlen. Ich besaß den schwarzen Gürtel im Judo, den schwarzen Gürtel in Karate, den schwarzen Gürtel in Taekwando. Zugleich war ich einer der besten Scharfschützen meines Landes. Im Jahr 1992 hatte ich bei einem zweitägigen, vom kubanischen Innenministerium veranstalteten Wettbewerb die unumstrittene Meisterschaft im Präzisionsschießen auf feste und bewegte Ziele aus einer Entfernung von fünfundzwanzig Metern gewonnen. Mir wurde gar der ehrenvolle Titel eines »Experten« zuteil, der niemals zuvor verliehen worden war. Parallel dazu hatte ich einen Magistertitel in Jura erworben und bereits alle Stufen der Hierarchieleiter bis zum Rang eines Oberstleutnants erklommen. Die mir übertragenen Aufgaben wurden immer verantwortungsvoller. So oblag es mir, das Sicherheitsaufgebot bei Auslandsreisen des Staatschefs zu bestimmen und die Sicherheitsmaßnahmen zu organisieren. Fidel selbst war zufrieden. Mehr als einmal hörte ich, wie er auf diesen Reisen beim Ausstieg aus dem Flugzeug sagte: »Ah, Sánchez ist da, na, dann ist ja alles in Ordnung.« Ich kann also wirklich behaupten, dass ich in beruflicher Hinsicht erfolgreich war. In gesellschaftlicher Hinsicht im Übrigen auch: Auf Kuba gibt es eigentlich keine Arbeit, die mehr Ansehen genießt und begehrter ist, als das Leben dem körperlichen Schutz des *Máximo Líder* zu widmen.

Aber zu dieser Zeit bekommt die bisher so makellose Fassade meiner Überzeugungen erste Risse. Dafür muss man wissen, dass das Jahr 1989 in der kollektiven Erinnerung der Kubaner nicht so sehr das Jahr des Falls der Berliner Mauer ist, sondern das Jahr der »Affäre Ochoa«. Diese Angelegenheit stellt in gewisser Weise die Dreyfus-Affäre des Castro-Systems dar und wird auf ewig ein nicht zu tilgender, dunkler Fleck in der Geschichte der kubanischen Revolution bleiben. Am Ende eines stalinistischen, vom Fernsehen übertragenen Prozesses, der bis heute allen Kubanern in quälender Erinnerung ist, wurde Arnaldo Ochoa, ein Nationalheld und hoch geachteter General der Insel, wegen Drogenhandels zum Tode verurteilt und – um ein Exempel zu statuieren – zusammen mit drei weiteren hochrangigen Militärs erschossen. Da ich mich im engsten Kreis der Mächtigen bewegte, wusste ich nur zu gut, dass dieser Drogenhandel dazu bestimmt gewesen war, Devisen anzuhäufen, mit denen die Revolution finanziert werden sollte. Das Ganze war natürlich mit der Unterstützung des *Comandante* organisiert worden, und somit war dieser ganz direkt in die »Affäre« verstrickt. Um sich selbst zu schützen, hatte Castro nicht gezögert, Arnaldo Ochoa zu opfern, den tapfersten und treuesten seiner Generäle, den Helden der Schweinebucht, der sandinistischen Revolution in Nicaragua und des Krieges von Angola gegen Südafrika.

Ein wenig später habe ich begriffen, dass Fidel die Menschen genau so lange benutzte, wie sie ihm nützlich waren. Danach ließ er sie fallen, ohne mit der Wimper zu zucken.

Im Jahr 1994 wollte ich mich, ein wenig ernüchtert von allem, was ich gesehen, gehört und erlebt hatte, zur Ruhe setzen. Nichts weiter. Ich wollte lediglich zwei Jahre früher als geplant aus dem Dienst scheiden, mich in aller Ruhe zurückziehen – und dabei meinem Schwur treu bleiben, der mir abverlangte, jegliche Informationen für mich zu behalten, die mir im Laufe der siebzehn vergangenen Jahre allergrößter Nähe zum *Máximo Líder* zu Ohren gekommen waren. Für diese Majestätsbeleidigung – es gewagt zu haben, darauf verzichten zu wollen, dem Kommandanten der Revolution weiter zu dienen – wurde ich ins Gefängnis geworfen wie ein Hund. Dort sperrte man mich in eine Zelle voller Kakerlaken. Man folterte mich. Man versuchte sogar, mich aus dem Weg zu schaffen. Es gab Augenblicke, in denen ich dachte, es würde mich mein Leben kosten. Aber ich bin zäh. Während meiner von 1994 bis 1996 währenden Haft schwor ich mir, dass ich, sollte mir die Flucht aus Kuba gelingen (was im Jahr 2008 nach zehn vergeblichen Versuchen endlich der Fall war), ein Buch veröffentlichen würde, in dem ich alles erzählen würde, was ich gesehen und gehört hatte. In dem ich von dem »echten« Fidel Castro erzählen würde, wie noch niemand zuvor es tun konnte oder gewagt hat. In dem ich also eine wirkliche Innenansicht schildern würde.

2

ICH, JUAN SÁNCHEZ, LEIBWÄCHTER VON FIDEL

Soweit meine Erinnerung reicht, war ich schon immer ein Waffennarr. Es ist deshalb kein Zufall, dass ich auf dem Höhepunkt meiner Karriere, im Jahr 1992, zum besten Pistolenschützen von Kuba gekürt wurde. Als ich zehn Jahre alt war, bekam ich zu Neujahr meine erste Cowboy-Ausrüstung geschenkt. Dazu gehörte auch eine wundervolle, silberfarbene Kinderpistole. In den folgenden Jahren erhielt ich regelmäßig neue Kostüme, und immer war auch ein neuer Colt dabei. So widmete ich meine Kindheit im Wesentlichen dem Kampf gegen imaginäre Indianer und schreckliche Banditen. Aber anstelle des üblichen Spiels »Peng! Peng! Du bist tot!« nahm ich meinen Auftrag sehr ernst und bemühte mich, meine beweglichen Ziele mit großer Genauigkeit ins Visier zu nehmen: Mit ausgestrecktem Arm und ruhigem Blick durch den Sucher lauerte ich ihnen auf.

Als Jugendlicher ging ich zu Luftgewehren über, die ideal sind, um aus zehn Metern Entfernung Kartons mit Schrotkugeln zu durchlöchern. Diese Vorliebe meiner Jugend legte den Grundstein dafür, dass ich später die sicherste Hand in Fidels Eskorte besaß. Noch heute, mit über sechzig, trainiere ich mindestens einmal pro Woche an einem Schießstand in Florida, wo ich seit 2008 im Exil lebe. Und natürlich verlasse ich das Haus niemals ohne meine Waffe: Sollten kubanische Agenten, die in Florida sehr zahlreich unterwegs sind, mich zum Schweigen bringen wollen, so steht das Empfangskomitee bereit! Aber nun zurück zu meiner Kindheit …

★

Ich wurde am 31. Januar 1949 in Lisa, einem Armenviertel im Westen von Havanna, geboren – fast genau zehn Jahre vor dem »Triumph der Revolution«. Als ich zwei Jahre alt war, trennte sich mein Vater, der in einem Geflügelzuchtbetrieb arbeitete, von meiner Mutter, die Hausfrau war. Weil meine Mutter nichts verdiente, war sie zu arm, um mich allein aufzuziehen, und mein Vater sah sich außerstande, dieser Aufgabe nachzukommen. So beschloss er, mich meiner Großmutter und meinem Onkel väterlicherseits anzuvertrauen, mit denen er unter einem Dach lebte. Auf Kuba ist wie auch anderswo, beispielsweise auf den Antillen, eine solche Konstellation nichts Ungewöhnliches: Der Begriff Familie hat eine recht variable Geltung.

Meine Großmutter behandelte mich wie ihren eigenen Sohn und hütete mich wie ihren Augapfel. Und mein Onkel, den ich »Papa« nannte, wurde rasch zu einer Art Ersatzvater für mich. Zu meiner Mutter, die im selben Viertel lebte, brach der Kontakt nicht vollständig ab; ich traf sie hin und wieder. Mir fehlte es an nichts, denn mein Onkel hatte eine gute Anstellung als Buchhalter in den großen Schlachthöfen von Havanna. So war er auch glücklicher Besitzer eines weißen Buick aus dem Jahr 1955, der – welche unglaubliche Errungenschaft! – über eine Klimaanlage verfügte. Am Wochenende fuhr er uns oft in seinem sagenhaften Gefährt spazieren, manchmal sogar bis nach Varadero, dem berühmten, etwa 150 Kilometer von der Hauptstadt entfernten Badeort.

Es sind die 50er-Jahre – das goldene Zeitalter auf Kuba. Vor allem aber das goldene Zeitalter der kubanischen Musik: Rumba, Mambo, Cha-cha-cha. Die Stars dieser Zeit heißen Benny Moré, Orlando Vallejo, Celia Cruz. Sie treten in den angesagten Nachtklubs (dem Tropicana, dem Montmartre), den angesehenen Hotels (dem Nacional, dem Riviera) oder auch den von Lucky Luciano und anderen italo-amerikanischen Mafiabossen unterhaltenen Kasinos auf.

Auch in wirtschaftlicher Hinsicht ist dies eine gesegnete Zeit – aber das ist uns damals nicht klar. Kuba ist deutlich wohlhabender als das Spanien unter General Franco; die Insel exportiert vor allem Rohrzucker, Bananen und Nickel. Und sie ist eines der modernsten Länder Lateinamerikas. Die Zahlen der OECD belegen das: Neben Venezuela, das Öl fördert, und Argentinien mit seinen Fleischexporten zählt Kuba zu den drei Staaten, die im lateinamerikanischen Raum die geringsten sozialen Unterschiede aufweisen und im Hinblick auf den Human Development Index (Alphabetisierung, Lebenserwartung usw.) am besten dastehen. Der Wohlstand der Mittelklasse bemisst sich an der Zahl der Autos *made in USA*, am Boom der elektrischen Haushaltsgeräte (Fernseher, Kühlschränke usw.), der Häufigkeit von Restaurantbesuchen und an den vielen kleinen Geschäften, die immer voll sind. Havanna schwelgt in einer Stimmung der Konsumfreudigkeit. Zur Weihnachtszeit bieten die Marktstände aus Europa importierte Äpfel und Birnen feil. Aber in der Hauptstadt, wo nachts die grellen Neonlichter der Diskotheken leuchten, kümmert man sich nicht sonderlich um die Lage der Landbevölkerung. Auf dem Land werden die Bauern und Arbeiter, die meist Analphabeten sind, ausgebeutet, sie müssen ihre Ernten zu Spottpreisen verkaufen oder arbeiten für Hungerlöhne bei multinationalen amerikanischen Konzernen wie der United Fruit Company. Aber wen kümmern schon soziale Ungerechtigkeiten außer einer Handvoll idealistischer Studenten, die bereits von der Revolution träumen?

★

In politischer Hinsicht ist dieses Jahrzehnt von großer Unruhe geprägt. In der Innenpolitik geht es turbulent zu, Korruption und Studentenproteste sind an der Tagesordnung.

Diese Mischung ist ein explosiver Cocktail. Im August 1951 begeht Eduardo Chibás, der Führer des von ihm gegründeten Partido Ortodoxo, Selbstmord, und zwar unmittelbar im Anschluss an eine Radiosendung, in der er zum wiederholten Male die Korruption der Regierungen der Präsidenten Ramón Grau (1933–1934 und 1944–1948) und Carlos Prío (1948–1952) und ihre Verbindungen zur Mafia angeprangert hatte. Mit ihm verliert das politische Leben einen scharfen Polemiker und eine charismatische Figur des Widerstands. Die allgemeine Bestürzung ist groß. Im folgenden Jahr, 1952, ergreift Fulgencio Batista durch einen Staatsstreich erneut die Macht, und zwar einen Monat vor den für März vorgesehenen Wahlen, die er mit Sicherheit verloren hätte.[2]

Ein Jahr später, am 26. Juli 1953, betritt ein junger Anwalt namens Fidel Castro, der bereits bei den studentischen Demonstrationen von sich reden gemacht hatte, mit einer aufsehenerregenden Aktion die Bühne. Er plant und veranlasst einen bewaffneten Sturm auf die Moncada-Kaserne in Santiago de Cuba im Osten des Landes. Der Angriff scheitert, Dutzende seiner Mitstreiter werden bei dem Angriff getötet, die meisten anderen festgenommen und viele von ihnen später hingerichtet. Fidel Castro selbst wird ebenfalls verhaftet, kommt aber vor ein ordentliches Gericht und wird zu fünfzehn Jahren Zuchthaus verurteilt. Im Mai 1955 erlässt Batista eine Generalamnestie, durch die auch Fidel wieder freikommt. Jetzt beginnt seine Geschichte eigentlich erst richtig: Er geht nach Mexiko ins Exil, wo sein Bruder Raúl ihn einem Argentinier namens Ernesto Guevara vorstellt, den alle nur »Che« nennen. Nach einigen Monaten der Vorbereitung geht eine Gruppe von 82 Männern unter der Führung von Fidel Castro an Bord der *Granma*, eines irgendwo aufgetriebenen Motorbootes, an der Südküste Kubas an Land. Dort gehen die Rebellen in den Untergrund. Im Jahr 1956 steht Fidel Castro also in den unwegsamen Wäldern der

Sierra Maestra an der Spitze einer Guerilla, der sogenannten Bewegung des 26. Juli oder auch M-26-7, womit auf das Datum des Angriffs auf die Moncada-Kaserne Bezug genommen wird.

Im Jahr 1958 nimmt die Geschichte Fahrt auf: Das korrupte Regime von Batista fällt im Ausland immer mehr in Ungnade, und Washington entzieht ihm seine Unterstützung. Im Februar des gleichen Jahres vollbringt die M-26-7 eine ihrer denkwürdigsten Glanzleistungen: Zwei maskierte Männer dringen in Havanna in das Hotel Lincoln ein und entführen einen der VIP-Gäste: den argentinischen Autorennfahrer Juan Manuel Fangio. Jetzt ist ein Großeinsatz angesagt! Die Polizei errichtet überall Straßensperren und Checkpoints, aber Fangio bleibt unauffindbar. Seine Entführer bringen ihn in ein komfortables Haus in Havanna, wo sie versuchen, den Sportler für ihre revolutionären Ideen zu gewinnen. Mit nur mäßigem Erfolg. Der argentinische Rennfahrer ist vollkommen unpolitisch, ein hoffnungsloser Fall, aber da er von den jungen Rebellen gut behandelt und nach neunundzwanzig Stunden Gefangenschaft wieder freigelassen wird, fühlt er sich diesen Idealisten von jetzt an freundschaftlich verbunden. Der PR-Coup von Fidels Leuten zeigt großartige Wirkung. Man spricht von ihnen. Und sie haben das Bild des Regimes beschädigt, indem sie eine solche Verwirrung stifteten, wo doch der Große Preis von Kuba ein Fest sein sollte. Es ist zwar nur ein psychologischer Sieg, aber nach der »Fangio-Affäre« spüren immer mehr Kubaner, dass die Macht von Batista zunehmend ins Wanken gerät. Zehn Monate später ist seine Zeit abgelaufen. Er wird gestürzt. Am 1. Januar, bei 32 Grad im Schatten, macht der Diktator sich auf die Flucht nach Portugal, und die Bevölkerung drängt laut jubelnd auf die Straße.

Die Menge singt, tanzt und ruft: »*Viva la revolución!*« In den Straßen wogt ein Meer roter und schwarzer Fahnen der

M-26-7. Fidel hingegen lässt mit seinem unvergleichlichen Gespür für Spannung sage und schreibe acht Tage auf sich warten! Dann zieht er in Havanna ein, und zwar in einem Triumphzug ganz im Stil der römischen Kaiser. Eine Woche lang sind seine *barbudos* und er tausend Kilometer von Osten nach Westen durchs Land gezogen. Überall auf ihrem Weg hat man ihnen zugejubelt, wie es Helden gebührt. Schließlich erreicht die Guerillatruppe am 8. Januar die Hauptstadt. Fidel fährt auf einem Jeep stehend durch die Straßen. Da drängt sich der Vergleich mit Cäsar auf seinem Streitwagen förmlich auf.

Ich habe dieses Ereignis aus nächster Nähe miterlebt: Die Wohnung meines biologischen Vaters lag in der Avenida Vía Blanca. Vom Balkon in der ersten Etage hatte man einen direkten Blick auf das historische Geschehen. An jenem Tag sehen wir zum ersten Mal die Gesichter dieser Halbgötter namens Fidel Castro, Che Guevara, Camilo Cienfuegos, Huber Matos und Raúl Castro. Sie sind jung, lässig, charismatisch und schön: echte *latin lovers*.

★

Ich erinnere mich sehr genau an die Worte meines Vaters, als Fidel vorüberfuhr. Er drehte sich zu mir um und sagte:

»Du wirst sehen, dieser *hombre* wird Kuba wieder auf die Beine bringen. Jetzt wird alles gut.«

Aber ich hatte natürlich noch keine Ahnung, dass ich fünfzehn Jahre später in die Leibgarde des *Comandante* eintreten würde …

Auf der Mittel- und dann auf der Oberschule lagen meine Stärken in den Fächern Literatur, Geschichte und vor allem in Sport: Baseball, Basketball, Boxen und Karate, wo ich es später bis zum schwarzen Gürtel bringe. Trotz meiner durchschnittlichen Größe scheute ich körperliche Auseinandersetzungen keineswegs. Nichts und niemand machte mir Angst. Und da ich den Ruf hatte, auch meine Freunde zu verteidigen, war ich äußerst beliebt. Eine Anekdote mag das unterstreichen. An einem Samstagabend – ich muss etwa siebzehn Jahre alt gewesen sein – besuche ich einen Ball im Stadtteil Cano von Havanna. Ein recht bekannter junger Boxer, Jorge Luis Romero, ist auch dort. Als ich bemerke, wie er meine Freundin hartnäckig anbaggert, frage ich ihn, ob er ein Problem hat. Die Erklärungsversuche arten in eine Schlägerei aus, ohne dass einer die Oberhand gewinnt. Die anwesenden Ordner schießen ein paarmal in die Luft, um die Ansammlung aufzulösen, die sich um uns gebildet hat. Die Polizei taucht auf, um uns mitzunehmen, aber dem pfiffigen Boxer gelingt es, sich heimlich aus dem Staub zu machen. Auf der Polizeiwache weigere ich mich, seinen Namen preiszugeben – das ist für mich eine Frage der Ehre. Drei Tage später klingelt er an meiner Tür. Ich bin sicher, dass er erneut Streit sucht. »Warte an der Straßenecke auf mich, ich komme in zwei Minuten«, fordere ich ihn auf, bereit, mich noch einmal mit ihm zu schlagen. Aber draußen erklärt er mir, dass er gekommen ist, um mir dafür zu danken, dass ich ihn bei den Bullen nicht verraten habe. Von diesem Tag an wird dieser hoffnungsvolle junge Boxer Kubas zu einem meiner besten Freunde.

Im Jahr 1967 wird meine Familie auseinandergerissen – eine Trennung, wie auch viele andere Kubaner sie erlebt haben. Meinem Onkel und meiner Großmutter, beide enttäuscht von der Revolution, gelingt es, in den Vereinigten Staaten Fuß zu fassen. Vierzig Jahre werde ich von nun an die beiden Menschen, die mich aufgezogen haben, nicht mehr sehen. Ein neues Kapitel beginnt: Ich kehre zu meiner Mutter zurück. Im Gegensatz zu meinem Onkel und meiner Großmutter bleibt sie eine überzeugte Anhängerin der Revolution. Aber sie ist immer noch sehr arm.

Durch die Vermittlung eines Freundes ergattere ich eine Anstellung in einem Baubetrieb, dessen Auftrag die »Planung besonderer Bauwerke« ist. Das bedeutete, dass er mit dem Bau von Häusern für die Anführer der Revolution beschäftigt ist. Ich bin also nun ein Bauarbeiter: Ich schleppe Zementsäcke, schiebe Schubkarren voller Sand und schichte Backsteine aufeinander. Ein Jahr später ist der Auftrag »Planung besonderer Bauwerke« beendet, und alle Arbeiter werden zu den Zuckerrohrfeldern in der etwa dreißig Kilometer von der Hauptstadt entfernten Region von Güines gekarrt. Jetzt bin ich ein Zuckerrohrschneider mit der Machete in der Hand! Es ist eine höllische Arbeit, obendrein sehr gefährlich. Unter sengender Sonne schuften wir auf den riesigen Feldern, die Verletzungsgefahr dabei ist stets sehr groß. Die Handhabung der Macheten erfordert ständige Aufmerksamkeit, zudem sind die Blätter der Zuckerrohrpflanze so scharf wie Rasierklingen. Zum Glück erfahre ich nach dreißig Tagen in der glühenden Hitze auf den Zuckerrohrfeldern, dass ich zum Militärdienst einberufen worden bin, der ab dem Jahr 1965 auf Initiative des Ministers der Revolutionären Streitkräfte Raúl Castro obligatorisch geworden war.

Als ich nach Havanna zurückkehre, erklärt mir ein Werbeoffizier, dass es sich nicht um den normalen Militärdienst handelt, sondern um etwas viel Bedeutsameres: Ich bin vom Innenministerium, dem MININT, wie die gültige Abkürzung lautet, ausgesucht worden, um an einer Spezialausbildung teilzunehmen. Seit mehreren Wochen bereits haben mich die Geheimdienste des MININT im Blick gehabt und ohne mein Wissen beobachtet. Sie haben auch mein Umfeld ausgespäht, mein psychologisches Profil erstellt, meine auf Kuba verbliebenen Familienmitglieder auf ihre Treue zu Fidel überprüft und sind zu dem Schluss gekommen, dass mein »revolutionäres Profil« über jeden Verdacht erhaben ist.

Das MININT macht mir deshalb den Vorschlag, unverzüglich eine militärische Laufbahn einzuschlagen.

»Wenn du unterzeichnest, wird dein Sold auf 120 Pesos steigen, anstatt wie bei den einfachen Soldaten bei sieben Pesos zu liegen«, setzt mir der Werbeoffizier auseinander. »Außerdem hast du dreimal pro Woche Ausgang.«

Natürlich nehme ich dieses Angebot an, das mich zum ersten (und bislang auch zum letzten) Militär in unserer Familie macht. Schon in der darauffolgenden Woche lerne ich das Leben eines Soldaten in der Grundausbildung kennen: Wecken um 5 Uhr morgens, im Gleichschritt marschieren, das Bett akkurat machen, Pflichten wie Putzen und Reinigen gehören zu meinem Alltag. Nicht zu vergessen die edleren Aktivitäten wie den Sport und die Schießübungen. Sehr schnell erweise ich mich als einer der besten Schützen in unserem Kontingent von dreihundert Anfängern. Ich ziele ruhig, ich schieße schnell, ich treffe bei allen Schüssen ins Schwarze. Nach drei Monaten Ausbildung findet eine erneute Auslese statt: Zweihundertfünfzig Soldaten werden in die staatliche Polizeischule geschickt, während ich mit den fünfzig Verbliebenen dem *Departamento número* 1 des Personenschutzes zugeteilt werde. Diese Abteilung ist für alles zuständig, was in irgendeiner Form mit dem Personenschutz Fidel Castros zu tun hat.

Das ist eine ungeheure Ehre, denn in der Prätorianer-Mentalität Kubas gibt es nichts Bedeutenderes als das *Departamento* 1, dem der Schutz von Fidel obliegt, und das *Departamento* 2, das für die persönliche Sicherheit seines Bruders Raúl verantwortlich ist. Die Aufgabe des *Departamento* 3 ist es, den Schutz der übrigen Mitglieder des Politbüros der Kommunistischen Partei Kubas (PCC) zu gewährleisten.

Die *seguridad personal*, der Personenschutz von Fidel, baut sich über drei Kreise oder besser in drei konzentrischen Ringen um ihn herum auf. Der dritte *anillo* (Ring) umfasst mehrere tausend Soldaten, denen alle möglichen Aufgaben zugeteilt sind, einschließlich der Logistik, die die Sicherheit des *Comandante* erfordert; die operative Einsatzgruppe oder der zweite Ring zählt achtzig bis hundert Soldaten; die *escolta* (Eskorte) oder der erste Ring besteht aus zwei Trupps von jeweils fünfzehn sorgfältig ausgewählten Elitesoldaten, die sich täglich abwechseln, um den persönlichen Schutz von Fidel rund um die Uhr zu gewährleisten.

Als Mitglied des dritten Rings werde ich zunächst nach *El Once* abkommandiert, der »Elf«. Dabei handelt es sich um ein Gebäude in der *calle once*, der Straße 11, die in dem sehr angenehmen Stadtviertel Vedado liegt, nur fünf Straßen von der Küste entfernt. Diese Abkommandierung hat einen hohen Stellenwert, denn in *El Once* wohnt Celia Sánchez, eine wichtige Persönlichkeit in der Revolution im Allgemeinen und im Privatleben von Fidel im Besonderen. Bis zu ihrem Tod im Jahr 1980, als sie an Lungenkrebs stirbt, nimmt Celia an fast allen historischen Ereignissen der Revolution aus nächster Nähe teil. Sie ist eine der ersten Frauen, die ab 1952 gegen die Diktatur von Batista kämpften und sich dann auch der Untergrundbewegung Castros, der M-26-7, anschlossen. In der Sierra Maestra dient sie als geheimer Kurier. Sie überbringt beispielsweise in Blumensträußen versteckte Telegramme. Celia koordiniert auch Aktionen zwischen den Partisanen in den Bergen und den städtischen Untergrundzellen. Nach der Revolution wird sie mit verschiedenen offiziellen Posten bedacht. So wird sie unter anderem Sekretärin des Staatsrates, dessen Vorsitz Fidel Castro innehat. Vor allem aber ist diese zierliche Frau mit den dunklen Augen und den schwarzen Haaren die Geliebte von Castro, und darüber hinaus auch seine Vertraute. Diese Tatsache ist bemerkenswert, denn der *Comandante* vertraut sich niemals einer Person an – außer seinem Bruder Raúl und den wenigen Frauen seines Lebens, die sich an einer Hand abzählen lassen. Entsprechend genießt Celia einen beachtlichen Einfluss, insbesondere bei der Besetzung wichtiger Positionen im Zentrum der Macht. Die Liebe der beiden ist also auch politisch gefärbt. Aber Fidel liebt Celia tatsächlich so sehr, dass er erst nach ihrem Tod Dalia heiratet, jene Frau, die schon seit 1961 unter allergrößter Geheimhaltung sein Leben teilt.

★

In der Wohnung von Celia Sánchez, die in der vierten und damit obersten Etage von *El Once* liegt, besitzt Fidel einen Privatbereich mit Bad, und hier schaut er, ohne dass Dalia davon weiß, fast jeden Tag vorbei, bevor er in den Präsidentenpalast zurückkehrt. Vor diesem Gebäude, vor diesem Wohnblock in der 11. Straße, habe ich Fidel zum ersten Mal aus der Nähe gesehen.

An jenem Tag stehe ich als Wachposten vor dem Eingang des Gebäudes, als er und seine Eskorte heranbrausen. Drei weinrote Alfa Romeos, die die Eskorte damals noch benutzte, bevor sie später durch mehrere Mercedes 500 ersetzt wurden, halten nur wenige Meter vom Eingang entfernt. Rasch bezieht die Eskorte an allen strategischen Punkten Stellung, so wie es das übliche Protokoll vorschreibt: Ein Soldat dringt als Späher in das Haus ein, um den Zugang klarzumachen. Dann taucht er wieder auf und gibt den anderen grünes Licht. Nun gehen zwei andere Soldaten auf dem Gehweg in Stellung. Sie wenden dem Gebäude den Rücken zu und überwachen das Geschehen auf der Straße; sechs weitere verteilen sich um Fidel, der vom Chef der Eskorte bis zum Eingang geleitet wird.

In diesem Augenblick kommt *El Comandante* direkt auf mich zu, legt mir die Hand auf die Schulter und sieht mir fest in die Augen. Wie gelähmt klammere ich mich an mein Gewehr, um Haltung zu bewahren. Dann verschwindet Fidel in dem Gebäude. Das Ganze dauert nicht länger als zwei Sekunden, aber ich bin vollkommen überwältigt davon, dass ich Fidel Castro persönlich begegnet bin, dem Mann, den ich wie keinen anderen auf der Welt bewundere und für den ich bereit bin, mein Leben zu geben. Komme, was wolle.

★

El Once nimmt in der Geografie des Castrismus einen besonderen Platz ein. Es ist damals einer jener geheimen Orte, die Fidel beinahe täglich aufsucht, ohne dass jemand oder kaum jemand davon weiß. Um die Sicherheit zu garantieren, ist der gesamte Häuserblock privatisiert und der öffentliche Zugang zu diesem Straßenabschnitt durch *checkpoints* an den beiden äußeren Punkten versperrt worden. Auf den Dächern sind die Terrassen aller Häuser miteinander verbunden, sodass sich ausgedehnte Kommunikationsmöglichkeiten unter freiem Himmel ergeben. Im Lauf der Jahre kommen weitere Annehmlichkeiten hinzu. Die Häuser werden mit einem Aufzug versehen, eine Sporthalle wird gebaut und sogar ein prachtvoll ausgestatteter Bowling-Bereich: zwei glänzende Parkettbahnen, die von Farnbeeten und Felsbrocken aus der Sierra Maestra gesäumt sind. Großartig.

Aber die erstaunlichste Einrichtung ist mit Sicherheit der Stall, den Fidel in der vierten Etage des *Once* bauen ließ, also mitten in der Hauptstadt! Zu Beginn des Jahre 1969 lässt er vier Rinder mit dem Hubschrauber über eine daran befestigte Kranvorrichtung von der Straße auf die Terrassen hieven. So kann *El Comandante* seiner damaligen Marotte frönen: der Kreuzung europäischer (schwarzbunter) Holstein-Kühe mit kubanischen Buckelrindern, den Zebus – in der Hoffnung, eine neue Rasse von Rindern heranzuzüchten, die zur Modernisierung der Landwirtschaft beitragen und die Milcherträge verbessern könnte.

Die Existenz dieses Stalls mitten in der Stadt, oben auf einem Wohngebäude, mag dem mit der Geschichte des Castrismus wenig vertrauten Leser sehr unwahrscheinlich vorkommen, wird den Kenner jedoch nicht sonderlich erstaunen, denn die Leidenschaft Fidels für die Rinderzucht ist eine historisch einwandfrei verbürgte Tatsache. Schon im Dezember 1966 hält der *Comandante en Jefe* im Stadion von Santa Clara eine erste Rede zu diesem Thema. In den 70er- und 80er-Jahren mutiert diese verrückte Leidenschaft zur wahren Besessenheit. Im Jahr 1982 wird die Kuh Ubre Blanca, die für ihre sagenhafte Milchproduktion berühmt war, von Fidel zum »Star« erklärt. Sie wird zu Propagandazwecken instrumentalisiert. Ganz Kuba verfolgt am Fernsehen den Weltrekord, den sie für das Guinness-Buch der Rekorde aufstellt: An einem einzigen Tag produziert Ubre Blanca 109,5 Liter Milch. Wenn das kein unwiderleglicher Beweis für das agronomische Genie des *Comandante* ist! Die Kuh wird zum Gegenstand zahlreicher Fernsehreportagen. Darüber hinaus wird sie in den Rang eines nationalen Symbols erhoben: Es gibt sogar eine Briefmarke mit ihrem Konterfei. Nach ihrem Tod im Jahr 1985 widmet ihr die nationale Tageszeitung *Granma* einen Nachruf. Und noch heute steht in ihrer Geburtsstadt Nueva Gerona auf der Isla de la Juventud, der Insel der Jugend, eine Marmorstatue von ihr.

★

Schließlich kann ich nicht über das Gebäude *El Once* sprechen, ohne die Existenz des Basketballfeldes zu erwähnen, dessen Nutzung ausschließlich Fidel Castro vorbehalten ist. Im Jahr 1982, also zwei Jahre nach dem Tod von Celia Sánchez, modernisiert ein kanadisches Unternehmen das Sportstadion Pedro Marrero in Havanna und verlegt dort für die Leichtathleten eine neue Kunststoffbahn im Hinblick auf die

XIV. Zentralamerika- und Karibikspiele, die in diesem Jahr auf Kuba stattfinden sollen. Um die Geschäftsbeziehung zu diesem Kunden zu festigen, schenkt das Unternehmen Fidel das Bodenmaterial für eine Sportstätte seiner Wahl. Anstatt nun dieses Geschenk einer Schule oder einer Sporthalle und damit der Allgemeinheit zugutekommen zu lassen, entscheidet der *Comandante*, dass für ihn höchstpersönlich und ganz allein ein Basketballfeld angelegt werden soll, und zwar ein *Indoor*-Basketballfeld!

Von jeher zählt Basketball zu seinen Lieblingssportarten. Er lässt keine Gelegenheit aus, bei dem Besuch einer Schule oder eines Sportgeländes ein paar Freiwürfe auszuführen oder ein Spiel mit seiner Eskorte zu organisieren. Rasch werden zwei Mannschaften gebildet: Die Roten spielen gegen die Blauen. Natürlich spielen alle »für« Castro. Es kommt nicht infrage, dass er zu den Verlierern zählt. Im Übrigen stellt er selbst die Mannschaften zusammen, um die besten Spieler um sich zu scharen. Ich habe die Ehre, zu diesen zu zählen. Und man ahnt es schon: Der *Comandante* spielt auf der Position des Spielmachers. Das ist im Basketball der Spieler, der den Spielaufbau lenkt und die Bälle verteilt. Ich erinnere mich an einen Tag, als er mir einen bitterbösen Blick zuwarf, weil ich eigenmächtig auf den Korb geworfen hatte, anstatt ihm den Ball wieder zurückzupassen.

»Mensch, *coño*, warum hast du geworfen, Sánchez?«, schnauzte er mich einigermaßen aufgebracht an.

Zum Glück ertönte im gleichen Augenblick die Schlusssirene. Es waren die letzten Sekunden der Spielzeit gewesen. Fidel begriff nun, dass nicht mehr genug Zeit geblieben wäre, um zu ihm zu passen, damit er den Ball im Korb versenken konnte ... Die Stoppuhr war meine Rettung!

Ebenfalls 1982, jedoch schon gegen Ende des Jahres, bricht sich *El Comandante* bei einer missglückten Ballannahme in der Verteidigung den großen Zeh. Ebenso gekränkt wie verärgert muss er nun nicht gerade sehr männlich wirkende Schlappen tragen. Außerdem verlangt er, dass dieses Missgeschick geheim gehalten wird. Wenn er also im Präsidentenpalast einen Besucher empfängt, trägt er Springerstiefel (ohne den Reißverschluss zu schließen) und bleibt während der gesamten Unterredung hinter seinem Schreibtisch sitzen, ohne seinen Gast zur Tür zu geleiten, wie er es gewöhnlich tut. Bei Fidel werden selbst orthopädische Probleme zu Staatsgeheimnissen!

★

Aber kehren wir zurück ins Jahr 1970. Nach achtzehn Monaten im Dienste der *Madrina*, der Patin (wie wir Mitglieder des Personenschutzes Celia Sánchez nennen, denn sie verhält sich immer sehr zuvorkommend uns gegenüber), werde ich in die Einheit 160 versetzt, die zwar ebenfalls in Havanna stationiert ist, jedoch zehn Kilometer von der 11. Straße entfernt, im Viertel Siboney am anderen Ende der Stadt. Die »160« ist auf einem sechs Hektar großen, hinter hohen Mauern verborgenen Gelände untergebracht und für den Personenschutz von Fidel von außerordentlicher Wichtigkeit, denn es handelt sich um eine logistische Einheit, die schlechthin alles steuert: die Transporte, die Kraftstoffversorgung, die Telekommunikationswege, die Nahrungsmittelversorgung. Mechaniker reparieren die verschiedenen Mercedes-Automobile von Fidel, Techniker sorgen für die Funktionstüchtigkeit der Walkie-Talkies und Rundfunkgeräte, Waffenmeister prüfen die Anzahl der Kalaschnikows, der Makarows und der Brownings, Wäscherinnen und Büglerinnen bringen die Uniformen der Soldaten in Form.

In der »160« findet man obendrein die Vorratsschränke und die Kühlräume, in denen die Vorräte der Familie Castro und auch die von Fidels Eskorte gelagert werden. Hinzu kommen Legehennen und Gänse, von denen Fidel hin und wieder bei Festen ein paar Exemplare spendiert, gerade so wie es ihm beliebt. Es gibt auch ein paar Rinder, Zebus und Holstein-Kühe, die dem Herrn des Hauses genetische Experimente ermöglichen sollen. In dieser »Stadt in der Stadt« befindet sich auch ein Eisfabrikant, der mit seiner Eiscreme alle hohen Persönlichkeiten der Revolution verzückt – Minister, Generäle oder Mitglieder des Politbüros –, mit der erwähnenswerten Ausnahme von Fidel und Raúl. Um die Gefahr einer Vergiftung so gering wie möglich zu halten, werden die Sorbets für diese beiden gesondert hergestellt – in einer eigenen kleinen Eismanufaktur, die ebenfalls innerhalb der Mauern liegt, die die Einheit 160 umgeben.

Auch an die Freizeitvergnügungen ist gedacht worden. Außer einem Museum, in dem alle Geschenke ausgestellt werden, die der Staatschef jemals erhalten hat (mit Ausnahme der kostbarsten, die er bei sich aufbewahrt), gibt es ein privates Kino, das von einem Filmvorführer des Innenministeriums geleitet wird und dem *Comandante* und seiner Familie zur Verfügung steht. Fidel Castro hat seinen Lieblingsfilm, ganz wie es seinem obsessiven Charakter entspricht, unzählige Male dort gesehen: die endlose und einschläfernde russische Version von *Krieg und Frieden* nach dem Roman von Leo Tolstoi, die mindestens fünf Stunden lang ist!

In der Einheit 160 werde ich schnell zum Chef der Truppe befördert. Meine Arbeit besteht darin, die Aufgaben der Soldaten zu verteilen und unsere Aktionen mit dem Präsidentenpalast sowie mit dem Privatwohnsitz Fidels abzustimmen. In dieser Stellung ist man schnell über alles im Bilde, was vor sich geht. Und da Dalia unsere Dienste sehr oft in Anspruch nimmt – sei es, um frische Milch anzufordern oder um sich einen Film bei dem Filmvorführer anzusehen –, erfahre ich sehr schnell von der Existenz dieser der breiten Öffentlichkeit vollkommen unbekannten *first lady.*

Dalia weiß es nicht, aber sie ist nicht die einzige Frau, die in der »160« verkehrt. Hinter dem »Geschenkemuseum« liegt in der Tat ein Haus, die Casa de Carbonell, in der mein Dienstherr mit allergrößter Diskretion seine außerehelichen Begegnungen organisiert. So erhalte ich regelmäßig Telefonanrufe von Pepín, dem Adjudanten Fidels, der mich lakonisch in Kenntnis setzt:

»Sei heute um die und die Uhrzeit auf dem Posten. Es steht ein Besuch in der Casa de Carbonell an …«

Zu besagter Uhrzeit suche ich dann nach einem Vorwand und rufe die wachhabenden Soldaten in mein Büro, damit sie weder die Ankunft des *Comandante* bemerken noch die seiner Besucherin, die stets getrennt von ihm eintrifft …

★

Nachdem ich vier Jahre gut und loyal in der Einheit 160 gedient habe, geht es mit meiner Karriere erneut bergauf. Im Jahr 1974 werde ich in die *grupo operativo*, die »operative Einsatzgruppe«, versetzt, jene aus achtzig bis hundert Männern bestehende Elitetruppe, die den »zweiten Ring« um Fidel bildet. Ihr Hauptauftrag ist die Unterstützung der *escolta*, der Eskorte oder des »ersten Rings«, bei Ortswechseln des befehlshabenden Kommandanten, sei es beim Besuch einer Fabrik in der Provinz oder bei einer Fahrt auf den Platz der Revolution. Auch bei Ortswechseln von Raúl und anderen wichtigen Mitgliedern des Politbüros der PCC wie Ramiro Valdés, Juan Almeida Bosque und anderen wird diese operative Einsatzgruppe mobilisiert.

Aber gerade einmal einen Monat nachdem ich zu dieser *grupo operativo* gestoßen bin, gehöre ich bereits zu den dreißig Kameraden, die zur *escuela de especialistas* abkommandiert werden. In dieser Schule soll die Elite der Sicherheitsoffiziere geformt werden. Die Einrichtung ist soeben neu geschaffen worden, und wir sind der erste dort aufgenommene Jahrgang. Unsere Ausbildung dauert von 1974 bis 1976 und lässt uns kaum freie Zeit. Am Morgen stehen körperliche Aktivitäten auf dem Programm (Fußmärsche, Kampfsportarten, Schießübungen), am Nachmittag Theorie. Ich lerne, wie man mit Sprengstoff umgeht, und zusammen mit neun anderen Schülern nehme ich Französischunterricht. Eine andere Zehnergruppe lernt Russisch, eine dritte Englisch. Wir werden auch mit dem Grundwissen über die Geheimdienstarbeit ausgestattet, lernen die entsprechenden Bereiche der Psychologie kennen und studieren aufs Gründlichste die berühmten Attentate – beispielsweise das gegen General de Gaulle in Petit-Clamart im Jahr 1962 sowie die Ermordung von John F. Kennedy im Jahr 1963 in Dallas, um daraus zu lernen, welche Aspekte für den Schutz des *Máximo Líder* von Belang sind.

Wenn nun ein ausländischer Staatschef oder eine hochrangige Persönlichkeit Kuba einen offiziellen Besuch abstattet, fällt es uns Schülern dieser Eliteschule zu, den Personenschutz zu übernehmen. Auf diese Weise bin ich so manchem Staatsoberhaupt begegnet: dem jamaikanischen Präsidenten Michael Manley, dem vietnamesischen Premierminister Pham Van Dông, seinem schwedischen Amtskollegen Olof Palme oder auch Eric Williams, dem Regierungschef von Trinidad und Tobago.

In diesen Jahren habe ich das Gefühl, dass es stets weiter aufwärts geht. Ich habe allen Grund, zufrieden mit mir zu sein, und andere sind es offenbar auch, nicht zuletzt meine Vorgesetzten. Ich werde zum Unterleutnant befördert und steige somit in den Rang eines Offiziers auf. Außerdem erringe ich zwei schwarze Gürtel: einen in Judo und einen weiteren in einer Technik des Nahkampfes, den die kubanische Armee unter dem Namen »Schutz und Angriff« entwickelt hat. Sie ergänzen meinen schwarzen Gürtel in Karate, den ich bereits seit Jahren trage.

Die Krönung ist schließlich meine erste Reise ins Ausland im Jahr 1976. Von den dreißig Schülern unseres Jahrgangs bin ich der Einzige, der dem Begleitschutz für Juan Almeida Bosque, einem hohen Funktionär der Partei, angehört, als dieser nach Guyana reist.

Ich hatte meine Heimatinsel bisher noch nie verlassen. Die Vorstellung, jetzt die Welt zu entdecken, weckt meine Ungeduld und Neugier. Erstes Ziel ist also dieses exotische Land am Amazonas, das an Brasilien, Venezuela und Surinam grenzt. Ich erinnere mich noch heute, wie mich bei unserer Ankunft in der Hauptstadt Georgetown die sozialen Gegensätze mit aller Wucht trafen. Zehn Jahre nach der Unabhängigkeit vom Vereinigten Königreich lebte die weiße Oberschicht immer noch in einem beinahe kolonialen Komfort, während die schwarze Bevölkerung kaum etwas zum Anziehen hatte und in Gettos hauste, in denen erbärmliche Lebensumstände herrschten. Was für ein Schock! Im Vergleich hierzu war Kuba das reinste Eldorado.

★

Über all diesen Wendungen möchte ich nicht vergessen zu erwähnen, dass ich auch ein Privatleben habe. Auch hier ist mir das Glück hold. Zu diesem Zeitpunkt teile ich mein Leben bereits seit acht Jahren mit Mayda. Wir sind uns zu Beginn des Jahres 1968 begegnet, und zwar auf einem jener Tanzvergnügungen, die in Kuba offiziell »Sozialer Kreis« genannt und stets am Sonntagabend veranstaltet werden. Als ich an jenem Abend im »Sozialen Kreis Patrice Lumumba« auftauche, bin ich wie vom Blitz getroffen. Während aus den Verstärkern Salsarhythmen dröhnen, erblicke ich dieses entzückende Gesicht, und schon kann ich meinen Blick nicht mehr von ihrem Lächeln losreißen. In dieser Nacht ist Mayda in meinen Augen die schönste Frau, die ich je gesehen habe.

Nachdem ich ein paar aufmunternde Blicke mit ihr gewechselt habe, überquere ich eroberungslustig die Tanzfläche. Und da Mayda in Begleitung ihrer Mutter hier ist, wende ich mich zuerst an diese, wie es sich gehört.

»Erlauben Sie, gnädige Frau, dass ich Ihre Tochter zum Tanzen auffordere …«

Ich führe Mayda auf die Tanzfläche, und als ich die Verblüffung ihrer Mutter bemerke, rufe ich ihr zu: »Ach, machen Sie sich keine Sorgen: Noch bevor das Jahr zu Ende ist, werden wir beide verheiratet sein!«

Ich habe mein Versprechen wahr gemacht. Am 21. Dezember des gleichen Jahres brechen wir beide als junges Ehepaar in die Flitterwochen auf. Genauer gesagt verbringen wir eine Woche im Hotel Riviera, das zu den bekannten Unterkünften unmittelbar am Strand von Havanna zählt und früher einmal Eigentum des berühmten amerikanischen Gangsters Meyer Lansky war. Im darauffolgenden Jahr wird unsere Tochter geboren und unser Sohn im Jahr 1971. In den ersten Jahren unserer Ehe wohnen wir bei meiner Mutter im Viertel La Lisa, wo ich auch meine Kindheit verbracht habe. Aber im Jahr 1980, als ich einunddreißig Jahre alt bin, wird mir vom MININT (dem Innenministerium) die Gunst gewährt, eine Wohnung im Stadtzentrum zu beziehen, unweit des Revolutionspalastes, wo sich das Arbeitszimmer von Fidel befindet. Dort habe ich dann bis zum Schluss gelebt, bis zu meiner Flucht in die USA im Jahre 2008. Mayda ist eine wunderbare Ehefrau, eine gute Mutter, sie erledigt die Hausarbeiten, kümmert sich um alles, achtet auf die Erziehung der Kinder und schafft uns allen ein Heim, während ich im Zuge meiner Karriere alle Höhen und Tiefen durchlebe.

★

Es sieht ganz so aus, als würde ich auf einer Erfolgswelle schwimmen; die guten Neuigkeiten überschlagen sich. Ende des Jahres 1976, kurz nach meiner Rückkehr aus Guyana, ruhe ich mich gerade in einem der Schlafsäle der *escuela de especialistas* aus, als mir ein Offizier verkündet, dass mich Eloy Pérez zu sich bestellt hat und mich sofort zu sehen wünscht. Pérez leitet den kompletten Aufbau des Personenschutzes für unseren *Comandante en Jefe*, der wiederum das Wohl und Wehe unserer Schule bestimmt. Sehr überrascht (und auch ein wenig beunruhigt) mache ich mich unverzüglich auf den Weg. Während der gesamten Fahrt ins Stadtzentrum, wo Pérez residiert, grüble ich unablässig darüber nach, welchen Grund es für eine solche Einbestellung geben könnte. Was konnte ich falsch gemacht haben?

Dort angekommen, bleibt mir nicht einmal Zeit, mich zu setzen. Schon eröffnet mir Eloy Pérez:

»Sánchez, der *Comandante en Jefe*, hat dich dazu ausgewählt, seiner persönlichen Eskorte beizutreten. Von jetzt an darf niemand außer mir und natürlich *El Jefe* selbst dir Befehle geben oder dich aus irgendeinem Grund abordnen. Nicht einmal ein Minister, verstanden? Ab morgen erscheinst du jeden Tag um 8 Uhr hier. Und wenn du bis 5 Uhr nachmittags immer noch keinen Auftrag erhalten hast, gehst du in aller Ruhe nach Hause zu deiner Frau und deinen Kindern …«

Die Freude, die ich in diesem Augenblick verspürt habe, ist wohl vergleichbar mit derjenigen eines Hollywood-Schauspielers, dem man verkündet, er hätte gerade einen Oscar gewonnen. Ein paar Stunden später zähle ich bereits zum Kreis der Auserwählten in der kubanischen Armee, zu ihrer glanzvollsten, am meisten bewunderten und beneideten Einheit: jener Gruppe von zwanzig bis dreißig handverlesenen Soldaten, die rund um die Uhr mit dem Personenschutz von Fidel Castro betraut sind. Noch realisiere ich es nicht, aber von diesem Augenblick an werde ich die kommenden siebzehn Jahre meines Lebens im Kielwasser jenes Mannes verbringen, der nach der mexikanischen, der russischen und der chinesischen die vierte Volksrevolution des 20. Jahrhunderts ausgelöst hat.

Allerdings muss ich mich noch etwas gedulden, bevor ich an der Seite dieses großen Mannes lebe. Denn von Januar bis April braucht die Militärverwaltung, um weitere fünf Schüler aus unserem Ausbildungszentrum auszuwählen, die mit mir gemeinsam die Eskorte von Fidel verstärken werden.

Am 1. Mai 1977, nach dem traditionellen Aufmarsch zum internationalen Tag der Arbeit auf dem Platz der Revolution, wird unsere junge sechsköpfige Truppe schließlich dem *Comandante* vorgestellt, um dann zu den »Heiligen der Heiligen« zu stoßen: *el primer anillo*, dem ersten Ring seines Personenschutzes.

★

Die breite Öffentlichkeit verwechselt die Arbeit eines Leibwächters oft mit der eines Gorillas, eines schießwütigen Schlägertypen. Man stellt sich vor, dass unsere Arbeit darin besteht, dass wir die tollsten Kampfgriffe anwenden und schneller schießen als unser eigener Schatten. Die Arbeit eines professionellen Personenschützers erfordert jedoch weitaus mehr Fähigkeiten als bloße physische Kraft und Reaktionsschnelligkeit. Man muss die Wege der Eskorte koordinieren, mögliche Bedrohungen voraussehen, die Telekommunikationswege absichern, die Lebensmittelversorgung planen, um Vergiftungsanschlägen vorzubeugen, Spionage und Gegenspionage betreiben, während der Auslandsreisen versteckte Mikrofone in Hotelzimmern ausfindig machen, alle möglichen Gegebenheiten unter die Lupe nehmen sowie Berichte und Analysen verfassen: So sehen die tatsächlichen

Aufgaben eines Sicherheitsbeamten oder Personenschützers aus. Darüber hinaus verlangt Fidel von seiner Eskorte ein gewisses intellektuelles und kulturelles Niveau.

Im Jahr 1981 belege ich deshalb parallel zu meinem Dienst in Fidels Eskorte Seminare an der Universität. In meiner Freizeit oder in Stunden ohne Auftrag besuche ich Kurse im Strafrecht an der Akademie des Innenministeriums sowie einen weiteren Kurs mit dem Titel »Operative Methoden der *counter intelligence*« (mit anderen Worten: der Spionageabwehr). Hier lerne ich unter anderem, wie eine Polizeiuntersuchung durchgeführt oder ein Tatort ausgewertet wird, wie Fingerabdrücke genommen werden usw.

Im Jahr 1985 absolviere ich meinen Magister in Jura und einen vergleichbaren Abschluss in Gegenspionage. Zu einem späteren Zeitpunkt wird mir der Abschluss in Jura noch von großem Nutzen sein: bei meinem eigenen Prozess ...

Im Rückblick kommt es mir beinahe absurd vor, wie sehr das kubanische Ausbildungssystem vom Klima des Kalten Krieges und vom marxistischen Denken geprägt war. Man muss sich lediglich die Titel einiger Unterrichtsmaterialien ansehen: »Dialektischer Materialismus«, »Historischer Materialismus«, »Geschichte der kubanischen Arbeiterbewegung«, »Subversives, feindliches Handeln«, »Spionageabwehr« oder auch »Kritik der zeitgenössischen bürgerlichen Gesinnung«. Allerdings sind es gerade die Seminare in angewandter Psychologie, die mir am meisten helfen, die Persönlichkeit Fidel Castros zu erfassen.

Nach dem Besuch der Akademie des Innenministeriums habe ich meine neu erworbenen Kenntnisse dann auch dazu benutzt, ein psychologisches Profil von Fidel Castro zu erstellen und einige Züge seiner Persönlichkeit herauszuarbeiten. Dabei komme ich zu folgendem Schluss: Er ist eine egozentrische Person, die es genießt, im Mittelpunkt der Gespräche zu stehen, und die die Aufmerksamkeit aller Personen um sich herum beansprucht. Andererseits schenkt er, wie viele herausragenden Persönlichkeiten, seiner Kleidung keinerlei Aufmerksamkeit. So begründet sich auch seine Vorliebe für den militärischen Kampfanzug. Ich habe ihn oft sagen hören: »Es ist schon ewig her, dass ich den Zwang zu Anzug und Krawatte abgelegt habe.« Das Gleiche gilt für den Bart. Er sagt: »Ich werde mich erst wieder rasieren, wenn der Imperialismus aus der Welt ist.« In Wirklichkeit ist es zum großen Teil seine Bequemlichkeit, die ihn vom Zwang zur täglichen Rasur abhält. Zu seiner Persönlichkeit gehört auch, dass er keinerlei Widerspruch duldet, ganz gleich worum es geht. Der Versuch, ihn davon zu überzeugen, dass er unrecht hat, dass er auf dem Holzweg ist oder dass man einen seiner Pläne ein klein wenig ändern oder gar verbessern könnte, stellt für denjenigen, der dieses wagt, einen verhängnisvollen Fehler dar. Denn von diesem Augenblick an betrachtet Fidel einen solchen Gesprächspartner nicht länger als intelligente Person. Lebt man in seinem direkten Umkreis, so ist es das Beste, alles zu akzeptieren, was er sagt und tut, selbst bei einem Basketballspiel oder einer Angelpartie.

Während des Angolakrieges in den 1980er-Jahren hatte es General Arnaldo Ochoa, der sich im Kriegsgebiet befand, gewagt, den militärischen Zielvorgaben des *Jefe* zu widersprechen, der sich seinerseits in Havanna aufhielt, rund elftausend Kilometer vom Ort des Geschehens entfernt. Ochoa schlug andere Optionen vor, die ihm besser erschienen. Diese Majestätsbeleidigung hat Fidel niemals vergessen. Ich glaube, dass diese Begebenheit eine nicht unerhebliche Rolle bei dem Prozess und dem Todesurteil gegen Ochoa im Jahr 1989 gespielt hat.

Im Gegensatz zu seinen ständig wiederholten Behauptungen hat Fidel keineswegs auf den kapitalistischen Komfort verzichtet und auch nicht beschlossen, ein Leben der Bescheidenheit oder gar der Entbehrung zu führen. Im Gegenteil, sein Lebensstil gleicht durchaus demjenigen eines Kapitalisten, der sich nicht die geringste Einschränkung auferlegt. Er hat niemals in Erwägung gezogen, dass er durch seine Reden über das harte Leben eines jeden guten Revolutionärs selbst auf ewig dazu verpflichtet sein könnte. Weder er noch Raúl haben jemals die Grundsätze beherzigt, die sie für ihre Landsleute so wortstark vorgaben. Daraus lässt sich ersehen, dass Fidel ein extrem manipulativer Mensch ist. Mit seiner beängstigenden Intelligenz ist er jederzeit in der Lage, eine Person oder eine Gruppe ohne Skrupel zu manipulieren. Sein Hang zu Wiederholung und Obsession kommt ihm hierbei ebenfalls zugute. In seinen Diskussionen auch mit ausländischen Persönlichkeiten wiederholt Fidel die gleichen Dinge so oft wie eben notwendig, um seinen Gesprächspartner am Ende von seinem – gut begründeten – Standpunkt zu überzeugen.

★

Gewiss, man kann sich darüber wundern, dass ich nicht früher Abstand von Fidel genommen habe angesichts dieses von mir erstellten psychologischen Profils und des Luxus, von dem ich sehr früh Zeuge wurde. Aber man muss unserer Jugend Rechnung tragen und der wahrlich kulthaften Verehrung, die wir dem Sieger der kubanischen Revolution entgegenbrachten. Man mag einwenden: Er hat doch eine zutiefst autoritäre Art. Für uns war sie das Kennzeichen eines Kämpfers. Man mag einwenden: Er führt doch ein viel zu schönes Leben. Für uns hatte er das wahrlich verdient. Außerdem gehöre ich, wie ich bereits gesagt habe, dem Militär an. Und Aufgabe von Militärangehörigen ist es, zu handeln und zu gehorchen … nicht zu kritisieren.

★

Selbstverständlich werden die kubanischen Spionagedienste ihr Möglichstes tun, um meine Ausführungen und das vorliegende Buch zu diskreditieren. Das ist schließlich ihre Arbeit. Aber im Gegensatz zu all jenen Beamten, die blind den empfangenen Befehlen gehorchen, weiß ich, wovon ich spreche. Schließlich habe ich Fidel siebzehn Jahre meines Lebens gewidmet, und hinzu kommen diejenigen, in denen ich noch nicht seiner persönlichen Schutztruppe angehörte. Alles in allem habe ich mehr Zeit, mehr Wochenenden und Ferien mit ihm als mit meinen eigenen Kindern und meiner Ehefrau verbracht. Im Präsidentenpalast, bei Fahrten in die Provinz oder ins Ausland, bei offiziellen Empfängen, in seinem Flugzeug, an Bord seiner Jacht, auf der paradiesischen Insel Cayo Piedra oder auf anderen privaten Besitztümern stand ich oft nur einen Meter von ihm entfernt. Ich besaß sein vollstes Vertrauen. Ich konnte ihn genauestens beobachten.

Mehr noch: Bisher ist niemand jemals in der Lage gewesen, »ganz privat« von Fidel zu sprechen – von seinen Frauen, seinen Geliebten, seinen Geschwistern oder seinen zahlreichen Kindern (es gibt zumindest neun Nachkommen; fast alle sind Jungen). Es ist höchste Zeit, den Schleier zu lüften und über das zu erzählen, was Fidel Castro und das kubanische Regime stets als eines der größten Staatsgeheimnisse behandelt haben: die Familie des *Comandante en Jefe*.

3

DIE DYNASTIE CASTRO

Nichts ist gewöhnlich bei Fidel Castro. Er ist einzigartig, außerordentlich, eigentümlich. Aber neben vielen anderen Charakteristika gibt es ein Erkennungszeichen, das ihn von all seinen Landsleuten unterscheidet: Er kann keine Salsa tanzen! Das interessiert ihn nicht, er mag das nicht. *El Comandante* hört auch keine Musik. Keine kubanische, keine klassische und schon gar keine amerikanische Musik. Auch das unterscheidet ihn von den »normalen« Kubanern. Hingegen ist seine Neigung zur ehelichen Untreue typisch kubanisch, denn dieses Verhalten stellt gewissermaßen einen Volkssport dar. Allerdings ist er weder ein echter Schürzenjäger noch ein zwanghafter Liebhaber wie so viele Politiker in der ganzen Welt. Er ist der »untreue Fidel« – *el infiel Fidel*. Bei seinen Liebesabenteuern und Verführungsambitionen ist er niemals auf den geringsten Widerstand oder die geringste Schwierigkeit gestoßen. Er ist weder einer jener allmächtigen Diktatoren, die Partys der ganz besonderen Art organisieren, noch eben ein Heiliger.

In erster Ehe war er mit der Mirta Díaz-Balart, einer Tochter aus gutem Hause, verheiratet, in zweiter Ehe mit der Lehrerin Dalia Soto del Valle. Seine erste Frau betrog er mit der außerordentlich schönen Naty Revuelta, seine zweite Frau mit der »Genossin« Celia Sánchez, die dreißig Jahre lang seine persönliche Sekretärin, seine Vertraute und sein Wachhund war. Dieses Schürzenjägerbild muss um weitere Geliebte ergänzt werden: unter anderem um Juana Vera alias »Juanita«, seine offizielle Englischdolmetscherin und Oberst des Geheimdienstes (sie arbeitet heute für Raúl); Gladys, eine Stewardess der kubanischen Luftlinie, die ihn auch auf Auslandsreisen begleitete, sowie Pilar, alias »Pili«, ebenfalls eine Dolmetscherin, in diesem Fall für die französische Sprache. Und vermutlich gibt es aus der Zeit vor meiner Tätigkeit noch weitere Abenteuer, von denen ich daher nichts weiß.

Von all dem haben die Kubaner nur eine sehr vage Ahnung. Jahrzehntelang war das Privatleben des *Máximo Líder* eines der bestgehüteten Geheimnisse Kubas, von dem nur ganz wenige Bruchstücke an die Öffentlichkeit gelangt sind. Denn im Gegensatz zu seinem Bruder Raúl hat die kubanische Nummer 1 stets einen gleichsam pathologischen Eifer darauf verwendet, alle oder doch so gut wie alle Elemente seines Privatlebens geheim zu halten. Aus welchem Grund? Er ist der Meinung, dass es nichts bringt, sein Leben zur Schau zu stellen oder vor allen auszubreiten; er sieht darin vielmehr eine mögliche Gefahr, einen Punkt, an dem man sich verletzlich macht. Deshalb hat er, die ersten Jahre ausgenommen, einen Graben zwischen seinem öffentlichen und seinem privaten Leben gezogen. Dieser Kult der Geheimhaltung geht vermutlich auf seine Jahre im Untergrund zurück, wo es, genau wie bei den Widerstandskämpfern im Zweiten Weltkrieg, eine Frage des Überlebens war, möglichst viele Informationen zurückzuhalten, um keine Zusammenhänge erahnen zu lassen.

So unglaublich es auch klingen mag, die Kubaner haben aus diesem Grund erst nach dem Jahr 2006 von der Existenz seiner zweiten Ehefrau erfahren. Erst in dem Augeblick, als Fidel sich stark geschwächt ins Krankenhaus begeben musste und beschlossen hatte, die Zügel der Macht in Raúls Hände zu geben, tauchte Dalia Soto del Valle, seit 1961 die Frau an seiner Seite, öffentlich neben ihm auf. Vier Jahrzehnte lang war Fidel stets in Begleitung einer First Lady erschienen, allerdings hatte diese einen rein symbolischen Stellenwert. Bei großen Empfängen (Nationalfeiertag, Besuch eines ausländischen Staatschefs usw.) befand sich tatsächlich Vilma Espín (1930–2007), die Ehefrau von Raúl und Präsidentin des kubanischen Frauenverbandes FMC, an der Seite von Fidel, wenn er sich der Öffentlichkeit auf der Tribüne zeigte, und wurde so unterschwellig als *primera dama* wahrgenommen.

Fast ebenso lang hat niemand oder fast niemand gewusst, dass Dalia dem *Máximo Líder* in den Jahren zwischen 1960 und 1970 nicht weniger als fünf Söhne geschenkt hat! Es ist unglaublich, aber wahr: Selbst die vier Kinder von Raúl Castro, die ebenfalls gut abgeschirmt lebten, hatten keine Gelegenheit, ihren Cousins ersten Grades zu begegnen, bevor diese erwachsen waren! Beinahe zwanzig Jahre lang lebten diese nahen Verwandten nur wenige Kilometer voneinander entfernt, ohne dass sich ihre Wege jemals gekreuzt hätten. Was die breite Öffentlichkeit angeht, so erfuhr sie ab dem Jahr 2000 von der Identität der fünf Söhne Fidels, allerdings ohne näheren Aufschluss über ihre beruflichen oder persönlichen Lebensumstände zu erhalten.

Ich für meinen Teil kenne sie alle sehr gut. Da ich siebzehn Jahre lang bei der Familie ein und aus gegangen bin, bin ich nicht nur in der Lage, den detaillierten Stammbaum der Dynastie zu erstellen und die Fähigkeiten sowie die Schwächen der einzelnen Mitglieder zu benennen – ich vermag auch einige Geheimnisse zu lüften und zu beschreiben, wie Fidel – eher recht als schlecht – seine Vaterrolle ausübte. All dies wäre natürlich nur von anekdotischem Wert, wenn nicht dadurch der Charakter einer der herausragendsten Persönlichkeiten der zweiten Hälfte des zwanzigsten Jahrhunderts in einem ganz neuen Licht erschiene.

★

Aber immer schön der Reihe nach.

Den Anfang macht Fidelito (»Kleiner Fidel«), der auch »offiziell« als der älteste Sohn von Castro und seiner ersten Frau gilt. Von klein auf wird der eigentlich ebenfalls Fidel heißende Junge Fidelito gerufen, um ihn von seinem berühmte Erzeuger zu unterscheiden. Die physische Ähnlichkeit der beiden ist frappierend: gleiche Nase, gleiches griechisches Profil, gleicher Haaransatz, gleicher Bart ... aber ihr Lebensweg ist völlig verschieden.

Fidelito wird Ende September 1949 als einziger Sohn von Mirta Díaz-Balart geboren, einer schönen jungen Kubanerin aus Havanna, die Fidel Castro ein Jahr zuvor geheiratet hatte, als er noch ein einfacher Jurastudent war, aber bereits ein politisch sehr engagierter Agitator. Die Ironie des Schicksals will es, dass die Familie von Mirta eng mit dem Regime von Batista verbunden ist. Ihr Vater, ein Anwalt, vertritt die amerikanischen Konzerne, die den Bananenhandel in ihrer Hand haben, und ihr Bruder Rafael ist nach 1952 ganz und gar Innenminister dieses niederträchtigen Diktators! Rafael gehört dann im Übrigen zur ersten Welle der Kubaner, die sich nach dem »Triumph der Revolution« im Januar 1959 nach Florida absetzen und für ein Exil in den Vereinigten Staaten entscheiden. Ebenfalls Ironie des Schicksals ist es, dass die beiden Söhne von Mirtas Bruder, Lincoln und Mario, bei den US-Republikanern politische Karriere machen: Beide werden als Abgeordnete ins Repräsentantenhaus gewählt, und beide zählen über Jahrzehnte hinweg zu den lautesten Wortführern gegen den Castrismus. Und das alles mit Fidelito als direktem Cousin und Fidel Castro als angeheiratetem »Onkel Fidel«!

Schon bald nach ihren Flitterwochen in New York stellt Fidel Castros Leidenschaft für die Politik sein Eheleben in den Schatten. Die elegante Mirta beginnt ihn rasch zu langweilen, und 1955 lässt er sich von ihr scheiden. Er beanspruchtjedoch die Fürsorge für den kleinen Fidelito, obwohl ihm, wie man später sehen wird, jede väterliche Ader abgeht. Da sie ihren Sohn lange Zeit nicht sehen darf, zieht Mirta im Jahr 1959 nach Spanien. Dort lebt sie heute noch, hat allerdings seit mehreren Jahren die Erlaubnis, ihren auf Kuba gebliebenen Sohn in seiner Heimat zu besuchen.

Es hatte lange den Anschein, als würde der »kleine Fidel« die schwere Last des väterlichen Erbes möglicherweise auf seine Schultern nehmen können. Tatsächlich ist er das einzige von Castros zahlreichen Kindern, das den Medien präsentiert wurde. In einem denkwürdigen Fernsehauftritt aus dem Jahr 1959 erscheint der Junge im Schlafanzug neben seinem Vater – ebenfalls im Schlafanzug! – in einer Sendung des amerikanischen Senders CBS. Mit dieser etwas lächerlichen Inszenierung gelingt es dem Guerillero, der auf Kuba siegreich aus der von ihm angezettelten Revolution hervorgegangen ist, die amerikanischen Fernsehzuschauer zu beruhigen: In zehn Minuten versucht er mit allem Nachdruck zu erklären, dass er kein gefährlicher Kommunist ist, sondern ein ebenso guter Familienvater wie jeder andere Amerikaner auch. Und es funktioniert – zumindest für den Augenblick.

Ein Jahrzehnt später befindet sich Fidelito in der Sowjetunion. Die russische Nummer 1, Leonid Breschnew, gewährt Fidel Castro die Gunst, seinen Sohn dort unter falscher Identität in einem streng geheimen nuklearen Forschungsinstitut studieren zu lassen. Sein Pseudonym lautet José Raúl, und keiner seiner Studienkollegen hat die geringste Ahnung, wer sich tatsächlich dahinter verbirgt, außer einer hübschen Russin namens Natalia Smirnova, die er heiratet und mit der er drei Kinder hat: Mirta, Fidel und José Raúl. Als Doktor der Nuklearphysik kehrt Fidelito in den 70er-Jahren nach Havanna zurück. Er wohnt mehr bei seinem Onkel Raúl als bei seinem Vater, der sich im Grunde nicht wirklich für ihn interessiert. Denn bei den Castros ist es Raúl und nicht Fidel, der eine Ader für die Familie besitzt und den Dreh- und Angelpunkt der Dynastie bildet.

Der ausgezeichnete Wissenschaftler wird jedoch 1980 von seinem Vater bei der Gründung der Atomenergiekommission Kubas (CEAC) an deren Spitze berufen. Mit den Jahren passt sich Fidelito im Verhalten seinem Vater immer mehr an. Seine Sonderstellung steigt ihm zu Kopfe, und er bewegt sich beispielsweise auf den Straßen von Havanna nur noch in Begleitung von Leibwächtern, während dieses Privileg theoretisch gesehen ausschließlich den Mitgliedern des Politbüros der PCC vorbehalten ist. Eine solche Arroganz muss irgendwann Verärgerung hervorrufen – umso mehr, als der »kleine Fidel« sich in Veruntreuungen verstrickt. Im Jahr 1992 wird er wegen schlechter Führung von seinem Amt in der CEAC entlassen. »Nicht er hat gekündigt, ihm wurde gekündigt: Kuba ist schließlich keine Monarchie!«, wettert Fidel in aller Öffentlichkeit und wirft seinem Sohn ganz besonders dessen »unbegreiflichen Machthunger« vor, ohne auch nur einen Augenblick in Erwägung zu ziehen, dass diese Schwäche in einen Zusammenhang mit ihm selbst gebracht werden könnte, da Charaktereigenschaften schließlich nicht selten vererbt werden.

Von einem Tag auf den anderen wird Fidelito zum einfachen Beamten degradiert. Er ist nun Berater für Energiefragen im Zentralkomitee der PCC. So kehrt der älteste Castro-Sprössling zum »Pyjama-Plan« zurück, wie der Volksmund auf Kuba es spöttisch nennt, wenn Regierungsmitglieder aufs Abstellgleis gestellt werden. Der nachtragende Fidel redet mehrere Jahre lang kein Wort mit ihm. Etwa im Jahr 2000 findet Fidelito wieder Gnade vor den Augen seines Vaters, kehrt allerdings nicht mehr in den Kreis der Mächtigen zurück. Im März 2013 wird ihm jedoch sogar ein Comeback im Fernsehen zuteil. Er ist jetzt 65 Jahre alt, und diesmal trägt er keinen Schlafanzug bei seinem Auftritt. Anlässlich einer Reise nach Moskau antwortet er ausführlich auf die Fragen eines Journalisten des russischen Senders Russia Today. Der Wissenschaftler hält eine Lobrede auf die Führung seines Onkels Raúl, wirkt aber zurückhaltender, als die Sprache auf das Erbe seines Vaters kommt, den er niemals mit Namen nennt, sondern stets mit einer gewissen Distanz als »den historischen Führer« betitelt.

Vielleicht ist die Karriere von Fidelito noch nicht zu Ende. Wer weiß? Er ist intelligent, fachlich sehr qualifiziert, mit einem stattlichen Aussehen gesegnet – diese Eigenschaften prädestinieren ihn geradezu, hohe Ämter im Machtapparat zu übernehmen. Umso mehr, als er stets eine große Verbundenheit zu seinem Onkel Raúl gewahrt hat und die physische Ähnlichkeit mit Fidel seine Autorität auf symbolischer Ebene begünstigt.

★

Während Fidelito der bekannteste Nachkomme von Fidel ist, trifft für seinen Halbbruder Jorge Ángel, der wie er im Jahr 1949 geboren wurde, genau das Gegenteil zu. Er stammt aus einer flüchtigen, lediglich drei Tage währenden Liebschaft mit Maria Laborde, einer von Castros Bewunderinnen, die aus der Provinz Camagüey stammte. Niemand hat sie je gesehen, und heute ist sie bereits verstorben. Der *Comandante en Jefe* hat stets eine große Distanz zu diesem zufällig gezeugten Sohn gehalten. Hat sich Fidel bereits recht wenig um Fidelito gekümmert, so hat er sich für Jorge Ángel noch weitaus weniger interessiert. Es konnten Monate vergehen, ohne dass er sich nach dem einen oder anderen erkundigte, und beide haben Zuflucht bei ihrem Onkel gesucht.

Nebenbei sei bemerkt, dass ich später das genaue Geburtsdatum von Jorge Ángel über Daten herausgefunden habe. Mit interner Hilfe gelang es mir, an entsprechende Informationen des kubanischen Standesamtes heranzukommen und sie vor meiner Flucht aus Kuba heimlich zu kopieren. Vor Kurzem bin ich einem Exilkubaner begegnet, der gerade erst in Miami eingetroffen war. Dieser hatte im Staatssicherheitsdienst gearbeitet, also bei der Geheimpolizei, und kannte Jorge Ángel persönlich. Er bestätigte die mir bereits vorliegenden Daten: Jorge Ángel wurde am 23. März 1949 geboren, also sechs Monate vor Fidelito. Das heißt, es war nicht nur unbekannt, dass Fidel diesen Sohn hatte, sondern auch, und das ist das weitaus Erstaunlichere, dass der »Bastard« in Wirklichkeit der Erstgeborene der Castro-Nachkömmlinge ist.

★

Die Beziehung zwischen Mirta, der ein wenig steifen Tochter aus gutem Hause, und dem hitzigen Fidel zeichnete sich zu keinem Zeitpunkt durch glühende Leidenschaft aus – gelinde gesagt. Ganz anders sieht seine Liebe zu Natalia Revuelta alias »Naty« aus, mit der Fidel Mirta ungeniert betrogen hat. Mit ihren grünen Augen, ihren ebenmäßigen Gesichtszügen und ihrem natürlichen Charme galt diese Kubanerin zu ihrer Zeit als die schönste Frau Havannas. Naty war mit dem Arzt Orlando Fernández verheiratet, sympathisierte aber rasch mit den Ideen der revolutionären Bewegung. Seit Anfang der 50er-Jahre pflegt sie Umgang mit Fidel Castro, zunächst lediglich als Freundin, dann als Geliebte. Nach dem gescheiterten Angriff auf die Moncada-Kaserne am 26. Juli 1953 wird der angehende Guerillero von 1953 bis 1955 als Strafgefangener auf der Isla de Pinos (heute Isla de la Juventud, Insel der Jugend) inhaftiert, wo sie ihn in den Sprechzeiten regelmäßig besucht.

Nach zwei Jahren Haft werden Fidel und seine Mitstreiter

von Batista begnadigt … den sie dann dreieinhalb Jahre später stürzen werden. Fidel kann seiner treuen Freundin nun seine Dankbarkeit beweisen …

Im Jahr 1956 bringt Naty Alina zur Welt. Sie ist Fidels einzige Tochter und zudem das einzige seiner Kinder, das es wagt, ihm die Stirn zu bieten. Auch nach seiner Machtübernahme am 1. Januar 1959 pflegt Fidel Castro weiterhin Kontakt zu der außerordentlich schönen Naty, die er üblicherweise abends in ihrer Wohnung aufsucht. Eines Tages – das Mädchen muss etwa zehn Jahre alt gewesen sein – verkündet der *Máximo Líder* Alina, dass ihr wirklicher Vater nicht der Arzt Orlando ist, der sich nach dem »Triumph der Revolution« in die Vereinigten Staaten abgesetzt hatte, sondern er selbst.

Eine väterliche Ader wird beim *Comandante* jedoch auch dadurch nicht geweckt, dass er nun Vater eines wunderbaren Töchterchens ist. In den 60er-Jahren hat der neue Führer der Dritten Welt ganz andere Sorgen. Als Alina zwölf Jahre alt ist, wird sie mit ihrer Mutter auf Anordnung Fidels für ein Jahr nach Paris geschickt. Das Mädchen geht in einem Pensionat in Saint-Germain-en-Laye zur Schule, wo sie die französische Sprache erlernt, die sie auch heute noch perfekt beherrscht. Bei ihrer Rückkehr nach Havanna stellt die Jugendliche ihre Charakterstärke unter Beweis: Mit ihren gerade einmal vierzehn Jahren verkündet diese angehende Rebellin ihre Absicht, Kuba zu verlassen, wie sie es auch später in ihrer Autobiografie erzählt hat.[3] Noch schenkt Fidel ihr keine Aufmerksamkeit, aber Alina tut, was ihr gefällt, und gibt auch später als Erwachsene ihre Absicht nicht auf.

Die Beziehung zu ihrem Erzeuger, den sie hin und wieder sieht, ist spannungsreich. Ich erinnere mich an sie, wie sie als junge hübsche Frau in den 80er-Jahren als Mannequin arbeitete. Eines Tages, ich befand mich gerade im Vorzimmer von Fidel, kreuzt Pepín Naranjo auf, der Adjutant des *Coman-*

dante, und hält eine Ausgabe der Zeitschrift *Cuba* (später *Cuba Internacional*) in der Hand. Auf der zweiten Seite des Magazins kann man die schöne Alina im Bikini auf einem Segelboot bewundern, die neben zwei weiteren wunderschönen Mannequins für eine Reklame posiert, die den Rum der Marke Havanna Club anpreist.

»Was ist das denn?«, bricht es entrüstet aus Fidel heraus. »Bestellen Sie Alina auf der Stelle zu mir!«

Zwei Stunden später stürmt Alina vollkommen unbeeindruckt forschen Schrittes in sein Arbeitszimmer. Der nun folgende Streit ist von allen, die es je mit dem *Comandante* gegeben hat, der denkwürdigste. Das Geschrei im Arbeitszimmer des Präsidenten lässt die Wände wackeln und ist überall zu vernehmen.

»Aber alle wissen doch, dass du meine Tochter bist! Da ist es unangemessen und unwürdig, sich so im Bikini zur Schau zu stellen!«

»Ach, jetzt interessierst du dich auf einmal für das, was ich tue?«, schleudert Alina ihm entgegen und schreit noch lauter. »Deine moralischen Bedenken sind mir egal, ich will so leben, wie es mir passt!«

Ihr Wortgefecht war eine echte *fiesta del Guatao*. Diese kubanische Redewendung spielt auf ein Dorf an, in dem Feste angeblich häufig in eine allgemeine Streiterei ausarten. Am Ende schoss Alina wie eine Rakete aus dem Arbeitszimmer und ließ Fidel samt Pepín sprachlos staunend dort zurück.

Ein paar Jahre später, im Herbst 1993, erfährt Fidel vom Geheimdienst, dass Alina sehr ernsthafte Fluchtgedanken hegt. Sie ist offenbar kurz davor, Kuba zu verlassen. Unverzüglich setzt Fidel den Chef unserer Eskorte, Oberst José Delgado Castro, davon in Kenntnis, mithin meinen direkten Vorgesetzten:

»Ich warne dich: Alina darf Kuba auf gar keinen Fall verlassen, ganz gleich unter welchem Vorwand. Hast du verstanden?«

Aber zwei Monate später kommt der Paukenschlag. Am Heiligabend wird bekannt, dass Alina die heimliche Flucht gelungen ist. Getarnt mit einer Perücke und mit einem falschen spanischen Pass in der Hand, hat sie ein Flugzeug bestiegen. Ein ganzes Netz internationaler Komplizen ist ihr bei der Vorbereitung behilflich gewesen. Sie taucht in Madrid wieder auf, wo sie reichlich Pressekonferenzen gibt, um den Totalitarismus von Castros Regime anzuprangern. Später findet man sie in Florida wieder, wo sie sich dauerhaft niederlässt. Die Nachricht, dass die Tochter Fidel Castros nun zu den Abtrünnigen zählt, erregt ein ebenso großes Aufsehen wie einst die Flucht von Juanita, einer der vier Schwestern Fidels. Sie hatte Kuba im Jahr 1964 zunächst in Richtung Mexiko verlassen, bevor sie in Miami landete. Ihre sechs Geschwister hat sie nie wieder gesehen.

Es kommt selten vor, dass der *Comandante* seinen Wutausbrüchen freien Lauf lässt. In siebzehn Jahren habe ich dies nur zwei Mal miterlebt. Im Allgemeinen bleibt er, selbst wenn er wütend ist, kühl und beherrscht. Aber an jenem Tag, als Pepín ihm die unangenehme Neuigkeit überbringt, tobt er. In solchen Situationen gleicht seine Gestik der eines launischen Kindes, dem man einen Wunsch abgeschlagen hat: Er springt auf, stampft mit dem Fuß auf den Boden und weist mit den ausgestreckten Zeigefingern nach unten.

»Was für Vollidioten waren denn da am Werk!«, schreit er, schäumend vor Wut. »Ich will, dass die Verantwortlichen zur Rechenschaft gezogen werden! Ich fordere einen genauen Bericht! Ich will wissen, wie so etwas passieren konnte!«

Wenn Fidel in einen solchen Zustand gerät, herrscht Totenstille um ihn herum. Jeder verzieht sich so gut es geht und tut so, als wäre er eifrig mit seiner Arbeit beschäftigt. Die Devise lautet: abwarten, bis der Sturm sich gelegt hat.

Fünfzehn Jahre später habe ich Alina in Miami wiedergetroffen, wo sie ein bescheidenes Leben führt, ohne jemals wieder nach Kuba zurückgekehrt zu sein. Als ich ihr gegenüber noch einmal auf diese Episode zu sprechen komme, lächelt sie, ohne dass jener Hauch von Traurigkeit aus ihren Zügen verschwindet, der allen Menschen zu eigen ist, die auf dieser Welt im Exil leben müssen.

★

Nach Mirta und Naty kommt dann Dalia Soto del Valle, die wichtigste unter Fidels Frauen, allerdings auch die verkannteste. Castro begegnet ihr im Jahr 1961 – dem Jahr des Invasionsversuchs in der Schweinebucht – bei einem öffentlichen Auftritt in der Provinz Villa Clara, wohin er sich im Rahmen einer groß angelegten nationalen Kampagne seiner Regierung gegen den Analphabetismus begibt. Bei einer Rede unter freiem Himmel fällt Fidel diese wunderschöne junge Frau in der ersten Reihe auf, mit der er unverzüglich flüchtige, gleichwohl aber tiefe Blicke tauscht. Wie auch Mirta und Naty ist diese Unbekannte eine Blondine mit hellen Augen, die darüber hinaus einen weiteren, für den *Comandante en Jefe* wesentlichen Vorzug aufweist: Sie ist schlank und zierlich wie eine Balletttänzerin. Darauf steht Fidel ganz besonders, was Frauen angeht.

Die Liebe muss wie ein Blitz eingeschlagen haben. Noch am selben Tag stellt sein Adjutant Pepín ihm die Schöne vor. Fidel erfährt, dass sie Lehrerin ist und Dalia Soto del Valle heißt. Nach drei Begegnungen und vor allem auch nach den üblichen Nachforschungen durch Pepín (die sicherstellen sollen, dass sie keine Konterrevolutionärin ist und ihre Familie keine Verbindung zu dem Regime von Batista hatte), schlägt Fidel ihr vor, nach Havanna überzusiedeln, wo er sie ganz diskret in einem Haus am Stadtrand unterbringt, in

Punta Brava. Einige Zeit später ziehen sie tatsächlich zusammen. Von Anfang an steht ihre Beziehung unter dem Siegel der absoluten Geheimhaltung, sowohl aus Sicherheitsgründen gegenüber den Vereinigten Staaten als auch aus höflicher Diskretion gegenüber Celia Sánchez, mit der er parallel ebenfalls eine Liebesbeziehung unterhält.

Fidel und Dalia haben fünf Kinder, fünf Söhne, deren Vornamen allesamt mit dem Buchstaben A beginnen: Alexis, Alex, Alejandro, Antonio und Angelito. Bei den drei ersten handelt es sich um Variationen des Namens Alexander, den Fidel während seiner Zeit als Guerillero als Pseudonym angenommen hatte – eine Hommage an Alexander den Großen, für den er eine große Bewunderung hegt. Die fünf »A« wachsen fern von der Macht, von den übrigen Kubanern und selbst fern von ihrer Verwandtschaft auf. Ich habe bereits darauf hingewiesen, dass sie vor ihrer Volljährigkeit die Kinder von Raúl nie gesehen haben, obwohl diese ganz in ihrer Nähe wohnen. Raúl mit seinem ausgeprägten Familiensinn war überglücklich, als sein bereits volljähriger Sohn endlich zwei seiner Cousins kennenlernte, die er zufälligerweise auf einem Fest getroffen hatte. Dieses freudige Ereignis war für die Nummer 2 des Regimes, zugleich auch Verteidigungsminister, Anlass genug, seine Adjutanten ein paar Flaschen Wodka besorgen zu lassen, um darauf anzustoßen.

Aber auch Dalia hat ihre Finger im Spiel bei der Abschottung ihrer Sprösslinge. Sie ist autoritär und duldet keinen Widerspruch. Außerdem betrachtet sie ihre Kinder als die einzigen wahren Nachkommen Fidels. Sie war weder Fidelito noch Jorge Ángel wohlgesonnen. Das Gleiche gilt auch für Alina (die sie jedoch niemals gesehen hat) und die vier illegitimen Kinder Fidels, von denen ich nie überprüfen konnte, ob es sie tatsächlich gab. Nur Abel, der 1983 geboren wurde und der Sohn der Dolmetscherin Juanita Vera ist, habe ich kennengelernt.

Den fünf »A« bin ich in den siebzehn Jahren meines Dienstes bei Fidel beinahe täglich über den Weg gelaufen. Was ihnen gemeinsam ist? Sie sind intelligent, aber größtenteils ohne besondere Begabung. Alle haben die Grundschule Esteban Hernández besucht, die ihre Mutter eigens für ihre Kinder in der Straße 202 des Stadtteils Coronela, unweit des Familiendomizils, gegründet hatte. Dalia wurde rasch die eigentliche Leiterin dieser maßgeschneiderten Einrichtung und wählte das Lehrpersonal in Abstimmung mit dem Bildungsministerium persönlich aus. Sie bestimmte auch, welche Schüler dort zugelassen wurden, wobei eine verbürgte revolutionäre Gesinnung der Eltern ausschlaggebend war. Etwa fünfzig Kinder, deren Eltern politische Führungspositionen innehatten oder der Eskorte angehörten, waren in dieser Schule eingeschrieben. Ich bin glücklich darüber, dass meine eigenen Kinder dort nicht zur Schule gegangen sind. Ich habe niemals von dem System profitiert, und das ist auch gut so.

Gemeinsam ist Fidels Kindern auch, dass keiner der fünf »A« jemals eine militärische Ausbildung absolviert hat oder an einer internationalen Beistandsaktion in einem der sozialistischen »Bruderländer« teilgenommen hat – ganz im Gegenteil zu dem, was Fidel allen jungen Kubanern empfiehlt oder gar abverlangt. Diejenigen seiner Söhne, die alt genug waren, um in den Kampf zu ziehen, haben auch nicht am Angolakrieg (1975–1992) teilgenommen, wo der *Comandante en Jefe* doch Hunderttausende seiner Landsleute ans Messer lieferte.

Wie alle Geschwister weisen auch die fünf »A« unterschiedliche Charakterzüge auf und haben dementsprechend unterschiedliche berufliche Wege eingeschlagen. Alexis, der 1962 geboren wurde und damit der Älteste ist, kann man als introvertierten Einzelgänger ohne echte Freunde beschreiben, der nicht sehr gesellig und auch Frauen gegenüber schüchtern ist. Der nur ein Jahr jüngere Alex ist hingegen ein freundlicher und sympathischer Typ. Der Älteste ist ausgebildeter Informatiker, ein großgewachsener, trockener Typ, der immer wieder erfolglos versucht, seinen Brüdern die eigenen Ansichten aufzuzwingen. Der Jüngere ist rundlicher und gewann von jeher allgemeine Sympathien, auch ohne es gezielt darauf abzusehen. Von seinem Wesen her gesellig, trägt er den Beinamen *El Buenáchon*, was so viel bedeutet wie »Gemütsmensch« und ihm wie auf den Leib geschrieben ist: Er ist sanftmütig, außerstande, mit irgendjemandem in Streit zu geraten, nicht einmal mit seinem barschen großen Bruder, dem er sich übrigens sehr verbunden fühlt. Außerdem ist er ein Genießer, was ihm auch den anderen Beinamen *El Gordito* (»der kleine Dicke«) eingetragen hat, den er gutmütig hinnimmt. Alex ist auch derjenige, der Fidel und Dalia den ersten Enkel geschenkt hat; das hat seine Beliebtheit in der Familie noch weiter gesteigert. Ursprünglich zum Ingenieur ausgebildet, wechselte er schon bald zum Fernsehen, wo er Kameramann bei TV Cubana wurde, bevor er ab 1998 als Fotograph arbeitete. Im Jahr 2012 stellte er als offizieller Porträtfotograf seines Vaters eine Reihe von 27 großformatigen Aufnahmen unter dem Titel »Fidel Castro: intime Porträts« in einer vornehmen Galerie in Mexiko aus.

Auf diese beiden folgt als Dritter in der Reihe Alejandro, der 1969 geboren wurde. Wie seine älteren Brüder studierte auch er Informatik, aber im Unterschied zu ihnen gilt seine Leidenschaft wirklich dem Programmieren. Heute würde man sagen, er ist ein Computerfreak. Um 1990 herum verfasste er ein Handbuch, um russische an japanische Computersysteme anpassen zu können. Es gelang ihm schließlich sogar, dieses Handbuch an eine japanische Firma zu verkaufen. Das brachte ihm die Glückwünsche seines Vaters ein, der ihm ein Auto des Herstellers Lada schenkte. Er ist ein Nachtschwärmer, besucht gern Diskotheken und umgibt sich gern mit Frauen und bekannten Künstlern. *El Brother* – so lautet sein Spitznamen seit der Schulzeit, und darin gleicht er Antonio, dem vierten »A«.

Antonio wurde 1971 geboren. Er ist derjenige, den ich am besten kenne. Auf Cayo Piedra, der Insel der Castros, habe ich viel Zeit damit verbracht, ihm Schwimmen und Tauchen beizubringen, und auch den Umgang mit einem Unterwassergewehr habe ich ihm gezeigt. So etwas schafft natürlich eine Bindung. Beim fünfzehnten Geburtstag von »Tony«, wie Antonio gerufen wurde, war ich – neben einer Bande von Halbwüchsigen, die mit ihm zur Schule gingen – das einzige Mitglied der Eskorte, das zu seinem Fest eingeladen wurde. Ich vermute, dass dies bei meinen Kollegen ein wenig Neid geweckt hat. Bei dieser Gelegenheit hatte Fidel angeordnet, dass ich seinen Sohn in die Einheit 160 begleite, wo der Präsident seine im Lauf der Zeit erhaltenen Geschenke aufbewahrt, um eine Armbanduhr für Tony auszusuchen. Dessen Auge fiel auf eine Quarzuhr von Seiko. Ich erinnere mich noch sehr gut an das strahlende Lächeln, das sein Jungengesicht erhellte, als er sie um sein Handgelenk legte.

Nach seiner Schulzeit im Lenin-Gymnasium von Havanna, das auch alle seine Brüder besuchten, frage ich ihn eines Abends, als ich zur Wache am Wohnsitz der Familie eingeteilt war:

»Und nun, was hast du jetzt vor?«

»Mein Vater will, dass ich Medizin studiere, aber ich selbst würde lieber etwas anderes machen. Ich wäre gern ein Baseball-Trainer …«

Von jeher ist Tony sportverrückt. Sobald er Zeit hat und die Möglichkeit findet, spielt er Baseball oder Football. Aber über Fidels Entscheidungen lässt sich nicht streiten.

»Wenn das so ist«, rate ich ihm, »dann studier doch Sportmedizin! So kannst du eine Karriere in der Welt des Sports machen und dennoch deinen Vater zufriedenstellen.«

Jahre später, nach meiner Zeit im Gefängnis, habe ich erfahren, dass Antonio orthopädischer Chirurg geworden ist. Ich weiß nicht, ob ich etwas mit seiner beruflichen Entscheidung zu tun habe, aber ich habe unser Gespräch nicht vergessen.

In jedem Fall ist Antonio der Einzige unter den fünf »A«, der sich ein eigenes Leben aufgebaut hat. Er ist ein begnadeter Sportler (ein hervorragender Schlagmann im Baseball, ein sicherer Taucher, ein ausgezeichneter Golfspieler), aber er ist zugleich Leiter der orthopädischen Chirurgie im Krankenhaus Frank País in Havanna, Arzt der nationalen Baseball-Mannschaft, Präsident des kubanischen und Vizepräsident des internationalen Baseball-Verbandes. Kurzum, das Glück ist ihm hold, diesem »idealen Schwiegersohn«, der eine umwerfende Ausstrahlung besitzt, wirklich gut aussieht, zweimal mit wunderschönen Frauen verheiratet war und als eine Art »Prinz von Havanna« angesehen wird.

★

Bleibt noch Angelito, von dem man das nicht gerade behaupten kann. Der Jüngste der fünf Brüder wurde 1974 geboren und hat als Einziger keine weiterführende Schule besucht. In meiner Erinnerung ist er vor allem das unglaublich verwöhnte Kind seiner Mutter. Wenn er das Wochenende in dem Badeort Varadero verbracht hatte, so verlangte er beispielsweise, ihn dort mit dem Mercedes-Benz abzuholen. Und Dalia gab all seinen Launen nach. Er war von frühester Kindheit an ein Autonarr und wurde die meiste Zeit zu uns abgeschoben. In der Werkstatt hob Angelito (also der »kleine Engel«) die Kühlerhauben hoch, ohne um Erlaubnis zu fragen, er setzte sich ans Steuer der dort abgestellten

Autos, spielte mit Werkzeugen herum, ohne sie wieder an ihren Platz zurückzulegen. Er brachte uns alle zur Verzweiflung, und das so sehr, dass eine der Hausangestellten der Familie Castro ihn *El Comandantico*, den »kleinen Kommandanten«, getauft hatte. Nach meinem Ausscheiden aus der Eskorte Fidels habe ich irgendwann gehört, dass er am Ende ein Spitzenmanager bei der kubanischen Mercedes-Benz-Vertretung geworden ist. In Anbetracht all der talentierteren jungen Leute, die es in unserem Land gibt, vermute ich, dass er seine Position ganz wesentlich dem Namen Castro verdankt …

Die fünf »A« sind alle auf dem weitläufigen Familienanwesen Punto Cero im Stadtviertel Siboney von Havanna aufgewachsen und leben größtenteils noch immer dort, und zwar unter Bedingungen, die nichts mit den revolutionären Entbehrungen zu tun haben, wie sie ihr Vater immer gepredigt hat.

★

Punto Cero ist zunächst einmal ein riesiges, dreißig Hektar umfassendes Gelände, das im Westen von Havanna liegt, nicht weit entfernt vom Meer: genau einen Kilometer und dreihundert Meter südlich vom Jachthafen Marina Hemingway und zehn Kilometer entfernt vom Präsidentenpalast. Vier Gärtner sind mit der Pflege dieses bepflanzten Parks betraut, der ein Herrenhaus von fünfhundert Quadratmetern Grundfläche umgibt. Das Haus ist wie ein »L« geformt und hat zwei Etagen. In dem Park befindet sich ein Schwimmbad von fünfzehn Metern Länge, es gibt sechs Gewächshäuser, in denen Obst und Gemüse angebaut wird, und eine große Spielwiese für die Kinder. Außerdem gibt es ein zweites Wohngebäude mit dreihundertfünfzig Quadratmetern Grundfläche und ebenfalls zwei Etagen, das etwa fünfzig

Meter vom Hauptgebäude entfernt liegt. Dort sind die Leibwächter der Eskorte sowie das gesamte Hauspersonal untergebracht.

Mit seinen Orangenbäumen, Zitronenbäumen, Mandarinenbäumen, Grapefruitbäumen und Bananenstauden gleicht der Park einem wahren Garten Eden. Vor allem, wenn man seine Schätze mit der berühmten *libreta* vergleicht, dem Rationierungsheftchen, das allen Kubanern – einschließlich unserer Truppe von Leibwächtern – die Bezugsmengen von Lebensmitteln vorgibt: fünf Eier pro Person und Monat, 500 Gramm Hähnchenfleisch, 250 Gramm Fisch, 250 Milliliter Öl, außerdem schwarze Bohnen, Milchpulver (das Kindern unter sieben Jahren vorbehalten ist) sowie ein Brot pro Tag. Diese Mengen sind ganz offenkundig nicht ausreichend, um länger als zwei Wochen damit auszukommen, und zwingen somit die unglücklichen Kubaner, sich alle möglichen Tricks einfallen zu lassen, um ihren Hunger zu stillen.

Das unermesslich große Anwesen der Castros ist geschmackvoll im klassischen Stil der Herrenhäuser auf den Antillen eingerichtet: Es gibt Fensterläden zum Schutz vor der Sonne, neben Korbmöbeln finden sich Stücke aus Tropenhölzern, die Wände zieren Aquarelle und Porzellanteller. Hinzu kommt eine Fülle von Büchern in den Bibliotheken und auf den niederen Tischen. Eine der Hausangestellten, Zoraida, überwacht den reibungslosen Ablauf der alltäglichen Arbeiten, sie sorgt in den Privaträumen von Fidel und Dalia (in der ersten Etage) und in den Gemeinschaftsräumen (den im Erdgeschoss liegenden Wohnzimmern und dem Esszimmer) für Ordnung und kümmert sich um die Reinigung der schmutzigen Wäsche der gesamten Familie – außer derjenigen des *Comandante*.

Fidels Kleidung wird nämlich eine ganz besondere Behandlung zuteil – und zwar im Palast der Revolution. Jeden Tag fährt ein Chauffeur der Einheit 160 nach Punto Cero, um die Dreckwäsche des *Comandante* dort abzuholen und in der Reinigung des *Palacio* abzuliefern. Nach dem Waschen und Bügeln wird jedes Paar Strümpfe, jede Unterhose, jedes Hemd und jede Hose einer gründlichen Untersuchung unterzogen, um sicherzustellen, dass keinerlei radioaktives Material in ihnen versteckt ist. So soll ausgeschlossen werden, dass der *Máximo Líder* über seine Kleidung einem Kontaminationsversuch zum Opfer fällt. Anschließend tritt derselbe Chauffeur den Rückweg an und liefert die makellosen Kleidungsstücke in Punto Cero ab, wo die Hausangestellten sie sorgfältig an ihren Platz räumen.

Zwei Köche, Pedro Moreno Copul (vormaliger Chef des Hotels Habana Libre) und Nicolas Mons del Llana, bereiten die Mahlzeiten zu, die dort am Tisch serviert werden ... und zwar von einem Majordomus in schwarzer Livree namens Orestes Diaz! Denn bei den Castros speist man wie in einem Restaurant, das heißt *à la carte*. Jeden Abend stellt Dalia vor dem Zubettgehen den Speiseplan für die drei Mahlzeiten des nächsten Tages (Frühstück, Mittagessen, Abendessen) zusammen, und zwar für jedes Familienmitglied gesondert – je nach Vorlieben, Gewohnheiten und Sonderwünschen.

Zum Frühstück begnügt sich Fidel, der spät aufsteht – selten vor 10 oder 11 Uhr morgens – und seinen Arbeitstag erst mittags beginnt, häufig mit einem Tee oder mit einer Fisch- oder Hühnerbrühe. Manchmal trinkt er auch Milch wie seine Kinder, und zwar gewissermaßen die Milch des Hauses: In Punto Cero stammt dieses Getränk nämlich direkt aus dem Euter der Kühe, die auf dem dortigen Grund und Boden weiden. Der Gipfel der Vornehmheit besteht darin, dass jedes Familienmitglied seine eigene Kuh besitzt. So soll dem individuellen Geschmack jedes Einzelnen Rechnung getragen werden, denn der Säure- und Sahnegehalt der frischen Milch fällt je nach Rindvieh sehr unterschiedlich aus. Folglich kommt die Milch dann auch in ausgeschilderten Flaschen auf den Tisch: Die Zahlen auf den Klebeetiketten entsprechen den einzelnen Kühen. Die Kuh von Antonio trägt die Nummer 8, die von Angelito die Nummer 3. Die Kuh von Fidel ist die Nummer 5, was zugleich auch die Nummer auf seinem Basketballtrikot ist. Es ist ausgeschlossen, ihn in dieser Hinsicht zu täuschen: Fidel Castro besitzt einen ausgezeichneten Gaumen und bemerkt auf der Stelle, wenn der Geschmack seiner Milch von der vorherigen Lieferung abweicht.

Auch die Mittagsmahlzeiten von Fidel sind vergleichsweise bescheiden. Sie beschränken sich zumeist auf eine Fisch- oder Meeresfrüchtesuppe, die selbstverständlich aus frischen Fängen zubereitet wird. Alle paar Tage schickt man jemanden nach La Caleta del Rosario, um Wolfsbarsche oder Krustentiere von dort herzuschaffen. Das ist der Wohnsitz an der Küste, wo die *Aquarama II* und auch die anderen Boote im privaten Hafen von Fidel liegen.

Das Abendessen stellt definitiv die Hauptmahlzeit des *Comandante en Jefe* dar. Es besteht abwechselnd aus Fisch, Meeresfrüchten oder Hähnchen, die gegrillt werden, manchmal aber auch aus Hammelfleisch oder sogar aus *Jamón de pata negra* (Schwarzklauenschinken vom Ibérico-Schwein); Rindfleisch hingegen gibt es nie, denn sein Ernährungsberater hat es ihm untersagt. Zum Fisch oder Fleisch isst er Reis, rote Bohnen und Knollengemüse wie Süßkartoffeln, Pastinaken oder normale Kartoffeln in maßvollen Mengen. Hingegen nimmt er sehr viel grünes Gemüse zu sich, das, sei es gekocht oder roh, die Basis seiner Diät ausmacht. Dank des Obst- und Gemüseanbaus in den Gewächshäusern des Gartens mangelt es dem Staatschef nie an frischem Obst oder Gemüse. Ein weiterer Vorteil dieser Produktion vor Ort besteht darin, dass man die Herkunft der Produkte absolut sicher zurückverfolgen kann. So wird das Risiko einer Lebensmittelvergiftung oder eines sonstigen Anschlags auf diesem Wege minimiert. Aus dem gleichen Grund trinkt Fidel Castro nur Wasser aus dem Brunnen, der sich in einem Winkel des Gartens befindet.

Fidel trinkt zu seinen Mahlzeiten gerne ein wenig Weiß-, Rot- oder Roséwein. Es handelt sich dabei hauptsächlich um algerischen Wein, denn Präsident Houari Boumedienne (1965–1978) hatte es sich zur Gewohnheit gemacht, seinen kubanischen Amtskollegen mit ganzen Kisten zu bevorraten. Auch nach dem Tod des algerischen Staatschefs wurde diese Tradition beibehalten. Saddam Hussein hingegen schickte regelmäßig Töpfe mit heimischer Feigenmarmelade aus dem Irak an seinen lieben Fidel. Da dieser sehr auf eine ausgewogene Ernährung achtet, trinkt er niemals Kaffee – sein Arzt hat ihm davon abgeraten –, genehmigt sich aber manchmal einen Digestif, und zwar einen Cognac Napoléon.

In Punto Cero bestimmt Dalia alles: die Mahlzeiten, die Dienstzeiten des Personals und sogar die Begegnungen zwischen den Kindern und dem Familienoberhaupt. Wenn einer der fünf »A« mit dem Patriarchen sprechen will, muss er dies bei Dalia anmelden. Sie wird dann bei ihrem Ehemann in dieser Angelegenheit vorstellig, und er gewährt ein Treffen zu einem ihm passenden Zeitpunkt. Niemand, auch nicht seine Sprösslinge, dürfen *El Comandante* unangemeldet stören. Fidel Castro ist das krasse Gegenteil eines Papas, der seine Kinder verwöhnt. In den ganzen siebzehn Jahren habe ich nicht einmal gesehen, dass er sich zu einer zärtlichen Geste gegenüber seinen Kindern hätte hinreißen lassen. Allerdings hat es den Anschein, als hätten die sich ihm seit dem Beginn seiner Krankheit im Jahr 2006 ein wenig angenähert.

Auch Dalia besitzt eigentlich kein besonders herzliches Wesen. Sie ist schroff, autoritär, ja, beinahe unsympathisch. Solange Fidel im Hause ist, ordnet sie sich *El Jefe*, dem Chef, unter (so nennt sie Fidel in seiner Abwesenheit; er nennt sie *La Compañera*, »Gefährtin« oder auch »Genossin«, wenn er von ihr spricht). Aber sobald er verschwunden ist, sorgt sie für strenge Disziplin unter dem Personal. Weder die Hausangestellten noch die Leibwächter mögen sie besonders gern.

Das ruft mir eine kleine Anekdote in Erinnerung. Man muss dazu wissen, dass sich um das Haus der Castros herum zahlreiche frei laufende Hühner tummeln, die zwischen ihren überall im Gras versteckten Nestern auf und ab spazieren. Nun verhält es sich so, dass diese Tiere ihre Eier unter nervtötendem Gegacker im Allgemeinen bei Tagesanbruch legen. Deshalb begaben wir uns, wenn wir nachts beim Haus Wache schoben, in der Frühe heimlich auf Eierjagd. In manchen Nestern lagen sieben oder acht Stück! Wir versteckten sie anschließend in unserer Kleidung, um sie unseren Ehefrauen mitzubringen, die daraus Tortillas für die ganze Familie backten. Eines Tages schließlich rief Dalia verärgert in die Runde:

»Aber, das kann doch nicht sein! Diese Hühner legen ja überhaupt nichts! Vielleicht sind sie krank … Oder vielleicht sind die Körner nicht gut genug, die ich ihnen gebe. Ich werde den Tierarzt anrufen, um mir Klarheit zu verschaffen!«

In diesem Augenblick dachte ich an all die frischen Eier, die meinen Kühlschrank zu Hause füllten. Das Beste ist, dass alle in die Nestplünderei eingeweiht waren und alle dichthielten, sogar der treue Adjutant Pepín Naranjo, der doch gewöhnlich alles an den *Comandante* berichtete. In diesem Fall waren Fidel und Dalia tatsächlich einmal die Dummen!

★

Ich habe bereits erwähnt, dass Dalia sich wie eine schützende Wölfin vor ihre Kinder stellte. Ganz egoistisch betrachtet sie ihre fünf Jungen als die einzigen legitimen Nachkommen von Fidel. Fidelito wurde zum Beispiel lediglich ein einziges Mal Zutritt zu dem Anwesen von Punto Cero gewährt. Und auf der Insel Cayo Piedra war er nie gern gesehen.

Bei dem letzten der sehr seltenen Besuche Fidelitos in dem Inselparadies weilten seine fünf Halbbrüder ebenfalls dort. Ich weiß nicht, warum, aber es war beschlossen worden, die Familienbande wieder etwas fester zu knüpfen. Als sich an jenem Tag alle aufmachten, um Fidelito und seine Ehefrau Natalia Smirnova am Landungssteg zu empfangen, fühlte Dalia sich bemüßigt, mich beiseitezunehmen und mir entschuldigend zu erklären: »Nun, die Familie muss einmal wieder ein wenig Zeit miteinander verbringen …« Aber es war deutlich zu spüren, dass ihr dies keine Herzensangelegenheit war. Da die Atmosphäre des Beisammenseins rasch steif und gezwungen wurde, schlug Pepín Fidelito einen Ausflug zur Insel Cayo Largo del Sur vor, um dort die Baustellen in Augenschein zu nehmen. Die Insel mit ihrem fünfundzwanzig Kilometer langen, wunderschönen Sandstrand war dazu auserkoren, ein zukünftiges Touristenziel zu werden (was sie heute in der Tat geworden ist).

Fidelito, seine Frau, Pepín und ich flogen daher mit dem Hubschrauber zu der fünfzig Kilometer oder dreißig Flugminuten südwestlich von Cayo Piedra gelegenen Cayo Largo. Dort richteten wir uns in dem damals einzigen Hotel ein, wo ich rasch feststellte, dass Natalia, die russische Ehefrau von Fidelito, eine ganz schöne Nervensäge war: Im Restaurant ließ sie ihr Hähnchen tatsächlich dreimal in die Küche zurückgehen, weil es angeblich schlecht roch. Pepín, der sie bereits gut kannte, war darüber keineswegs erstaunt. »Sie ist immer schlecht gelaunt«, erklärte er mir.

Cayo Largo del Sur war damals noch so einsam und unberührt, dass die Präsenz einer sehr luxuriösen, weißen Jacht von zwölf Metern Länge, die am einzigen Landesteg dieses Fleckchens Erde vertäut war, unweigerlich ins Auge fallen musste. Vom auf der Insel postierten Offizier des Geheimdienstes erfuhr ich, dass sie »dem Amerikaner« gehörte. Der Amerikaner, um den es ging, war Robert Vesco, ein berühmter Steuerflüchtling, der den amerikanischen Fiskus um mehr als zweihundert Millionen Dollar betrogen hatte. Washington behauptete immer wieder, dass er sich auf Kuba befinde, und Fidel stritt dies immer wieder ab. Die verfahrene diplomatische Situation zwischen den Vereinigten Staaten und Kuba in dieser Angelegenheit zog sich jahrelang hin, bis der Sachverhalt irgendwann schließlich so klar auf der Hand lag, dass *El Comandante* nicht länger darum herumreden konnte: Ja, es stimmte, Robert Vesco befand sich tatsächlich auf Kuba (und ich vermute, dass Fidel ihm für seine Gastfreundschaft ein hübsches Sümmchen aus der Tasche gezogen hat). Später, als dieser Gauner ihm zu lästig wurde, entledigte sich Fidel seiner, indem er ihn zu dreizehn Jahren Gefängnis verurteilen ließ. Im Jahr 2007 starb Vesco dort auch, ohne dass die amerikanische Steuerbehörde etwas von seinem Geld gesehen hätte.

Nach diesem reichlich seltsamen Ausflug kehrten wir am nächsten Tag zurück, machten jedoch auf Cayo Piedra lediglich einen Zwischenstopp. Fidelito drängte rasch zum Aufbruch, was Dalia ganz offensichtlich erleichterte. Nach diesem Besuch ist Fidelito nie wieder auf der Privatinsel der Castros aufgetaucht.

★

Wie in jeder Ehe gab es auch in derjenigen der Castros Höhen und Tiefen. Niemand wusste etwas Genaues darüber, aber im Jahr 1984 war mit Sicherheit der absolute Tiefpunkt erreicht, als Fidel entdeckte, dass Dalia ihn mit Jorge, einem Mitglied der Eskorte, betrog. Der Chauffeur von *La Compañera* war damals René Besteiro. Irgendwann beauftragte

Dalia ihn damit, Einkäufe zu erledigen, und nutzte seine Abwesenheit, um Jorge, einen der Leibwächter, zu bitten, sie zu ihrer Mutter zu fahren. Diese wohnte in der siebten Straße im Stadtteil Playa, der nicht weit von Punto Cero entfernt ist. Unter uns nannten wir ihre Mutter *La Abuela*, die Großmutter. Die Schwiegermutter Fidel Castros feierte gern, war nicht sehr vornehm, trug zu viel Schminke auf, ging immer noch auf Männerfang und zögerte nicht, trotz des Altersunterschieds mit jungen Männern wie uns zu flirten.

Als nun Dalias Chauffeur Besteiro von seinen Einkäufen nach Punto Cero zurückkam und erfuhr, dass seine Dienstherrin zu *La Abuela* gefahren war, machte er sich pflichtbewusst unverzüglich auf den Weg dorthin, um sie noch vor Ort anzutreffen und ihr dienstbereit zur Verfügung zu stehen. Als die »Großmutter« ihm die Tür öffnete, fiel der Blick des verblüfften Besteiro auf Dalia, die im Wohnzimmer mit unserem Kollegen Jorge tanzte.

Besteiro wich zurück und suchte nach Worten, dann sagte er zu der Großmutter: »Sagen Sie Dalia, dass ich hier bin.« Einen Augenblick später erschien Frau Castro selbst am Treppenaufgang:

»Was machst du hier? Niemand hat dich gebeten, herzukommen …«

Besteiro fuhr wieder davon. Zurück in Punto Cero vertraute er sich unverzüglich dem Chef der Eskorte, Domingo Mainet, an. Um sich abzusichern, erzählte er ihm, was er gesehen hatte, und gestand ihm sein Unbehagen, sich jetzt in einer so heiklen Lage Dalia gegenüberzusehen. Mainet war sprachlos. Da er ein sehr gutes Verhältnis zu mir hatte, beschloss er, mit mir zu reden und mich um meinen Rat zu fragen.

»Es ist doch ganz einfach«, setzte ich ihm auseinander, »du hast zwei Möglichkeiten. Die erste besteht darin, nichts zu sagen. Davon rate ich dir jedoch ab. Denn nach dem Tag, an dem Fidel davon erfährt, wirst du nicht mehr lange bleiben können. Die zweite besteht darin, den Bericht von Besteiro so, wie er dir zu Ohren gekommen ist, an Fidel weiterzugeben, denn dazu ist jeder Militärangehörige seinem Vorgesetzten gegenüber verpflichtet.«

Nachdem wir alles Für und Wider abgewogen hatten, brachen wir in den Palast auf, wo der Chef der Eskorte ein halbstündiges Gespräch unter vier Augen mit Fidel führte. Als er zurückkehrte, verkündete Mainet mir, dass uns bis auf Weiteres jede Kommunikation mit Dalia untersagt sei. Einen Monat lang kehrten weder Fidel noch wir, seine Eskorte, nach Punto Cero zurück. Fidel reiste durch das ganze Land, übernachtete in verschiedenen seiner etwa zwanzig Häuser, die er in den Provinzen Las Villas oder Camagüey besitzt, oder er zog sich sogar auf die Insel Cayo Piedra zurück. Während dieser Zeit dachten wir alle, dass die Beziehung zu Dalia nun zu Ende sei. Irrtum! Vier Wochen später kehrten wir nach Punto Cero zurück, ohne Dalia vorher darüber in Kenntnis zu setzen. Und das Eheleben fand seine Fortsetzung, als sei nichts gewesen …

Der Leibwächter Jorge hingegen wurde von einem Tag auf den anderen aus dem Verkehr gezogen. Er verschwand aus unserem Blickfeld, und wir haben nie wieder etwas von ihm gehört. Ich weiß nicht, ob er in eine östliche Provinz weit von Havanna entfernt strafversetzt wurde oder ob er tot ist. Ich habe auch nicht nachgefragt, denn ich wollte nicht weiter in diese Angelegenheit verstrickt werden: Das Wichtigste war damals für mich, dass Fidel nicht erfuhr, dass der Chef der Eskorte, Domingo Mainet, mich ins Vertrauen gezogen hatte. Sonst hätte mich das gleiche Schicksal ereilt wie René Besteiro, den damaligen Chauffeur von *La Compañera*, der ihr auf die Schliche gekommen war. Auch er wurde nämlich aus seinem Amt entfernt. Ich glaube, man hat ihn zu einem einfachen Chauffeur im Ministerium für Fischfang degradiert. In diesem Fall trifft es also vollkommen zu, dass es niemals gut ist, der Überbringer einer schlechten Nachricht zu sein …

»Die Affäre Dalia« zog noch ein weiteres Opfer nach sich: *La Abuela*. Sie war Fidel schon jahrelang ein Dorn im Auge, nicht zuletzt deshalb, weil sie dauernd bei ihrer Tochter in Punto Cero herumhing und die üble Angewohnheit hatte, zu viel Alkohol zu trinken. Mehr als einmal hatte *El Jefe* sie in einem Zustand vollkommener Trunkenheit in seinem Haus vorgefunden, was ihn in höchstem Maß erzürnte. Die Ungeniertheit dieser unverbesserlichen Alkoholikerin ging so weit, dass sie sich an den persönlichen Vorräten ihres Schwiegersohns schadlos hielt, wenn dieser nicht zu Hause war. Als Fidel einmal nach Punto Cero heimkehrte – es war Anfang der 80er-Jahre und damit ein paar Jahre vor dem Ehebruch Dalias –, öffnete er den Schrank hinter der Bar und fand eine leere Whiskyflasche vor, *seine* Flasche! Da explodierte er förmlich vor Wut, stampfte auf den Boden und wies mit beiden Zeigefingern scharf nach unten:

»*Esto es ya el colmo*! (›Jetzt reicht es endgültig!‹) Deine Mutter taucht nicht nur unangekündigt hier auf, sondern sie wühlt auch noch in meinen Sachen herum! Ich will sie hier nicht mehr sehen!«

La Abuela zog auf der Stelle von dannen. Und die Abstände zwischen ihren Besuchen in Punto Cero wurden größer. Gleichwohl schaute sie auch in den kommenden zwei oder drei Jahren hin und wieder kurz vorbei. Dalias Liebschaft (über die sie bestens informiert war, denn sie stellte ihrer Tochter ja ihr Heim für deren heimliche Treffen zur Verfügung) brachte das Fass dann zum Überlaufen. Von diesem Zeitpunkt an wurde sie in Punto Cero nicht mehr gesehen.

Von dieser Ehekrise kann man jedenfalls Folgendes festhalten: Dalia Soto del Valle ist die einzige Person auf der ganzen Welt, die bis zu einem gewissen Punkt Macht über Fidel Castro Ruz hatte. Sofern dieser allmächtige Macho, der Kommandant der kubanischen Revolution, einen Schwachpunkt hatte, dann war es *La Compañera*.

4

DIE ESKORTE – SEINE EIGENTLICHE FAMILIE

Fünfundfünfzig Jahre nach dem »Triumph der Revolution« ist die Familie Castro eine weitgefächerte Dynastie: Neben sieben Geschwistern (darunter auch Fidel) gibt es etwa zehn Kinder, dazu Enkel und bereits ein paar noch sehr kleine Urenkel. Außerdem sind da noch Neffen und Nichten, Cousins und Cousinen. Dennoch bestand die »eigentliche« Familie des *Comandante* stets aus den Leibwächtern, die seine Eskorte bildeten. Das ist ganz normal: Im Laufe seiner langen Herrschaft hat der *Máximo Líder* gewiss hundertmal mehr Zeit in Begleitung der Soldaten verbracht, die sich 365 Tage im Jahr seinem lückenlosen Schutz widmen, als mit seiner Frau und seinen Kindern. Fidel ist mit Leib und Seele Militär und hat deshalb mehr Affinitäten zu seinen Männern im kakifarbenen Drillichanzug als zu seiner eigenen Nachkommenschaft.

So feierte der *Comandante* den 1. Januar, den 26. Juli und den 13. August mit uns, seinen Leibwächtern und Chauffeuren, und nicht mit Dalia oder seinen Kindern. Diese drei Daten erinnern an drei äußerst wichtige Ereignisse im Leben Fidels und in der Geschichte Kubas. Der 1. Januar erinnert an den »Triumph der Revolution«, der am Neujahrstag des Jahres 1959 stattfand. Der 13. August ist sein eigener Geburtstag. Und der 26. Juli erinnert an den Beginn der revolutionären Anti-Batista-Bewegung, an jenen Tag des Jahres 1953, an dem der – wenn auch gescheiterte – »heldenhafte Sturm« auf die Moncada-Kaserne in Santiago de Cuba stattfand. Um die historische Bedeutung dieses Ereignisses zu untermauern, erhob Fidel den 26. Juli sogar zum Nationalfeiertag Kubas. Die

Botschaft ist klar: Auf Kuba markiert dieses Ereignis den vollkommenen Neubeginn, den Big Bang der Politik.

An seinem Geburtstag umgibt sich der *Comandante en Jefe* gern mit den Mitgliedern seiner Leibgarde. Jedes Jahr kommen er und seine Eskorte in dem Haus zusammen, das im Zentrum der Einheit 160 liegt – eben in jenem Haus, in dem Fidel auch seine galanten Rendez-vous abhält, ohne dass Dalia etwas davon erfährt. Dort wird ein Hammel gegrillt, dem die Gäste ohne Besteck, mit bloßen Händen zu Leibe rücken, so wie es in der arabischen Welt üblich ist. Dazu wird reichlich algerischer Wein getrunken. Anwesend sind dort unter anderem Pepín Naranjo, Fidels persönlicher Adjutant, der ihm nicht von der Seite weicht, Antonio Núñez Jiménez, Geograf und Freund des *Comandante*, der als einer der wenigen die Insel Cayo Piedra besuchen darf, und Manuel Piñeiro oder *Barbarroja* (»Rotbart«), eine der Schlüsselfiguren des Regimes: während der Revolution einer der militärischen Führer, dann Direktor des Geheimdienstes, Staatssekretär im Innenministerium, schließlich Chef der Amerikaabteilung im Außenministerium. Einmal bin ich dort auch General Humberto Ortega begegnet, dem Bruder des Präsidenten Daniel Ortega und damals Verteidigungsminister des sandinistischen Revolutionsregimes von Nicaragua.

An seinem Geburtstag versäumt Fidel Castro es niemals, seinen Bruder Raúl und seinen Freund Gabriel García Márquez zu besuchen, den kolumbianischen Schriftsteller. Manchmal finden sich beide auch zu dem Hammelessen in der Einheit 160 ein. Das Fest dauert im Allgemeinen drei bis vier Stunden und wird stets auf Fotos festgehalten, die üblicherweise nach der Übergabe der Geschenke gemacht werden. Es nimmt sehr viel Zeit in Anspruch, bis all die Präsente ausgepackt sind, die ihm führende Politiker aus aller Welt oder ausländische Bewunderer schicken, denn es treffen Hunderte von Geschenken hier ein.

Für Fidel bietet dieser Augenblick der Entspannung jedes Mal die Gelegenheit, einem zuvor sorgfältig ausgewählten Publikum, das es niemals wagen würde, ihn zu unterbrechen, ein paar Anekdoten und Kindheitserinnerungen zu erzählen. Diese Art des Selbstgesprächs praktiziert *El Jefe* auch auf unseren Reisen in die Provinz oder ins Ausland, wenn die Abendtermine nach dem offiziellen Teil im kleinen Kreis eine Fortsetzung finden. Da ich mich stets an seiner Seite aufhielt, erwarb ich auf diese Weise nach und nach ein detailliertes Wissen über seine Biografie, nicht zuletzt über die Zeit vor meinem Eintritt in seine Eskorte im Jahr 1977.

Fidel Castro ist ein unvergleichlicher Erzähler. Aber sein Charakter ist auch durch einen auffälligen Hang zu Wiederholung geprägt: Fast ein wenig zwanghaft wiederholt er Jahr für Jahr die gleichen Geschichten. Das hatte zur Folge, dass mir manche von ihnen schließlich so vertraut wurden, als hätte ich sie selbst miterlebt. Im Rückblick enthüllt die Wiedergabe dieser Begebenheiten aus seinem Leben so manche Aspekte seines Wesens, so beispielsweise die Durchtriebenheit, den absoluten Eigensinn oder die fest verankerte Überzeugung, dass alle Mittel recht sind, um sein Ziel zu erlangen, einschließlich der Lüge.

Ich weiß nicht, wie oft er uns die »Affäre von den zwei Notenheften« erzählt hat, aber einige Dutzend Mal mit Sicherheit. Diese Geschichte fällt in die Zeit, in der Fidel seine Familie und sein Heimatdorf Birán (in der Provinz Holguín im Osten des Landes) verlassen hatte und ins etwa 120 Kilometer entfernte Santiago de Cuba kam, die zweitgrößte Stadt Kubas. Dort wurde er in das Jesuitenkolleg Dolores aufgenommen. Der junge Castro kam bei Luis Hippolyte Hibbert unter, einem Freund seines Vaters, der zugleich der Patenonkel Fidels und der Konsul von Haiti in Santiago de Cuba war. Der Diplomat war ein äußerst strenger Mensch: Er nahm seine Rolle als Pate und Vormund sehr ernst und verlangte von dem Kind herausragende Schulleistungen. Ansonsten gab es Abstriche beim wöchentlichen Taschengeld, das sich auf zwanzig Centavos belief und für Kinobesuche, Süßigkeiten oder Comic-Heftchen gedacht war.

Eines Tages schützte Fidel nun vor, dass er sein Benotungsheft verloren hätte. Die Schule stellte ihm daraufhin ein neues zur Verfügung. Von diesem Augenblick an erstellte er gewissermaßen eine »doppelte Buchführung« bei seinen Noten. Einerseits präsentierte er seinem Vormund ein gefälschtes Heft, in dem er als der Klassenbeste dastand und in allen Fächern zehn von zehn Punkten erreicht hatte; andererseits ahmte er die Unterschrift seines Patenonkels nach, um seinem Klassenlehrer das echte Notenheft mit der erforderlichen Unterschrift zurückzubringen. Da diese beiden Welten komplett voneinander abgeschottet waren, flog der Schwindel nicht auf. Gefahr drohte, als Luis Hippolyte Hibbert am Ende des Schuljahres darauf bestand, höchstpersönlich der Verleihung der Urkunden für besondere Schulleistungen beizuwohnen. Den Clou dieser Begebenheit gab *El Jefe* besonders gern zum Besten, denn die Geschichte ging so aus:

»Wir zogen also unsere besten Kleider an und machten uns auf den Weg zum Kolleg Dolores. Mein Patenonkel wiegte sich in der Gewissheit, dass ich alle Preise einheimsen würde. Seine Überraschung kannte keine Grenzen, als der Direktor eine ganze Reihe von Schülern zu sich auf das Podium rief, aber nicht mich. Es klang ungefähr so: ›Geschichte … Soundso! Biologie … Dingdsa! Mathematik … Derundder! Meinen Glückwunsch, bravo usw.‹ Während der gesamten Zeremonie saß mein Patenonkel neben mir auf der Bank und brannte zunehmend darauf, den Direktor mit aller Entschiedenheit zur Rede zu stellen. Er war fuchsteufelswild, und ich wusste nicht mehr, wie ich mich jetzt aus der Affäre ziehen sollte. Je weiter die Zeremonie voranschritt, desto mehr saß ich wie auf heißen Kohlen. Aber plötzlich, heureka! Ich hatte die Lösung gefunden. Da ich einen Großteil des ersten Trimesters aufgrund einer Blinddarmoperation verpasst hatte, erklärte ich ihm, dass man meine Leistungen nicht beim allgemeinen Klassenspiegel hätte berücksichtigen können, da bei mir die Ergebnisse aus den ersten drei Monaten fehlten. Diese Ausrede rettete mich aus höchster Not: Er glaubte mir. Aber ich habe ganz schön geschwitzt!«

Eine andere von Fidels Lieblingsanekdoten bezieht sich auf seine Jugendzeit in Havanna. Als junger Student versuchte er, ein möbliertes Zimmer in der Hauptstadt zu mieten, und zwar mit dem Geld, das sein Vater, ein wohlhabender Zuckerrohrplantagenbesitzer, ihm schickte. Fidel zog also seinen besten Anzug an und machte sich auf den Weg zu dem Termin mit seinen zukünftigen Vermietern. Um seine Aufrichtigkeit und seine Solvenz unter Beweis zu stellen, schlug er ihnen sogar großspurig vor, die Miete auf der Stelle für zwei Monate im Voraus zu bezahlen. Damit wickelte er die Hauseigentümer um den Finger und wohnte vier Monate bei ihnen, ohne auch nur einen weiteren Centavo zu zahlen. Dann verschwand er still und heimlich, um den gleichen Trick an anderer Stelle zu wiederholen! Fidel schloss seine Erzählung mit einem schelmischen Lachen und spottete: »Sicher gibt es noch heute Leute in Havanna, die hinter mir her sind …«

Um der Wahrheit die Ehre zu geben: Diese Geschichte erheiterten uns sehr. Die meisten seiner Monologe bezogen sich auf sein Leben als Guerillero, auf den Sturm auf die Moncada-Kaserne, auf die Sierra Maestra, also auf die Heldentaten der Revolutionszeit. Unsere Faszination war ungebrochen, er war unser Held, wir hätten uns für ihn in Stücke reißen lassen. Wir waren seine ideale Familie.

★

Die Geschichte von Fidels Eskorte ist ebenso alt wie die Revolution selbst. Schon 1956, als die paar Dutzend Guerilleros noch in der Sierra Maestra kämpfen, werden einige revolutionäre Kämpfer zum Schutz seiner Person abgestellt. Nach dem Triumph der Revolution, das heißt nach der Zeit in den Bergen und dem Einzug in Havanna, ersetzt Fidel seine Guerillero-Leibwächter durch aktive Mitglieder der sozialistischen Volkspartei (PSP) und des sozialistischen Jugendverbandes. Zu diesem Zeitpunkt tritt José Abrantes in Erscheinung, der rasch zu einem wichtigen Vertrauten Fidels wird. Er ernennt ihn zum Chef seiner Eskorte, nach der Invasion in der Schweinebucht befördert er ihn jedoch an die Spitze des Departamento de Seguridad del Estado, des staatlichen Geheimdienstes, auch bekannt unter dem Namen G2, dem sämtliche Zweige der Geheimpolizei unterstehen.

Abrantes räumt seinen Platz als Chef der Eskorte somit für Hauptmann »Chicho«, der eigentlich Bienvenido Pérez heißt und der ein ehemaliger Mitstreiter aus der Sierra Maestra ist. In den 70er-Jahren wird dieser seinerseits durch Ricardo Leyva Castro ersetzt, danach folgt Pedro Rodríguez Vargas und schließlich Domingo Mainet. Dieser hat die Leitung der Eskorte inne, als ich im Jahr 1977 in die Prätorianergarde Fidels aufgenommen werde.

Schon damals ist der Personenschutz Fidel Castros eine überaus durchdachte und hervorragend besetzte Organisation. Der »erste Ring« dieses Schutzapparates besteht aus einer Truppe von dreißig bis vierzig Elitesoldaten, von denen manche auch Chauffeurdienste übernehmen. Sie begleiten *El Comandante* zu jeder Tages- und Nachtzeit, und zwar wohin auch immer: heim nach Punto Cero, in den Palacio de la Revolución (wo sich sein Arbeitszimmer befindet), auf seine Insel Cayo Piedra, in eines seiner anderen Privathäuser in der Provinz oder auch ins Ausland auf seinen offiziellen Staatsbesuchen.

Die Eskorte ist in zwei Mannschaften aufgeteilt (*grupo 1* und *grupo 2*), die abwechselnd rund um die Uhr im Einsatz sind und sich jeden Mittag ablösen. Neben diesen Diensten umfasst ihr Stundenplan einen halben Tag körperliches Training. Ein typischer Wochenplan sieht also folgendermaßen aus: Training am Montagmorgen, Dienstantritt um 12 Uhr mittags, Dienstende am Dienstagmittag um 12 Uhr, dann einen halben Tag Ruhezeit am Nachmittag, am Mittwochmorgen wieder Training, bevor gegen Mittag erneut der Dienst angetreten wird und so weiter. Reist Fidel in die Provinz oder ins Ausland, ist die gesamte Eskorte rund um die Uhr im Einsatz.

Bei seinen Reisen wird Fidel stets von mindestens vierzehn Leibwächtern begleitet, die sich in vier Autos aufteilen, in drei schwarze Mercedes-Limousinen mit Automatikgetriebe und einen sowjetischen Lada mit mechanischem Getriebe. Die drei deutschen Wagen fahren voran. Im Fahrzeug Nummer 1 befinden sich Fidel, sein Adjutant Pepín Naranjo, einer seiner drei persönlichen Fahrer (Jesús Castellanos Benítez, Ángel Figueroa Peraza, René Vizcaino) und der Chef der Eskorte, Oberst Domingo Mainet, manchmal außerdem noch sein Leibarzt Eugenio Selman. Im zweiten Wagen sitzen ein Fahrer und drei Leibwächter in Militärkleidung, im dritten Wagen ebenso. Auch im vierten Wagen befinden sich ein Fahrer und drei Leibwächter, diese jedoch in Zivilkleidung. Der Motor ihres Wagens ist »frisiert«, sodass er sehr viel PS-stärker ist, als sein Aussehen erahnen lässt. Dieses Fahrzeug folgt den drei anderen in einer Entfernung von einhundert Metern, damit das militärische Aufgebot um Fidel herum nicht allzu bombastisch wirkt. Wenn *El Comandante* die Hauptstadt verlässt, um in die Provinz zu reisen oder um ein Wochenende auf seiner Insel Cayo Piedra zu verbringen, komplettiert ein weiterer Mercedes die Kolonne. In diesem Wagen fahren der Leibarzt Eugenio Selman, der

Sanitäter Wilder Fernández, der offizielle Fotograf Pablo Caballero und der Majordomus Orestes Dias, die allesamt der Eskorte zugerechnet werden.

Wenn Fidel in die Provinz fährt oder an einem besonderen Ereignis teilnimmt, wird die operative Einsatzgruppe oder der »zweite Ring« als Verstärkung mobilisiert, um die Positionen zu decken, an denen die Eskorte in Stellung gegangen ist, und um den Sicherheitsradius um Fidel zu vergrößern. Und wenn der Staatschef eine Fabrik, eine Schule, ein Dorf, ein Stadtviertel oder einen Minister besucht, werden auch die Offiziere der Spionageabwehr mit einbezogen. Sie stehen der Eskorte zur Verfügung und mobilisieren alle Mitarbeiter des Geheimdienstes, die an dem jeweilig besuchten Ort oder in seiner Nähe verdeckt am Werke sind. Die Luftwaffe übernimmt die Überwachung des Luftraums mittels Radargeräten. Und wenn Fidel sich in der Nähe der Küste befindet oder an Bord eines Schiffes geht, steht selbstverständlich die Küstenwache Gewehr bei Fuß.

Aber nun zurück zu der Eskorte im eigentlichen Sinn. Manche Mitglieder dieser Prätorianergarde wurden nicht nur wegen ihrer hervorragenden Schießkünste oder ihrer ungemein schnellen Reflexe im Nahkampf ausgewählt. Zwei Leibwächter, Andrés Arronte Martínez und Ambrosio Reyes Betancourt, wurden rekrutiert wegen ... ihrer Blutgruppe! Ihre Gruppe A negativ ist eine der beim Menschen selten auftretenden Blutgruppen: Nur sechs Prozent der Weltbevölkerung haben diese Blutgruppe – und zu dieser Minderheit gehört Fidel Castro. In einer außerordentlichen Notlage würde die Anwesenheit dieser beiden Leibwächter eine unverzügliche Bluttransfusion möglich machen – mit frischem Blut direkt von Arm zu Arm, um *El Jefe* zu retten.

★

Noch eine weitere Kuriosität. Die Eskorte Fidels verfügt über einen Doppelgänger! Silvino Álvarez trägt keinen Bart und ist kleiner als der *Comandante*, somit also kein Double im eigentlichen Sinn, aber wenn er auf der Rückbank eines Autos sitzt und mit einem Bart ausstaffiert ist, kann man ihn aus der Ferne leicht mit dem *Máximo Líder* verwechseln, denn beide Männer haben das gleiche griechische Profil (Stirn und Nase bilden eine einzige Linie, die nur dort, wo beide ineinander übergehen, eine leichte Krümmung aufweist).

Dieses Mittel der Irreführung wurde zu wiederholten Malen genutzt, besonders in den Jahren zwischen 1983 und 1992, als Fidel Castro mehrfach schwer erkrankte, ohne dass jemand davon erfuhr, wie wir noch sehen werden. *El Comandante* musste mehrere Wochen das Bett hüten, was streng geheim gehalten wurde. Und der falsche Fidel wurde hinten in die Präsidentenlimousine gesetzt und durch Havanna gefahren. Es wurde sorgsam darauf geachtet, dass er an manchen sehr belebten Stellen vorbeikam, beispielsweise am Hafen, am Malecón (der berühmten Uferstraße von Havanna), dem Prado und anderen Prachtstraßen, oder aber an den Botschaften der kapitalistischen Länder wie Frankreich oder England. Silvino Álvarez drehte dann das Fenster des Autos herunter und grüßte die Passanten von Weitem mit den gleichen Gesten, wie Fidel sie gebrauchte. Die Bevölkerung merkte nichts, wie von den überall in der Stadt postierten Informanten der Polizei anschließend bestätigt wurde.

Was diese Art der Irreführung angeht, ist Fidel quasi unschlagbar. In den Geschichtsbüchern steht, dass schon der Guerillero Fidel Castro dem amerikanischen Journalisten Herbert L. Matthews, der heimlich zu ihm in die Sierra Maestra kam, eine perfekte Inszenierung vorspielte. Dieser Meister seines Fachs ließ seine Soldaten im Hintergrund kreuz und quer durcheinanderlaufen, um den Eindruck von Stärke zu erwecken und um seinen Gesprächspartner von der *New*

York Times glauben zu machen, dass seine Rebellentruppe sehr viel umfangreicher sei, als es tatsächlich der Fall war. Der Coup gelang. Durch das groß aufgemachte Interview wurde Fidel weltweit zum Helden des Widerstands.

Manipulationstechniken im Bereich der Information spielen beim Schutz jeder hochgestellten Persönlichkeit eine zentrale Rolle. Aber nirgendwo werden sie so systematisch angewandt wie auf Kuba. Dort wird jeder Ortswechsel von Fidel mit dem Ziel geplant, die Öffentlichkeit im Hinblick auf Uhrzeit, Ort und Transportmittel im Ungewissen zu halten oder zu täuschen. Wenn der *Comandante en Jefe* eine öffentliche Rede hält, so wird sein Auftritt zwar für einen bestimmten Zeitpunkt angekündigt, tatsächlich aber wird seine Ankunft stets nach vorne verlegt oder auf später verschoben. Ebenso wird häufig behauptet, er käme mit dem Hubschrauber, während er dann tatsächlich im Auto eintrifft. Ein weiteres Beispiel: Bei Reisen ins Ausland bereiteten wir jedes Mal zwei oder drei verschiedene Unterkunftsmöglichkeiten vor (wir reservierten beispielsweise zwei oder drei Hotels und außerdem eine Unterkunft in der jeweiligen kubanischen Botschaft), und erst im letzten Augenblick wurde die endgültige Wahl getroffen, um jeden in die Irre zu führen, der – aus welchem Grund auch immer – im Vorfeld den Ort ausmachen wollte, den Fidel für seine Nachtruhe gewählt hatte.

Selbst in Havanna wird der Weg bei den täglichen Fahrten von seinem Anwesen Punto Cero zum Palast der Revolution (etwa zehn Kilometer trennen diese beiden Adressen) oft noch in letzter Minute abgeändert, sodass sogar seine Leibwächter die vom Chef der Eskorte bestimmte Route nicht kennen. Außerdem wechseln die drei Wagen der Kolonne ständig ihre Position, damit niemand weiß, in welchem Wagen (dem ersten, dem mittleren oder dem letzten) sich der *Máximo Líder* befindet.

Bis zum Jahr 1979 war der Wagen Fidels allerdings leicht zu identifizieren. Er bewegte sich in schweren schwarzen sowjetischen Limousinen der Marke ZIL fort, wie sie auch den Würdenträgern der Sowjetunion vorbehalten war. Die erste dieser Staatskarossen hatte ihm der Partei- und Staatschef Nikita Chruschtschow vermacht, die letzte dessen Nachfolger Leonid Breschnew. Wir, die Mitglieder seiner Eskorte, waren in weinroten Alfa Romeos unterwegs. Diese Modelle vom Typ 1750 und 2000 Berlina waren besonders leichtgängig, sie beschleunigten schnell und waren wendig.

Zwei Jahre nach meinem Eintritt in die Dienste Fidels wurde der Fuhrpark jedoch komplett erneuert. Gegen Ende des sechsten Gipfeltreffens der Blockfreien Staaten[4], das Anfang September 1979 in Havanna stattfand, schenkte der irakische Präsident Saddam Hussein seinem kubanischen Amtskollegen einen gepanzerten Mercedes-Benz 560 SEL, den er selbst aus Bagdad mitgebracht hatte. Danach erteilte Fidel zwei Automechanikern der eigenen Werkstatt des Personenschutzes namens Socarras und Alvarez den Befehl, nach Westdeutschland zu fliegen und dort weitere gebrauchte 500er Mercedes-Benz-Limousinen zu kaufen.

Diese frisch importierten Wagen wurden dem gleichen Sicherheitscheck unterzogen wie alle offiziellen Fahrzeuge, die nach einer Reise ins Ausland wieder nach Kuba zurückkehrten: Auch sie führte der erste Weg zwangsläufig in die Werkstatt der Einheit 160, wo man sie einer eingehenden Kontrolle unterzog. Sie wurden systematisch und vollständig auseinandergenommen – bis zum letzten Schraubenbolzen –, um sicherzustellen, dass kein Mikrofon und kein Gramm Sprengstoff in einer der doppelwandigen Türen, im Polster eines Sitzes, im Armaturenbrett, unter dem Fahrgestell oder im Motor versteckt war. Erst wenn die Sprengstoffexperten grünes Licht gegeben hatten, konnten die Mercedes-Benz-Limousinen wieder zusammengebaut und schließlich in Betrieb genommen werden.

★

Auch die Schlagkraft der Eskorte ist beachtlich. Wenn Fidel an Bord seiner gepanzerten Limousine unterwegs ist, hat er selbst stets eine Kalaschnikow Kaliber 7,62 mm mit abklappbarer Schulterstütze zu seinen Füßen liegen, außerdem fünf Magazine mit jeweils dreißig Schuss Munition. Diese Waffe ist immer an ihrem Platz. Selbst wenn Fidel einen ausländischen Gast in sein Auto einlädt, behält er sie unmittelbar bei sich. Eine solche Pose verfehlt ihre Wirkung mit Sicherheit nicht.

Fidel sitzt immer auf der Rückbank, und zwar auf der rechten Seite. Genau hinter ihm, in Höhe seiner rechten Schulter, liegen eine Browning Kaliber 9 mm sowie drei Magazine mit je dreizehn Kugeln. Außerdem befindet sich noch eine zweite Kalaschnikow im Wagen, diesmal im Kaliber 5,45 mm, dazu fünf Magazine mit je dreißig Patronen. Sie liegt zu Füßen von Domingo Mainet, dem Chef der Eskorte, der sich auf dem Beifahrersitz vorne befindet. Hinzu kommen die Waffen, mit denen jedes Mitglied der Eskorte ausgestattet ist: Jeder von uns trägt eine Browning-Pistole am Gürtel und je nach Situation eine Kalaschnikow mit Trageriemen über der Schulter.

Im Kofferraum des Präsidenten-Mercedes lagerte in meiner Zeit zudem ein schwarzer Koffer, der eine weitere Kalaschnikow AK-47 mit Holzkolben und Kaliber 7,62 mm sowie fünf Magazine mit 40 Patronen enthielt. Dieses Sturmgewehr war die persönliche Waffe von Fidel, die er bei seinen regelmäßigen Schießübungen benutzte; und diese Waffe nahm er auch jeden Abend mit zu sich nach Hause. Kurz bevor wir sein Anwesen erreichten, wurde Dalia über Funk von unserer Ankunft benachrichtigt, sodass sie ihn wie eine treusorgende Ehefrau am Hauseingang erwartete. In einem unverrückbaren Ritual küsste Fidel Dalia dann zunächst innig, bevor er ihr seine Waffe anvertraute. Sie trug sie daraufhin andächtig in ihr gemeinsames Schlafzimmer in der oberen Etage. In Punto Cero wie auch auf seinen Reisen schlief der Staatschef stets mit seiner Kalaschnikow neben dem Bett, in absoluter Reichweite.

★

Im Kofferraum des Mercedes von Fidel lagert außerdem auch eine Arzttasche (für die Eugenio Selman und sein Sanitäter verantwortlich sind), ein zweites Paar Stiefel zum Wechseln, Zivilkleidung in Form eines Anzugs, zwei oder drei Militärjacken, Krawatten, Militärkappen und drei Garnituren Unterwäsche. Nicht zu vergessen die komplette Ausstattung für einen Basketballspieler – zumindest bis zu dem Zeitpunkt, als Fidel wegen einer Zehenverletzung beschloss, mit dem Basketball aufzuhören. Das war im Jahr 1982.

Eines der Fahrzeuge ist sogar mit einem Kühlschrank ausgestattet, in dem Bier- und Wasserflaschen aufbewahrt werden. Kuhmilch und ein Liter Ziegenmilch sind ebenfalls vorhanden, und auch an Natur- und Zitronenjoghurt fehlt es nicht, denn Zitrone zählt zu den Lieblingsgeschmacksrichtungen von *El Jefe*.

Abschließend will ich die Behauptung (wie ich sie in Miami aus dem Mund von Pseudo-Spezialisten des Castrismus immer wieder gehört habe), dass in der Präsidentenlimousine, in Reichweite von Fidel Handgranaten lagern würden, ein für alle Mal ausräumen. Es handelt sich bei diesen Behauptungen um reine Hirngespinste, Lügenmärchen oder Wahnvorstellungen.

Überhaupt ist sehr viel dummes Gerede in Bezug auf Fidel Castro im Umlauf. Und demgegenüber betone ich hier noch einmal, dass alle Informationen meines Buches auf tatsächlich Gesehenem und Erlebtem beruhen. Ich gebe konkrete Gegebenheiten wieder und kolportiere keinen Tratsch oder Beteuerungen aus zweiter Hand. Wie heißt es so schön – und in diesem Fall absolut zutreffend: Ich war dabei!

★

In der Organisation des Personenschutzes kam mir eine besondere, herausgehobene Position zu, die ich vor allem meinen drei schwarzen Gürteln (Judo, Karate, Nahkampf), meinen Fähigkeiten als hervorragender Schütze und meiner totalen Aufopferungsbereitschaft für die Revolution zu verdanken hatte. Sehr schnell übertrug man mir das Amt des *persönlichen* Leibwächters von Fidel. Das bedeutete die allergrößte Ehre. Unter den dreißig bis vierzig Mitgliedern der Eskorte war ich der »erste« Leibwächter, so wie man bei einem Orchester vom »ersten« Geiger spricht. Sobald wir ein Fahrzeug verließen, kam es mir zu, mich unmittelbar neben oder hinter Fidel zu positionieren, um unvorhergesehene Zwischenfälle abzuwehren und ihm als letzter Schutzschild zu dienen. Siebzehn Jahre lang habe ich so alles aus nächster Nähe miterlebt.

Als beflissener Leibwächter stellte ich rasch fest, dass der Personenschutz von *El Jefe* durchaus noch zu verbessern war. Ich sprach meinen Chef Domingo Mainet darauf an, und wir nahmen tatsächlich ein paar Änderungen vor.

An der Akademie des Innenministeriums hatte ich gelernt, dass man auf den Blick des Gegenübers achten muss. Spiegelt sich nicht in den Augen die Seele oder die Absicht eines jeden Menschen? In Ausübung meines Berufs habe ich jedoch bemerkt, dass die Gefahr von den Händen und nicht von den Augen ausgeht. Ein gut ausgebildeter feindlicher Agent wird seinen Gesichtsausdruck leicht verstellen, die Bewegungen seiner Hände jedoch nur schwer verbergen können. Im Übrigen denkt er oft überhaupt nicht daran, diese ebenfalls zu kontrollieren. Diese Sicht der Dinge wurde sehr schnell in die Grundausbildung der kubanischen Leibwächter aufgenommen. Seither bringt man ihnen bei, ihre Aufmerksamkeit bei einer Menschenmenge vorrangig auf die Hände der Umstehenden zu richten.

Ebenfalls auf mich geht die Einführung einer veränderten Schusshaltung zurück. Ursprünglich zogen wir unsere Pistolen mit leicht gebeugten Beinen, denn diese Haltung verleiht einen sehr sicheren Stand. Bei unseren Übungen machte ich Fidel darauf aufmerksam, dass man durch die gebeugten Beine ein paar wertvolle Zentimeter seiner eigentlichen Körpergröße einbüßt, was die Wirkung des Leibwächters als Schutzschild beeinträchtigt. Fidel erkannte die Richtigkeit meines Hinweises an, und von da an lernten seine Leibwächter, bei den Schussübungen in aufrechter Haltung zu verbleiben.

Man muss festhalten, dass es in letzter Instanz stets Fidel ist, der die Entscheidungen hinsichtlich seiner Prätorianergarde fällt, von der Auswahl des Personals bis hin zu den verwendeten Waffen. Weder der Innenminister noch der Leiter des Personenschutzes oder der Chef seiner Eskorte können ohne seine Zustimmung die Initiative ergreifen. In vielen Fällen ist der Chef der Eskorte lediglich der Treibriemen des Willens unseres *Comandante*. Was Dalia betrifft, die mehrmals versuchte, sich in interne Angelegenheiten der Eskorte einzumischen, so hat Fidel ihr das niemals zugestanden, und das ist gewiss auch besser so!

★

Es war nur folgerichtig, dass ich als »erster« Leibwächter zu einem der Fahrzeugchefs aufstieg. Wie der Name bereits sagt, nimmt der *jefe de carro* die hierarchisch höchste Position in dem jeweilig benutzten Fahrzeug ein. Ihm obliegt die Aufgabe, gemeinsam mit den anderen Fahrzeugchefs die Fortbewegung der motorisierten Kolonne aufeinander abzustimmen.

Parallel zu dieser Aufgabe wurde mir noch eine weitere Verantwortung übertragen: Ich sollte für eine ausgezeichnete physische Verfassung der Eskorte Sorge tragen. Das hieß im Klartext, dass ich derjenige war, der das sportliche Trainingsprogramm festlegte: mindestens vier Stunden Fußball, Krafttraining und Nahkampf am Tag, von 8 Uhr morgens bis gegen Mittag. Natürlich stellte ich mich auch als Schießtrainer zur Verfügung. Jeden Morgen marschierten wir zum Schießplatz, um das Schießen in stehender, geduckter oder liegender Haltung auf feste oder bewegte Ziele zu üben. Dabei benutzten wir alle Sorten von Schusswaffen: Pistolen, Gewehre, Maschinenpistolen – und zwar im Stehen, Gehen oder sogar im Laufen.

Manche Trainingseinheiten fanden in der *Ciudadela* (der »Zitadelle«) statt. Dabei handelt es sich um ein Geisterdorf in der Nähe der Stadt Mariel, etwa zwanzig Kilometer von Havanna entfernt, das zwischen der Autostraße *Carretera Panamericana* und dem Meer liegt. Diese »Zitadelle« wird auch von den Soldaten der sogenannten *Tropas* genutzt, den kubanischen Spezialeinheiten oder Schocktruppen, und sie ähnelt einer gespenstischen Filmkulisse. An manchen der leer stehenden Gebäude prangen die drei großen Lettern CDR (Komitee zur Verteidigung der Revolution), es gibt die Attrappe eines Krankenhauses und eine Eisenbahnlinie. Somit ist es der ideale Ort, um einen Kampf im Stadtgebiet zu simulieren, bei dem fahrende Autos und auf den Dächern lauernde Scharfschützen mit von der Partie sind.

Um möglichst wirklichkeitsgetreu agieren zu können, wurde ein Modellauto im Maßstab 1:1 gebaut und auf die Schienen gesetzt, damit es wie ein bewegtes Ziel seine Position verändert. Die *Ciudadela* verfügt über mehrere Schießübungsplätze, auf denen bis zu einer Entfernung von 500 Metern mit dem Gewehr, der Maschinenpistole, dem Granatwerfer sowie der Panzerfaust trainiert werden kann. Die Straßen des Geisterdorfs führen am Meer entlang und erlauben darüber hinaus das Schießen aus schnell fahrenden Autos. Eine von mir entwickelte Übung sah so aus, dass man seine Waffe ziehen, laden, schießen (und ins Schwarze treffen) und sie anschließend wieder ins Holster stecken musste – und zwar alles in weniger als drei Sekunden.

Bei mir persönlich blieb es sehr schnell nicht bei den obligatorischen vier Stunden Training pro Tag, denn ich zwang mich, auch an meinen freien Tagen zu laufen und zu schießen, um stets in Bestform zu sein. Schließlich wollte ich ein Vorbild sein und außerdem auch meine herausragende Position im Organigramm des Personenschutzes festigen. Meine Ruhezeiten und auch meine freien Tage habe ich gern und oft abgeschrieben, um sechs oder sogar sieben Tage in der Woche zu arbeiten.

Bei anstehenden Auslandsreisen von Fidel Castro kam es mir als Konditionstrainer zu, die Soldaten aus der Gruppe auszuwählen, denen die Ehre und das Privileg zuteil werden sollte, an der Reise teilzunehmen. Die in meinen Augen weniger leistungsstarken Soldaten sollten hingegen auf Kuba bleiben. Mit Sicherheit weckte meine Position und die mit ihr verbundene Macht die Eifersucht und den Groll einiger Personen in meinem Umfeld.

★

Ab Mitte der 80er-Jahre erweiterte sich mein Aufgabenfeld erneut um eine weitere Kompetenz: Ich wurde dazu bestimmt, die Aufgabe des Sondierers oder Wegbereiters zu übernehmen. Der Sondierer ist derjenige, der in aufklärender Mission vorausfährt, um alle für die Sicherheit des Präsidenten notwendigen Vorbereitungen zu treffen. Erst dann tritt dieser selbst die Reise in das betreffende Land an. Der Sondierer muss beispielsweise die Gegebenheiten in der Hauptstadt erkunden, die besucht werden soll. Er muss die am besten abzusichernden Wege bestimmen und sicherstellen, dass es der kubanischen Delegation an nichts fehlt und sie nicht dem geringsten Risiko ausgesetzt ist.

Mir fiel es auch zu, Häuser anzumieten oder Hotels zu reservieren und dabei die Absicherungsmöglichkeiten der Ein- und Ausgänge dieser Gebäude genauestens abzuwägen. Es kam vor, dass ich – vor allem in Afrika – mit einem Koffer Bargeld unterwegs war und Häuser direkt kaufte, wenn ich auf diese Weise die Sicherheit Fidels während der Nacht am besten garantieren zu können glaubte. In dieser Mission war ich allerdings nicht allein unterwegs. *La Avanzada* (die Vorhut), die Gruppe der Sondierer, besteht im Allgemeinen aus sechs Offizieren: einem Leiter der medizinischen Abteilung, einem Verantwortlichen für die Lebensmittelversorgung, einem Spezialisten für die *Técnica* (dessen Auftrag die Anbringung oder Entfernung von Mikrofonen war), mir selbst und schließlich noch dem obersten Sicherheitschef. Damals war das Generalmajor Humberto Francis Pardo, der in dieser Funktion mehrere Tausend Männer befehligte.

Das wichtigste Glied in dieser Delegation, abgesehen von Generalmajor Francis, ist natürlich derjenige, der in direkter Weise die Leibgarde von Fidel repräsentiert – im vorliegenden Fall also meine Wenigkeit. Denn es gibt nun einmal nichts Wichtigeres als die Sicherheit des *Comandante en Jefe*. Mit meinem Kollegen von der *Técnica* gab ich mir redlich Mühe, eventuell versteckte Mikrofone aufzuspüren. Im Lauf meiner Karriere habe ich zweimal tatsächlich solche Abhörgeräte ausfindig gemacht: Eines war im Fensterrahmen eines Hotelzimmers von Fidel in Madrid versteckt; das zweite in einer abgehängten Decke im Wohnsitz des kubanischen Botschafters in Harare in Zimbabwe.

Zuletzt sei noch darauf hingewiesen, dass *La Avanzada* in den jeweils besuchten Ländern selbstverständlich von den vor Ort in der Botschaft Kubas tätigen Mitarbeitern des Geheimdienstes unterstützt wird.

Es sieht so aus, als sei Fidel stets zufrieden mit meiner Arbeit gewesen, denn mehr als einmal vernahm ich seinen erleichterten Ausruf, wenn er mich beim Ausstieg aus dem Flugzeug unten an der Gangway erblickte, wo ich ihn stets erwartete.

»Aha, Sánchez! Schön, dass du da bist! *Muy bien*, jetzt ist alles in Ordnung. Nun, Sánchez, was schlägst du vor?«

Dann unterbreitete ich ihm einen genauen Lagebericht, um ihn in Kenntnis zu setzen über die Fragen hinsichtlich der Logistik, der Sicherheit und der anstehenden Fahrten. Es kam beispielsweise vor, dass ich ihm riet, zu einem bestimmten Zeitpunkt bei einem offiziellen Termin nicht auf die dort befindliche Menge zuzugehen, da unsere Geheimagenten ausgekundschaftet hatten, dass falsche Anhänger ihn mit *»Viva Fidel!«*-Rufen in ihre Nähe locken wollten (Fidel ist sehr empfänglich für derlei Beifallsbekundungen), um ihn dann aber zu beleidigen, wenn er sich unmittelbar vor ihnen befände. Im Prinzip galt die Regel, dass ich ihm beim Ausstieg aus dem Flugzeug auch die verschiedenen Optionen der Unterbringung zu unterbreiten hatte, die ich in Erwägung gezogen hatte. Aber diese Entscheidung überließ er mir bald ganz, und ich traf sie bereits im Vorfeld für ihn.

★

Inmitten der »Familie« seiner Eskorte ging es mit meiner Karriere stetig weiter bergauf. Im Jahr 1979 war ich Leutnant, 1983 wurde ich zum Hauptmann befördert, 1987 zum Major und 1991 zum Oberstleutnant. Und ich bin mir ganz sicher: Ich habe immer gute Arbeit geleistet. 1986 beauftragte mich Generalmajor Humberto Francis Pardo, der als oberster Sicherheitschef zu den wichtigsten Führungspersönlichkeiten Kubas zählte, mit der Abfassung eines Berichts darüber, was aus meiner Sicht der Begleitschutz eines Staatschefs, in diesem Fall also unsere Eskorte, leisten sollte. Meine Ausführungen haben ihm so sehr gefallen, dass er mich im Anschluss an seine Lektüre bat, sie in einem Vortrag dem gesamten Generalstab des Personenschutzes zu präsentieren, das heißt, den Leitern sämtlicher entsprechender Einheiten für hochgestellte kubanische Politiker.

Manchmal kam es auch vor, dass Fidel darauf verfiel, meine Dienste mit einer Medaille zu belohnen. Bei unserer Rückkehr aus Brasilien, wo er im Januar 1990 dem Amtsantritt von Präsident Fernando Collor de Mello beiwohnte, erhielt ich beispielsweise eine Auszeichnung für meine hervorragende Arbeit in Brasília. Im November 1992 gewann ich einen nationalen Wettkampf um den besten Pistolenschützen in der 25-Meter-Distanz. Dabei stellte ich einen absoluten Rekord auf, denn mir gelangen bei 200 Schüssen 183 Treffer. Dieses Ergebnis brachte mir die Auszeichnung als »Schießexperte« ein, die niemals zuvor ein kubanischer Soldat erhalten hatte. Nicht im Entferntesten kam mir der Gedanke, dass ich nur zwei Jahre später als ein gewöhnlicher Strafgefangener im Gefängnis landen könnte. Aber wir wollen nicht vorgreifen …

★

Ich habe bereits geschildert, dass meine Funktion als »erster« Leibwächter mich auch unter Wasser führte, da ich Fidel bei seinen Unterwasserjagdausflügen vor Cayo Piedra begleitete, wo es mir zufiel, ihn vor den Muränen, Haifischen und Pfeilhechten zu schützen. Aber die wichtigste Aufgabe, die in meiner Verantwortung lag, war weniger sportlicher Natur: Es handelt sich zweifellos um die Einträge in der *libreta*, für deren Vollständigkeit ich zuständig war. Die Tätigkeit des Schreibers war ein heiliges Amt. In diesem grau eingebundenen Notizbuch (13 × 18 cm) musste ich den genauen Tagesablauf von Fidel samt all seiner Aktivitäten festhalten: die Uhrzeit des Aufstehens, die Bestandteile des Frühstücks (und aller übrigen Mahlzeiten), die Uhrzeit des Aufbruchs in den Palacio de la Revolución, die Ankunft vor Ort, den jeweiligen Weg der Fahrzeugkolonne des Präsidenten durch Havanna, die Namen der zu einer Unterredung empfangenen Personen, die Uhrzeit und Dauer jedes einzelnen Gesprächs sowie die besprochenen Themen.

Ob er mit dem Kremlchef Michail Gorbatschow telefonierte, eine Unterhaltung mit dem Innenminister José Abrantes führte oder seinen Freund »Gabo« (Gabriel García Márquez) in dessen Haus in Havanna besuchte, es mussten stets die angesprochenen Themen kurz und bündig notiert werden. Auch vollkommen unbedeutende Details waren es wert, verzeichnet zu werden. Auf Cayo Piedra musste ich zum Beispiel ein genaues, fehlerloses Verzeichnis der von Fidel gefangenen Fische erstellen: zehn Langusten, vier Wolfsbarsche, drei Zackenbarsche usw. Darüber hinaus musste ich auch Namen, Herkunft und Jahrgang jeder Weinflasche notieren, die Fidel öffnete.

Zu den Zeiten, in denen ich nicht vor Ort war und mich ausruhen konnte, war mein Stellvertreter und Stubenkamerad aus der *grupo 2* damit beschäftigt, alle Einzelheiten auf losen Blättern festzuhalten. Am nächsten Tag musste ich dann die von ihm sorgfältig aufgelisteten Informationen zusammenfassen und sie in die *libreta* übertragen. Von 1977 bis 1994 habe ich dieses berühmte graue Heftchen Stunde für Stunde stets auf dem neuesten Stand gehalten. Das hat mir einen sehr weitreichenden Einblick in das Leben Fidel Castros verschafft.

★

Waren alle Seiten der *libreta* beschrieben, so wurde das Heftchen wie ein Geschenkpaket verschnürt, mit Wachs versiegelt und zum Archivdienst in den Palacio de la Revolución geschickt. Dort wird es neben Hunderten anderer gleichformatiger Heftchen für die Nachwelt aufbewahrt. Das Leben des *Comandante* in all seinen Belangen umfasst auf diese Weise irgendwo in einem Raum des Präsidentenpalastes von Havanna mehrere Regalmeter. In diesem Archiv finden sich auch alle Tonmitschnitte, die Fidel (ohne das Wissen seiner Gesprächspartner) in Auftrag gegeben hat. Wann immer es möglich war, wollte er all seine wichtigen Unterredungen auf Tonbänder gebannt wissen. Das geschah entweder über die in seinem Arbeitszimmer installierte Hi-Fi-Anlage oder mit Hilfe von Minikassetten, die wir, seine Eskorte, stets in unserer Ausrüstung mit uns führten.

In weiser Voraussicht hat Fidel jedoch für den Fall, dass der kubanische Kommunismus zusammenbrechen würde, die Anweisung gegeben, als Erstes diese Archive zu zerstören.

★

Wenn die Eskorte Fidels »eigentliche« Familie darstellt, so muss ich eingestehen, dass sie auch meine »eigentliche« Familie war. Den mir nahestehenden Menschen schenkte ich nur wenig Zeit. Ich war der Revolution treu ergeben und hatte einen wunderbaren Beruf. Einsätze, Reisen, Spionage und Spionageabwehr wechselten einander ab, und das alles in engster Verbindung mit dem Zentrum der Macht. Mit anderen Worten: Ich lebte inmitten der besten Voraussetzungen für einen spannenden Film. Und die Krönung war: Ich hatte tatsächlich einen gewissen Bekanntheitsgrad erlangt. Da ich bei Fotoaufnahmen oft mit auf dem Bild oder im Fernsehen hinter unserem *Máximo Líder* zu sehen war, kannte man mich in meinem Viertel. Damals waren wir noch nicht in unsere eigene Wohnung umgezogen und lebten bei meiner Mutter; ich erinnere mich, dass immer wieder hübsche Nachbarinnen unter irgendeinem Vorwand bei uns vorbeischauten – vorzugsweise, wenn meine Frau nicht zu Hause war –, um herauszufinden, ob ich nicht vielleicht irgendwo herumschwirrte ... Aber da kann ich meine damals angebetete Mayda, mittlerweile meine Exfrau, beruhigen: Die Revolution und der Dienst für Fidel ließen kaum Zeit für Abwege.

Man fragt mich oft, ob Fidel Castro für mich eine Art Ersatzvater darstellte. Darauf antworte ich jedes Mal mit nein, denn er stellte weitaus mehr für mich dar! Für mich war er eine Art Gott. Ich hing an seinen Lippen. Ich glaubte alles, was er sagte, folgte ihm überall hin und hätte mein Leben für ihn gegeben. Es gab einen Zeitpunkt, zu dem ich mir aus tiefstem Herzen gewünscht hätte, auf dem Feld der Ehre zu fallen und damit sein Leben zu retten. Ich glaubte felsenfest an die hehren Ideale der kubanischen Revolution und konnte, ohne ihn groß zu hinterfragen, den gesamten anti-imperialistischen Katechismus jener Tage herbeten. Erst später wurden mir die Augen geöffnet, aber zu diesem Zeitpunkt war ich so absorbiert von meinem Beruf und so fasziniert von Fidel, dass ich nicht das geringste kritische Bewusstsein entfaltete.

In der Eskorte selbst herrschte eine hervorragende Stimmung. Das gilt zumindest für die gesamte Zeit, in der Domingo Mainet an der Spitze der Eskorte stand – also vor dem Amtsantritt seines etwas beschränkten Nachfolgers José

Delgado Castro im Jahr 1987. Dieser war der unfähigste Chef, der jemals an der Spitze von Fidels Eskorte stand: inkompetent, intrigant, feige, dumm, eifersüchtig – und dabei will ich es belassen. Zum Glück war, wie ich bereits gesagt habe, der eigentliche Chef von Fidels Eskorte im Grunde Fidel selbst.

Wie dem auch sei, meine Kameraden und ich waren stets bemüht, exzellente Arbeit zu leisten, und sogar unter der Leitung des beschränkten José Delgado ist uns das, glaube ich, auch gelungen. Selbst unsere ausländischen Kollegen, einschließlich der CIA-Agenten, haben mündlich und schriftlich bestätigt, dass die kubanischen Sicherheits- und Geheimdienste tatsächlich weltweit zur Elite zählen und in einem Atemzug mit denjenigen der fünf großen Geheimdienstnationen – USA, Sowjetunion, Großbritannien, Frankreich und Israel – zu nennen sind. Es trifft zu, dass wir uns vor allem von den Methoden des amerikanischen Secret Service und des israelischen Mossad inspirieren ließen, aber auch bei dem französischen Geheimdienst und dem britischen Inlandsgeheimdienst MI5 schauten wir gern ab.

Hingegen erachteten wir die Praktiken des KGB bezüglich des Schutzes hochgestellter Persönlichkeiten als vollkommen wert- und nutzlos. Von den Russen konnten wir nichts lernen, denn in der Sowjetunion gab es nur sehr selten öffentliche Auftritte der Würdenträger, und diese waren statisch, genauestens abgestimmt und durchgeplant wie eine Musikpartitur, ohne dass es je zu einem direkten Kontakt mit der Menge gekommen oder einer improvisierten oder spontanen Regung Raum gegeben worden wäre. Damit waren sie das genaue Gegenteil von Fidel mit seinem instinktiven Vorgehen und impulsiven Wesen, der ohne Vorwarnung das Bad in der Menge suchte und sich allen nur denkbaren Risiken und Gefahren aussetzte.

★

Es versteht sich von selbst, dass wir alle – gelungenen oder gescheiterten – Attentatsversuche gegen Staats- und Regierungschefs oder sonstwie international bedeutende Persönlichkeiten minutiös analysiert haben: John F. und Robert Kennedy (1963 und 1968), Anastasio Somoza (1980), Johannes Paul II. (1981), Indira Gandhi (1984) oder auch Luis Carlos Galán, einem Kandidaten bei den kolumbianischen Präsidentschaftswahlen (1989). Das Attentat von Petit-Clamart, einem Vorort südlich von Paris, auf General de Gaulle (1962) studierten wir in allen Einzelheiten. Das Gleiche galt für den – übrigens mit kubanischer Hilfe vorbereiteten – Hinterhalt, in den Augusto Pinochet 1986 in Chile geraten war. Ich erinnere mich daran, dass meine Kollegen und ich aufrichtige Bewunderung für die Fahrer sowohl des französischen Präsidenten als auch des chilenischen Diktators empfanden, denn sie hatten Kaltblütigkeit, Reaktionsschnelligkeit und Mut in ganz außergewöhnlichem Maß an den Tag gelegt, um das Leben ihrer »Dienstherren« zu retten.

In diesen Zeiten des Kalten Krieges war es unsere permanente und vordringliche Aufgabe, jede Angriffsmöglichkeit auf Fidel Castro zu bedenken, zu antizipieren, vorauszusehen und zu vermeiden. Das gilt ganz besonders für die 80er-Jahre, in denen der amerikanische Präsident Ronald Reagan (1980–1988) geschworen hatte, den internationalen Kommunismus zu Fall zu bringen. Damit bestand ein sehr reales Risiko. Uns war vollkommen klar, dass Fidel auf seiner Insel Cayo Piedra – sollte dort seine Sommerfrische jemals entdeckt werden – hochgradig gefährdet war. Gleich mehrere Angriffsarten kamen dort in Betracht: die Bombardierung der Insel mithilfe eines Privatflugzeugs wie etwa einer Cessna, die durch ihre geringe Flughöhe nicht von den Radargeräten aufgespürt werden könnte; ein Angriff von einem Schnellboot aus, das uns wie ein Kanonenboot unter Beschuss nehmen könnte; ein Anschlag durch eine Spezialeinheit feindlicher Taucher, die die *Aquarama II* bei Nacht verminen und dann zur Explosion bringen könnten, wenn Fidel sich an Bord begeben hätte.

Für den Fall einer Bombardierung wurde ein Evakuierungsplan ausgearbeitet, denn die Insel verfügt nicht über einen Unterschlupf, geschweige denn über einen Luftschutzraum. Die Idee war einfach: Fidel müsste an eine etwa zweihundert Meter von seinem Haupthaus entfernte Stelle gebracht werden, wo es in einem sumpfigen Gelände ein Versteck für ihn gab. Dort war unter der dichten Vegetation ein von oben nicht einsehbarer Steg gebaut worden, auf dem er trockenen Fußes vorübergehend Zuflucht finden könnte. An dieser Stelle sollte er das Ende der ersten Angriffswelle abwarten, bis dann unmittelbar darauf mit der Evakuierung der Insel begonnen werden würde. Dabei sollten alle Boote gleichzeitig starten und die vorhandenen Hubschrauber abheben, um beim Feind Verwirrung zu stiften. Natürlich würde Fidel dann nicht an Bord seiner Jacht gehen, sondern – Variante Nr. 1 – in einem kleineren und unauffälligeren Boot fliehen. Einer anderen Variante dieses Szenarios zufolge würde Fidel, wenn alle motorisierten Gefährte davonrasten und so den Eindruck vermittelten, dass er sich aus dem Staub machen würde, ganz im Gegenteil auf der Insel zurückbleiben. Erst ein paar Stunden (oder auch Tage) später käme ihn dann ein kubanisches Kommando abholen.

★

Es versteht sich von selbst, dass Fidel, der im Jahr 1962 während der Kubakrise durch die Stationierung der russischen Atomraketen beinahe einen dritten Weltkrieg heraufbeschworen hätte,[5] alle möglichen Szenarios in Betracht zog – einschließlich eines regionalen Krieges oder auch eines Weltkrieges. Deshalb wurde unter dem Palast der Revolution in Havanna ein riesiger Schutzraum eingerichtet. In diesem Atombunker hätte ein Kriegsrat Zuflucht finden können, dem Fidel, Raúl, die wichtigsten Minister sowie die Kommandierenden der drei Teilstreitkräfte Heer, Luftwaffe und Marine angehörten. Dieser Schutzraum von mindestens eintausend Quadratmetern Fläche bietet ausreichend Platz für Büros oder Konferenzräume, einen Schlafsaal, einen Speisesaal, eine Küche, Badezimmer und einen *war room*, von dem aus Fidel alle notwendigen Operationen beaufsichtigt hätte. Darüber hinaus verbindet in sechs Metern Tiefe ein zweihundert Meter langer, geheimer Tunnel unter der Avenida de la Independencia hindurch den Palacio de la Revolución mit dem von Raúl Castro geleiteten Ministerium der Revolutionären Streitkräfte (MINFAR), das ebenfalls über einen Atombunker verfügt.

Im Falle eines bewaffneten Konfliktes hätte die Eskorte Fidels ihre Mercedes-Benz-Limousinen unverzüglich gegen geländegängige Land Rovers getauscht, die mit Panzerbüchsen der russischen Serie RPG, mit Maschinengewehren der Serie RPK sowie mit Granatwerfern im Kaliber 30 bis 40 Millimeter bestückt waren. Im gegebenen Fall hätte ich meine Funktion als Fahrzeugchef beibehalten, jedoch in einem der britischen Allradwagen, in dem acht Männer unterkommen: ein Chauffeur, sechs Leibwächter (darunter drei Heckenschützen oder Sniper) und ich selbst. Was Fidel betrifft, so sollte er alle erforderlichen Fahrten in einem gepanzerten Militärfahrzeug zurücklegen.

Auch die Gewährleistung der Sicherheit von Fidels Familie war Gegenstand unserer Planspiele. Im Falle eines internationalen Konfliktes hätten Dalia und ihre Kinder die Wahl zwischen zwei Zufluchtsorten. Der erste befand sich in einem frei stehenden Haus in Punto Brava, in dem Dalia bereits im Jahr 1961 unmittelbar nach ihrer Ankunft in der Hauptstadt gewohnt hatte, bevor sie dann mit Fidel zusammenzog. Diese Unterkunft in Punta Brava liegt am Stadtrand von Havanna, etwa sieben Kilometer südwestlich vom späteren Familiensitz in Punto Cero. Der zweite Zufluchtsort lag im Keller der Casa del Gallego, einem Haus genau gegenüber der Einheit 160, wo Fidel gewöhnlich seinen Geburtstag mit seiner Eskorte feierte. Das Haus der Castros in Punto Cero hingegen war allerdings im Gegensatz zu anders lautenden Gerüchten nicht mit einem Luftschutzraum ausgestattet. Das ist ja auch vollkommen logisch: Wer wäre schon so dumm, sich zu Hause zu verstecken?

★

Uns war bewusst, dass die Gefahr überall lauern und auch von einer einfachen Mahlzeit ausgehen konnte. Deshalb wurden und werden immer noch alle Lebensmittel, die Fidel zu sich nimmt, bakteriologischen und chemischen Analysen unterzogen, bevor sie auf seinen Tisch kommen. Diese Tests werden von dem berühmten medizinisch-chirurgischen Forschungslabor CIMEQ im Westen von Havanna durchgeführt, das nur einen Kilometer vom Anwesen der Castros entfernt liegt. Auch bei den Weinkisten, die Fidel oft als Geschenk erhält, gibt es Vorsichtsmaßnahmen: Die Eskorte pickt ein paar beliebige Flaschen heraus, um zu überprüfen, ob Sprengstoff oder Gift darin enthalten ist. Von Zeit zu Zeit bekommen die Fahrer der Einheit 160 vorab ein Gläschen und fungieren somit gewissermaßen als Testperson. Genau wie die Könige des Mittelalters hat auch Fidel seine Vorkoster.

Sogar die Nahrungsmittel, die vom Gelände in Punto Cero selbst stammen, werden aufmerksam kontrolliert. Tierärzte achten auf die gute Gesundheit der auf dem Anwesen gehaltenen Hühner und Kühe, während Obst und Gemüse aus den sechs Gewächshäusern über eine spezielle

Vorrichtung systematisch mit Ozonwasser gewaschen werden, um belastende Rückstände (Pestizide, Fungizide usw.) zu entfernen. Diese spezielle Reinigung soll, so weit wie möglich, das Risiko einer Krebserkrankung mindern. Ebenso wird auch das Wasser aus dem Brunnen des Gartens regelmäßigen Analysen unterzogen.

All diese Vorsichtsmaßnahmen wecken die Vorstellung, Fidel Castro sei von Feinden umzingelt und lebe in ständiger Gefahr von Anschlägen auf Leib und Leben. Das ist auch tatsächlich der Fall! Lange Zeit, auf jeden Fall bis in die 90er-Jahre hinein, hat die CIA zahlreiche Anschlagspläne ausgearbeitet, von denen keiner erfolgreich ausgeführt wurde, wie der amerikanische Geheimdienst selbst eingestanden hat. In den ersten Jahren nach der Jahrtausendwende wurden etliche amerikanische Geheimdokumente »deklassifiziert« und damit der Öffentlichkeit zugänglich gemacht, aus denen Entsprechendes hervorgeht.

Daraus darf freilich keinesfalls der Schluss gezogen werden, dass Fidel ausschließlich Feinde hat. Im Gegenteil, seine Anhänger sind über die ganze Welt verteilt und bilden – in einem ungleich größeren Maßstab als seine Leibwächter – auch eine Art Familie. So mancher aus diesem weitläufigen Kreis ist mir in Havanna irgendwann begegnet, vom revolutionären Aktivisten über den lateinamerikanischen Guerillero bis zum baskischen Terroristen. Diese Anhänger halten Fidel für die bedeutendste Leitfigur in der Dritten Welt und den erfahrendsten Guerillero des Anti-Imperialismus. Insofern stellt er für sie eine Art Familienoberhaupt dar: Er ist ein Stratege des Krieges oder des Guerillakampfes, der stets bereit ist, seine klugen Ratschläge zum Thema Umsturz kundzutun.

5

GUERILLAKÄMPFER ALLER LÄNDER, VEREINIGT EUCH!

Eines der bestgehüteten Geheimnisse auf Kuba, in das ich eingeweiht war, ist die Existenz des Übungsgeländes von Punto Cero de Guanabo (nicht zu verwechseln mit Punto Cero, dem privaten Wohnsitz der Castros in Havanna). Hier, etwa fünfundzwanzig Kilometer östlich von Havanna, bildet das Regime Guerillakämpfer aus der ganzen Welt und sogar von manchen terroristischen Organisationen aus. Hinter einem schlichten, unauffälligen Eingangstor werden die Kämpfer auf dem abgeschotteten Militärgelände hart trainiert und intensiv geschult. Nur wenige Minuten von paradiesischen Stränden entfernt, verteilen sich auf einem dicht bewachsenen, hügeligen Gelände von zehn Quadratkilometern mehr als fünfzig Gebäude, die mehrere in sich abgeschlossene, aber durch ein Netz von kleinen Straßen miteinander verbundene »Dörfer« bilden. Es gibt Schulungsräume, Wohngebäude, eine Kantine, die sechshundert Mahlzeiten pro Stunde ausgeben kann, Sportanlagen mit einem Hindernisparcours, drei Artillerie-Schießanlagen, einen Steinbruch für Sprengstoffübungen, zwei ausgemusterte Propellerflugzeuge (eine Iljuschin, eine Antonow), an denen sich maßstabgetreu die Entführung von Linienflugzeugen simulieren lässt. Nicht zu vergessen einen Hubschrauber, der ebenfalls nicht mehr flugtüchtig ist: Aber er dient dazu, den Auszubildenden beizubringen, wie man aus einem solchen Flugfahrzeug bei der Landung herausspringt, wenn die Rotorblätter sich noch drehen, oder wie man ihn erstürmt und seine Passagiere kidnappt.

An diesem Ort sind lediglich die Ausbilder Kubaner. Es sind Elitesoldaten der *Tropas*, der kubanischen Sturmtruppen. Die Rekruten hingegen stammen aus Venezuela, Kolumbien, Chile, Nicaragua, mit anderen Worten: aus ganz Südamerika und auch aus anderen Teilen der Welt. Genau besehen kann man davon ausgehen, dass 90 Prozent der lateinamerikanischen Guerillaführer ihre Grundausbildung in Punto Cero de Guanabo erfahren haben. Ob sie nun den drei kolumbianischen Organisationen ELN, FARC oder M-19 angehören; dem Leuchtenden Pfad aus Peru; der Revolutionären Bewegung Túpac Amaru (MRTA), ebenfalls aus Peru; der Patriotischen Front von Manuel Rodríguez (FPMR) aus Chile; der Sandinistischen Nationalen Befreiungsfront (FSLN) aus Nicaragua oder aber der Nationalen Befreiungsfront Farabundo Martí (FMLN) aus El Salvador – für sie alle ist Kuba ein echter Wallfahrtsort, und ein Aufenthalt in Punto Cero de Guanabo gehört zwangsläufig dazu.

★

Das goldene Zeitalter dieses »Revolutionscampus« lässt sich auf die 70er- und 80er-Jahre datieren. Damals kamen auch Kämpfer aus anderen Teilen der Welt hierher, wie die militanten Anhänger oder Terroristen der baskischen Separatistenbewegung ETA, der Irisch-Republikanischen Armee (IRA), der Fatah von Jassir Arafat, der Volksfront zur Befreiung Palästinas (PFLP) von George Habash, der Frente Polisario (die seit 1975 für die Unabhängigkeit der Westsahara gegen Marokko kämpft) oder auch der nordamerikanischen Black Panthers. Zu den berühmten Gästen zählten der venezolanische Terrorist Ilich Ramírez Sánchez alias Carlos oder »der Schakal«, die Brüder Daniel und Humberto Ortega, die später Präsident und Verteidigungsminister Nicaraguas wurden, Abimael Guzmán, der verrückte Terrorist des Leuchtenden Pfades aus Peru und – so ist anzunehmen – der Subcomandante Marcos von den Zapatisten aus Mexiko.

Vom Palast der Revolution, in dessen dritter Etage das Arbeitszimmer von Fidel Castro liegt, erreicht man Punto Cero de Guanabo in nur zwanzig Minuten. Allerdings wird dieses Gelände so streng geheim gehalten, dass auch ich es nur dreimal betreten habe. Das war Anfang der 80er-Jahre. Zwar ist dieses Militärsperrgebiet direkt der Befehlsgewalt Fidels unterstellt (und nicht dem Innenministerium oder den Streitkräften), aber der *Comandante* begibt sich nur selten dorthin. Vor Ort lagen die Befugnisse zum damaligen Zeitpunkt bei General Alejandro Ronda Marrero, dem Chef der *Tropas*. Er war eine Schlüsselfigur in den geheimen Beziehungen zur revolutionären Linken Lateinamerikas und spielte eine fundamentale Rolle bei der Ausbildung ausländischer Widerstandskämpfer. Zum Beispiel war er in den 70er-Jahren der Führungsoffizier des venezolanischen Terroristen Carlos.

Zum ersten Mal bin ich nach Punto Cero de Guanabo gekommen in Begleitung Fidels bei einem seiner Inspektionsbesuche. Als wir eintreffen, erwartet uns General Ronda Marrero in Begleitung dreier Ausbildungsoffiziere vor dem Hauptquartier. Nachdem er den *Comandante* begrüßt hat, macht er sich gemeinsam mit diesem auf seinen Rundgang. Als Erstes wird der Pistolenschießstand in Augenschein genommen, der sich genau gegenüber dem Hauptquartier befindet. Auf unseren Wegen besuchen wir nacheinander die Guerilleros aus Guatemala, El Salvador und Kolumbien, die zur Ausbildung und zum Training hierhergekommen sind. Am Ende führt uns unser dreistündiger Rundgang schließlich zum Schießstand für Langwaffen (Gewehre, Maschinengewehre usw.), der auf einer leichten Anhöhe liegt. Die metallenen Zielscheiben sind in dreihundert Metern Entfernung auf einer weiteren Anhöhe installiert.

Fidel verlangt nun, dass man ihm den schwarzen Koffer aus dem Kofferraum seines Mercedes bringt, der seine persönliche Kalaschnikow AK-47 enthält. Dann legt er sich hin und zielt auf die Metallscheiben. Bei fast all seinen Schüssen vernimmt man in der Ferne ein leises metallisches Geräusch – pling! – als Beweis, dass er trotz der beachtlichen Entfernung von dreihundert Metern getroffen hat. Fidel ist in der Tat ein ausgezeichneter Schütze.

Besonders gern schießt er in Salven und durchlöchert sein Ziel wie ein Verrückter, indem er sein Magazin mit dreißig bis vierzig Schuss auf einmal leert. An diesem Tag ballert er so drauflos, dass der Lack auf dem hölzernen unteren Gewehrteil aufgrund der ungeheuren Hitzeentwicklung abplatzt. Da verlangt Fidel nach seinem zweiten Gewehr – das mit der abklappbaren Schulterstütze, das er stets im Wageninnern zu seinen Füßen aufbewahrt. Damit beginnt er dann erneut herumzuschießen.

Am Ende des Tages kehren wir in den Revolutionspalast zurück. Ich erinnere mich nicht mehr daran, was Fidel an jenem Tag den in dem Ausbildungscamp befindlichen Guerilleros gesagt hat, aber er muss sie, wie er es so vorzüglich versteht, in ihrem Glauben an die Revolution bestärkt haben, indem er die Wichtigkeit ihres Einsatzes und ihrer Opferbereitschaft für die »Sache« beschwor. Für all diese Männer war es mit Sicherheit ein herausragendes Ereignis, des *Comandante en Jefe* leibhaftig ansichtig geworden zu sein – für manche wahrscheinlich sogar der bedeutendste Tag in ihrem Leben.

An sich ist die Existenz eines militärischen Ausbildungscamps wie dasjenige von Punto Cero de Guanabo, das eine wahre Brutstätte für Guerillakämpfer darstellt, nicht sonderlich erstaunlich. Die Kenner der Geschichte der kubanischen Revolution und der Person Fidel Castros wissen, dass eine solche Infrastruktur im Dienste der internationalen Subversion voll und ganz zum politischen Denken und militärischen Handeln des Castrismus passt.

★

Dies ist der Zeitpunkt, an dem sich ein Blick auf die Geschichte aufdrängt. Schon sehr früh, zu Beginn der Revolution, beschränken sich die Ambitionen des *Máximo Líder* nicht auf Kuba. Fidel Castro beabsichtigt, die Revolution in die Welt hinauszutragen, wobei den Anfang der lateinamerikanische Kontinent machen soll. Hier will er, entsprechend der Fokustheorie, »zwei, drei, viele Vietnam« schaffen.

Diese von Ernesto Che Guevara 1967 formulierte Doktrin geht davon aus, dass mehrere kleine »Brandherde« von Aufständischen in ländlichen Gegenden schließlich zu ersten Feuern auflodern, die sich zu einem Flächenbrand ausbreiten, sich dann in die großen Städte hineinfressen und am Ende das ganze Land erfassen. Es ist dann Ches Kampfgenosse, der Franzose Régis Debray, der diese Idee in seinem Buch *Revolution in der Revolution?* verbreitet. Es ist mittlerweile in Vergessenheit geraten, damals aber war ihm ein ungeheurer Erfolg beschieden, und dieser Bestseller wurde zu einem Standardwerk für alle Guerillabewegungen und ihre zukünftigen Mitstreiter, in Lateinamerika ebenso wie in Afrika oder dem Mittleren Osten.

Abgesehen davon muss man sich auch daran erinnern, dass Fidel schon ab dem Juli 1959 zu »praktischen Operationen« übergeht: Er fädelt umfangreiche und sehr wagemutige Initiativen ein. Nur sechs Monate nach dem Sturz von Batista mobilisiert er beispielsweise ein Expeditionscorps von etwa zweihundert Kubanern in der Hoffnung, in der Dominikanischen Republik auf der Nachbarinsel Hispaniola eine Erhebung gegen den Diktator Rafael Leónidas Trujillo anzetteln zu können. Dessen Truppen lauern den Rebellen jedoch auf und schlagen sie vernichtend. Einen Monat später das gleiche Szenario: In Haiti (ebenfalls auf Hispaniola) wird eine identische Operation gegen den Diktator François Duvalier alias »Papa Doc« gestartet, die in einem noch größeren Fiasko endet. Fast niemand überlebt.

Im Jahr 1961 – dem Jahr des Baus der Berliner Mauer – mischt sich Fidel zum ersten Mal in einen Konflikt jenseits des Atlantiks ein. Er lässt per Schiff Waffen an die Kämpfer der Nationalen Befreiungsfront in Algerien (FLN) liefern, die schon seit Jahren in blutige Auseinandersetzungen mit der französischen Kolonialarmee steckt. Zur gleichen Zeit entwickeln sich mehrere von Havanna geförderte Guerillazellen in Südamerika. In Argentinien entsteht im Jahr 1962 die Ejército Guerrillero del Pueblo (Guerilla-Armee des Volkes, EGP), zu deren Mitgliedern auch ein gewisser Abelardo Colomé Ibarra alias »Furry« zählte, der gegenwärtig Innenminister von Kuba ist; in Kolumbien treten im Jahr 1964 die Ejército de Liberación Nacional (Nationale Befreiungsarmee, ELN) und die Fuerzas Armadas Revolucionarias de Colombia (Revolutionäre Streitkräfte Kolumbiens, FARC) in Erscheinung. Was Che betrifft, so lässt er sich im Jahr 1965 auf das »afrikanische Abenteuer« ein und versucht – ohne Erfolg –, ausgehend vom Kongo einen gigantischen Fokus zu entfachen.

Dieser Exkurs in die Geschichte wäre unvollständig, wenn man nicht die Conferencia Tricontinental erwähnen würde, die Fidel im Januar 1966 organisiert. Im Verlauf dieser Konferenz ruft er Havanna offiziell zum Epizentrum der weltweiten Umsturzbewegungen aus. Diese Konferenz stellt eine bisher unbekannte Art von Gipfeltreffen dar: Für die Dauer von zwei Wochen führt die »Trikont« die »antiimperialistischen« Kräfte aus den drei Kontinenten Afrika, Asien und Lateinamerika zusammen. Zweiundachtzig Delegationen aus dekolonisierten Ländern, von afro-asiatischen

Befreiungsbewegungen und Guerillaorganisationen Südamerikas tagen im Hotel Habana Libre. Zu den Teilnehmern zählen die Repräsentanten der Palästinensischen Befreiungsorganisation (PLO), eine Delegation aus Vietnam, Salvador Allende, der spätere Präsident Chiles, Amílcar Cabral, der zukünftige Unabhängigkeitsheld von Guinea-Bissau, oder auch der guatemaltekische Offizier Luis Augusto Turcios Lima, Guerillaführer der linksgerichteten Fuerzas Armadas Rebeldes (FAR).

Der Tod von Che Guevara am 9. Oktober 1967 im Dschungel Boliviens stellt dann einen Wendepunkt dar. Fidel muss sich eingestehen, dass die *focos* der Guerillabewegungen auf dem Lande gescheitert sind. Ungenügende Vorbereitung und eine zu romantische Sichtweise der Revolution macht er dafür verantwortlich. Aber diese Einschätzung stellt sein grundsätzliches Ziel nicht im Geringsten infrage: Er will die Revolution in die Welt hinaustragen. Dafür muss er effizienter agieren können. Deshalb eröffnet Fidel das Ausbildungscamp von Punto Cero de Guanabo.

Um ansatzweise eine Vorstellung von der Ernsthaftigkeit zu gewinnen, mit der die internationale Revolution in Kuba vorbereitet wird, muss man wissen, dass die Ausbildungslehrgänge in Punto Cero de Guanabo im Durchschnitt sechs bis neun Monate dauern, also im Grunde etwa so lange wie ein Militärdienst. Während dieser Zeit ist es den Auszubildenden strengstens untersagt, dieses vollkommen geheime Sperrgebiet zu verlassen. Außerdem werden die unterschiedlichen Gruppen nach ihrer Nationalität hermetisch voneinander abgeschottet, um die Anonymität der Teilnehmer zu wahren. Sie wohnen in Gruppen von vierzig bis fünfzig Personen in verschiedenen Sektoren, essen zu bestimmten Zeiten nacheinander in der Kantine und begeben sich auch zu unterschiedlichen Tageszeiten zum Schießstand. So laufen die Auszubildenden aus El Salvador niemals denjenigen aus Kolumbien über den Weg, die wiederum niemals den Arabern begegnen und so fort. Bricht jemand diese Regel, so wird er unverzüglich in sein Land zurückgeschickt. Bei unserem Inspektionsrundgang in Punto Cero de Guanabo hat Fidel natürlich die Kämpfer aus Guatemala, El Salvador und Kolumbien gesondert getroffen, die jeweils nicht wussten, welche anderen Gruppen sich außer ihnen auf dem Gelände befanden, nur wenige Hundert Meter von dem eigenen Sektor entfernt. Um von einem Sektor zu einem anderen zu gelangen, werden die Gruppen in Minibussen transportiert, und die Vorsichtsmaßnahmen gehen so weit, dass die jeweiligen Insassen, sobald ein anderes Fahrzeug ihren Weg kreuzt, den Kopf zwischen die Knie ducken müssen.

Die Übungseinheiten der Guerilleros sind umfassend und von hoher Qualität. Auf dem Lehrplan stehen neben dem Marxismus für so manchen auch Lesen und Schreiben. Darüber hinaus lehren die Ausbilder den Umgang mit Feuerwaffen und Sprengstoff, die Kartografie, die Fotographie, das Fälschen von Dokumenten, die Kunst des Verkleidens und sonstige Möglichkeiten, das Aussehen zu verändern, den Identitätsdiebstahl, die Verschlüsselung von Botschaften, die Grundtechniken der Spionage, Spionageabwehr und der Desinformation, die unterschiedlichen Methoden der Stadt- und Landguerilla, der Sabotage und terroristischer Aktionen, die Planung und Durchführung einer Entführung und Gefangennahme »geeigneter« Personen, das Kapern von Schiffen oder Flugzeugen, die Techniken bei Verhör oder Folter, die Logistik und die politische Strategie.

Auch militärische Manöver stehen auf dem Programm. Während ihres Aufenthaltes verbringen die Auszubildenden zehn Tage in einem Wald, wo sie unter den Bedingungen einer echten Guerilla biwakieren. Bei dieser Gelegenheit erlernen sie Überlebensstrategien in feindlichem Gelände ebenso wie die taktische Organisation kleiner Kampftrupps – kurz gesagt: Sie lernen die Kunst des Krieges. Diese Operationen finden in einem der beiden PETI (Puntos de Entrenamiento de Tropas Irregulares, der Ausbildungszentren der irregulären Truppen) statt, die etwa einhundertfünfzig Kilometer entfernt ganz im Westen des Landes, in der Provinz Pinar del Río, liegen. Der Aufenthalt dort stellt die einzige Phase dar, in der die auszubildenden Kombattanten die Basis von Punto Cero de Guanabo verlassen.

★

Für die Linke und die extreme Linke Lateinamerikas führen alle Wege nach Havanna. Seit seinen Guerillajahren und dem Beginn der Revolution misst Fidel der von seinen Geheimdiensten im Ausland geleisteten Spionagearbeit große Bedeutung bei. Lateinamerika ist dabei zwar nicht das einzige, aber doch vorrangige Ziel seiner internationalistischen Ambitionen. Im Jahr 1975 gründet er daher den berühmten Departamento América, dessen Leitung er Manuel Piñeiro überträgt, der bis dahin an der Spitze des staatlichen kubanischen Nachrichtendienstes Dirección General de Inteligencia (DGI) stand. Piñeiro trägt den schönen Beinamen *Barbarroja* (»Rotbart«), der tatsächlich auf einen ebensolchen Bartwuchs zurückgeht. Er ist ein mit allen Wassern gewaschener Meisterspion, dessen Auftrag es nun ist, Sympathisanten der kubanischen Revolution aufzuspüren, zu rekrutieren und in ihrer Haltung zu bestärken – und zwar gleichermaßen Studenten, Gewerkschaftler, Wissenschaftler, Politiker und sogar Unternehmer. Ziel ist es, überall auf dem Kontinent jetzt und für künftige Generationen einflussreiche Agenten und Fürsprecher der revolutionären Sache an propagandaträchtigen Stellen für sich zu gewinnen. Darüber hinaus sollen sogar Maulwürfe in die Regierungen eingeschleust werden.

Von den unzähligen Personen, bei denen Piñeiro erfolgreich agitierte, will ich hier nur zwei anführen. In den 80er-Jahren wird die venezolanische Wirtschaftswissenschaftlerin Adina Bastidas vom Departamento América rekrutiert. Sie ist zu dieser Zeit Beraterin der sandinistischen Regierung von Daniel Ortega in Nicaragua; zwanzig Jahre später hat sie von 2000 bis 2002 das Amt der Vizepräsidentin in Venezuela unter der Regierung von Hugo Chávez inne. Ebenfalls vom Departamento América angeworben und in der Regierung von Hugo Chávez platziert wurde der Ex-Guerillero Alí Rodríguez Araque, der zunächst Ölminister und später Außenminister von Venezuela wurde.

Eines Tages sehe ich den Rotbart mit forschem Schritt im Vorzimmer Fidels im Palacio auftauchen. Er befindet sich in Begleitung des brasilianischen Gewerkschafters Lula, der zu diesem Zeitpunkt zum ersten Mal für die Präsidentschaft in seinem Land kandidiert. Das ist im Jahr 1989. Während in Brasilien der Wahlkampf seinen Höhepunkt erreicht, hält es Lula offenbar für nützlich, einen Umweg über Havanna zu machen, um dort Fidel zu treffen. Barbarrojas erste Worte habe ich heute noch in Erinnerung: »Ich stelle Ihnen hier den zukünftigen Präsidenten Brasiliens vor!«, ruft er in den Raum hinein. Seine Vorhersage ist tatsächlich eingetroffen, wenn auch erst zwölf Jahre später. Der Meisterspion hat dies allerdings nicht mehr mitbekommen. Er starb im Jahr 1998 bei einem Autounfall. Zu jener Zeit hatte er bereits all seine Ämter niedergelegt und war mit der Herausgabe seiner Erinnerungen beschäftigt. Was Lula betrifft, der von 2003 bis 2010 Präsident von Brasilien war, so hat man ihn niemals auch nur die leiseste Kritik, die zaghaftesten Vorbehalte gegenüber dem castristischen Regime äußern hören, obwohl dieses doch während seiner Amtszeit eine ganze Reihe politischer Häftlinge hinter Schloss und Riegel festhielt ... Es kam sogar noch schlimmer: Als im Jahr 2010 der kubanische

Dissident Orlando Zapata im Gefängnis an den Folgen eines Hungerstreiks starb, erklärte Lula, der gerade in Kuba weilte, dass er solche Methoden nicht gutheiße. Er meinte damit den Hungerstreik!

★

Die Effizienz des kubanischen Spionagesystems lässt sich an keinem Fall besser belegen als an Chile. Vor Nicaragua unter Daniel Ortega in den 80er-Jahren und Venezuela unter Hugo Chávez ab 1999 war Chile unter Salvador Allende Anfang der 70er-Jahre mit Sicherheit das Land mit dem größten kubanischen Einfluss, worauf Fidel eine ungeheure Energie und beträchtliche Mittel verwendet hat. Natürlich stand ich während der entscheidenden Jahre der Regierung der Unidad Popular (UP) von Salvador Allende (1970–1973) noch nicht direkt im Dienst von Fidel, aber da ich später den Rotbart, der ständig im Präsidentenpalast unterwegs war, und »Chomy« (José Miguel Miyar Barruecos, den Privatsekretär von Fidel) mit dem *Comandante* oft über Chile reden hörte, war mir die Geschichte letztlich so vertraut, als hätte ich sie selbst, Seite an Seite mit ihnen, erlebt.

Zunächst einmal muss eines klargestellt werden. Auch wenn dies immer wieder von vielen Leuten behauptet und nachgebetet wird: Allende war nicht »Castros Mann«, er war auch nicht sein Geschöpf. Ganz im Gegenteil, der Aufstieg von Allende passte Fidel nicht wirklich ins Konzept. Da der Chilene auf demokratischem Weg an die Macht gekommen war, zeigte er auch, dass es für die lateinamerikanische Linke eine Alternative zum bewaffneten Kampf gab: die Wahlen. Die wahren Zöglinge von Fidel waren Miguel Enríquez, Generalsekretär der Bewegung der Revolutionären Linken (MIR), und Andrés Pascal Allende, Mitbegründer dieser radikalen Bewegung und zudem Neffe des Präsidenten. Diese beiden jungen, teilweise in Kuba ausgebildeten Marxisten stellten für Fidel die Inkarnation der eigentlichen Zukunft Chiles dar.

In Anbetracht dieser Konstellation war Fidels Taktik einfach und zugleich machiavellistisch wie immer. Sie sah so aus, dass man das Bild dieser beiden Hoffnungsträger in der chilenischen Jugend positiv verstärken und weiter verbreiten sollte. Mittel- oder langfristig war es das Ziel des *Comandante,* der stets die Zukunft im Blick hat wie ein mehrere Züge im Voraus denkender Schachspieler, sie als die fraglosen Führungspersönlichkeiten von Chile darzustellen. Es galt lediglich den Tag abzuwarten, an dem die Umstände es dem einen oder anderen ermöglichen würden, die Nachfolge von Allende anzutreten. Auf diesem Wege hätte Kuba mit ein wenig Geduld dann einen bedingungslosen Verbündeten in Santiago de Chile.

Einstweilen drangen die kubanischen Geheimdienste in das Umfeld von Salvador Allende ein und unterwanderten es. Zunächst rekrutierten sie den Journalisten Augusto Olivares, der damals Presseberater des Präsidenten und Leiter des staatlichen Fernsehsenders war. Laut Rotbart war Olivares, der den Beinamen *El Perro* (»der Hund«) trug, »unser bester Informant« in Santiago. »Dank seiner wusste Fidel stets als Erster, was im Innern der Moneda[6] geschah. Manchmal sogar vor Allende selbst!«, rühmte sich Piñeiro oft.

Außerdem brachten die Kubaner Beatriz Allende, eine der drei Töchter des Präsidenten, auf ihre Seite. Diese heiratete sogar einen in Santiago de Chile aktiven castristischen Agenten. Man mag darüber denken, was man will, in jedem Fall war sie es, die ihren Vater davon überzeugte, mit den Polizeibeamten der Präsidentengarde zu brechen, die er von der vorherigen Regierung übernommen hatte, und sie durch eine neue, informellere Eskorte zu ersetzen. Diese setzte sich aus militanten Linken zusammen und wurde die Gruppe der persönlichen Freunde (GAP) getauft. In ihren Reihen befanden sich zwei berühmte kubanische Agenten: die Zwillingsbrüder Patricio und Tony de la Guardia.

Wie dem auch sei, der Staatsstreich von General Augusto Pinochet am 11. September 1973 machte die gesamte Arbeit des DGI, des staatlichen Auslandsgeheimdienstes, zunichte. Augusto Olivares, der Presseberater, beging am Tag des Putsches beinahe zeitgleich mit Allende in der Moneda Selbstmord. Miguel Enríquez, der Generalsekretär des MIR, wurde im Jahr darauf von der Polizei erschossen. Seinem Komplizen Andrés Pascal Allende hingegen gelang die Flucht nach Kuba, wo er heute noch lebt. Und Beatriz Allende, die ebenfalls nach Havanna geflohen war, nahm sich dort 1977 das Leben.

Aber das Interesse des *Comandante* für die chilenische Sache erlosch mit dem Tod Allendes und der Errichtung einer Diktatur der extremen Rechten in Santiago keineswegs. Denn zum Zeitpunkt der Machtergreifung durch Pinochet befanden sich Hunderte von Chilenen auf Kuba, wo sie Agrarwissenschaft, Medizin oder Ingenieurswesen studierten. Nun saßen sie in Havanna fest, und da schlug Fidel ihnen vor, zusätzlich politisch-militärische Kurse zu besuchen und den praktischen Teil im Ausbildungscamp von Punto Cero de Guanabo zu absolvieren. Dort trafen sie rasch mit anderen Landsleuten der revolutionären Linken aus Chile zusammen, die sich nach Kuba ins Exil geflüchtet hatten. Unter diesen neu rekrutierten Procastristen war Juan Gutiérrez Fischmann, alias *El Chele* (»der Blonde«). Er war der Sohn eines bolivianischen Architekten und einer Chilenin, lebte bereits auf Kuba und hob sich in mehrfacher Hinsicht von den übrigen Exilanten ab. Vor allem seine Heirat mit Mariela Castro, einer Tochter von Raúl, im Jahr 1983 brachte ihn in unmittelbare Nähe der Macht. Sie bekamen ein gemeinsames Kind, ließen sich aber ein paar Jahre später wieder scheiden. Im gleichen

Jahr trat »der Blonde« in Havanna als Mitbegründer der Frente Patriótico Manuel Rodríguez (FPMR) in Erscheinung. Diese linksgerichtete Guerillabewegung verübte im Jahr 1986 unter der Schirmherrschaft von General Alejandro Ronda Marrero und Offizieren der *Tropas* das spektakuläre, aber gescheiterte Attentat auf Pinochet. Lange Zeit wurde »der Blonde« von Interpol gesucht (seine Verbrechen sind allerdings seit 2009 verjährt), denn er war an verschiedenen Attentaten beteiligt und auch an Entführungen von Politikern der extremen Rechten in Chile. So war er im Jahr 1991 auch in die Ermordung des Senators und Ex-Beraters von Pinochet, Jaime Guzmán, verwickelt. Heute lebt der ehemalige Guerillero Juan Gutiérrez Fischmann in Havanna, auch wenn das castristische Regime, an dessen Spitze mittlerweile sein Ex-Schwiegervater Raúl steht, dies leugnet.

★

So wie die Chilenen kamen ganze Generationen von Lateinamerikanern nach Havanna, um dort Ratschläge oder Befehle entgegenzunehmen. Das ist nicht weiter erstaunlich, denn für die südamerikanischen Guerilla-Bewegungen – wenn nicht gar für die radikalen Linken in aller Welt – stellt Fidel Castro ein Modell dar, dem es nachzueifern gilt. Er ist gleichermaßen Wegweiser, Anführer und Mentor. Denn klar ist: Niemand besitzt so große Erfahrung aus so vielen Jahren wie er.

Sein Curriculum vitae sucht in Lateinamerika wahrlich seinesgleichen. Im Jahr 1959 besiegt er eine Diktatur, er fügt den Vereinigten Staaten von Amerika eine in dieser Form noch nie da gewesene Demütigung zu (in der Schweinebucht im Jahr 1961), und schließlich bringt er die ganze Welt während der Kubakrise 1962 an den Rand eines Atomkrieges. Castro hat elf amerikanische Präsidenten überdauert und den

Ausgang von mindestens zwei historischen Ereignissen des Kalten Krieges entscheidend mitgestaltet, wie man noch sehen wird: die sandinistische Revolution in Nicaragua im Jahr 1979 und den Angolakrieg während der 70er- und 80er-Jahre.

★

Ob es einem nun gefällt oder nicht, Fidel Castro ist die einflussreichste politische Gestalt in der Geschichte Lateinamerikas, gleich hinter den *Libertadores* Simón Bolivár (1783–1830) und José de San Martin (1778–1850), den symbolträchtigen Helden der südamerikanischen Unabhängigkeit. Um die Ausstrahlung und den Einfluss Castros auf die lateinamerikanische Linke zu ermessen, muss ich eine – bislang unbekannte – Begebenheit zur Sprache bringen, deren Zeuge ich im Palacio de la Revolución wurde und die die ungeheure Nähe zwischen Fidel und der kolumbianischen Guerilla unter Beweis stellt. Aber dafür muss ich zunächst die Entstehung einer der eigenartigsten Guerillabewegungen des Kontinents schildern: Es geht um die Bewegung des 19. April (M-19), die sich im Jahr 1970 in Kolumbien als Reaktion auf eine manipulierte Präsidentenwahl gründet und nach deren Datum benannt wird.

Zwischen dem 15. und 17. Januar 1974 werden in den Zeitungen Werbeanzeigen veröffentlicht, die auf rätselhafte Weise ein bedeutendes Ereignis ankündigen. In *El Tiempo*, der wichtigsten Tageszeitung in Bogotá, heißt es etwa: *»Parásitos? Gusanos? Falta de memoria? Inactividad? Y viene M-19!«* (»Ungeziefer? Würmer? Gedächtnisverlust? Inaktivität? M-19 eilt zu Hilfe!«) In der Öffentlichkeit schießen wilde Spekulationen ins Kraut. Manche Leser glauben gar, es sei von einem neuen Wunderheilmittel die Rede, das nur in den Apotheken zu haben sei …

Dann raubt am Abend des 17. Januar 1974, als die nationalen Museen und Gedenkstätten gerade geschlossen werden, ein bewaffnetes Kommando das Schwert des *Libertador* aus der Quinta de Bolívar in Bogotá, dem Haus, in dem der Befreier Großkolumbiens nach der Unabhängigkeit ein paar Jahre lebte. Darin befindet sich heute ein kleines Museum. Bevor sie sich aus dem Staub machen, hinterlassen die Guerilleros mit Farbe ihre Signatur auf den weißen Wänden: »M-19«. Die Guerillagruppe schlägt damit der Polizei ein Schnippchen, was ihr gehörige Publizität einbringt und einen riesigen Skandal entfacht. Ihre Besonderheit liegt darin, dass es sich um eine städtische und intellektuelle Guerilla handelt. Das unterscheidet sie von den Bewegungen FARC und ELN, den beiden anderen Rebellenorganisationen Kolumbiens, die auf dem Land entstanden sind.

Der Raub des Schwertes von Simón Bolívar gab – gelinde gesagt – reichlich Anlass zu Gerede: Siebzehn Jahre lang, nämlich bis ins Jahr 1991, versuchten kolumbianische Journalisten vergeblich, die heilige Reliquie ausfindig zu machen, ohne ihr jemals auf die Spur zu kommen. Aber schon Jahre zuvor, eines schönen Tages anno 1980, während ich als Wachposten im Vorzimmer von Fidels Arbeitszimmer stehe, wird gegen 17 Uhr Jaime Bateman im Palast der Revolution gemeldet, einer der Mitbegründer der M-19 und Drahtzieher bei der Planung und Durchführung des Schwertraubes. Und heute erwartet Fidel seinen Besucher nicht wie gewöhnlich aufrecht stehend in seinem Arbeitszimmer, sondern durchquert das Vorzimmer, um sich im Flur zu postieren. Sichtlich erwartungsfroh will er seinen Besucher bereits auf der Türschwelle empfangen. Gibt es einen Anlass, der tatsächlich so außergewöhnlich ist? Allerdings. Nach einer Minute entsteigt Jaime Bateman dem Aufzug am anderen Ende des Flurs und kommt in Begleitung von Manuel Piñeiro auf uns zu. In seinen Händen trägt er einen langen, in ein schlichtes Stück schwarzen Stoff eingehüllten Gegenstand.

Eine feierliche Atmosphäre liegt in der Luft. Jaime Bateman ist im Besitz des sechs Jahre zuvor gestohlenen Schwertes von Simón Bolívar. Unter unseren staunenden Blicken schlägt er den Stoff zurück, legt das Schwert waagerecht auf seine Hände und präsentiert dem *Máximo Líder* die »heilige« Waffe, das Excalibur Lateinamerikas.

»*Comandante*, das ist das Schwert des *Libertador*, das wir aus dem Museum entwendet haben, um es in bessere Hände zu legen«, sagt der kolumbianische Guerillero mit bewegter Stimme. »Nehmen Sie es in Ihre Obhut bis zu jenem Tag, an dem wir es wieder zurückgeben können ...«

»*Compañero*, ab jetzt bin ich der Hüter des Schwertes«, erwidert Fidel und sieht sein Gegenüber fest an.

Dann bittet der *Comandante* uns in sein Arbeitszimmer, Bateman, den Rotbart, seinen Leibarzt Eugenio Selman und mich. In diesem Augenblick wissen also nur wir fünf, dass sich Bolívars Reliquie hier in Havanna, in Fidels Händen befindet. Er wird es zwölf Jahre lang behalten, irgendwo in seinem Arbeitszimmer oder in seinem daran angrenzenden Privatgemach, ohne dass irgendjemand sonst davon erfährt.

Fast ein Jahrzehnt vergeht, bis im Jahr 1989 die Bewegung M-19 die Waffen niederlegt, um künftig regulär am politischen Leben teilnehmen zu können. Aber die kolumbianische Regierung stellt im Gegenzug für dieses Zugeständnis eine Bedingung: Die Guerillaorganisation muss das Schwert zurückgeben. So erscheint wie seinerzeit Jaime Bateman, der Fidel das Schwert anvertraut hatte (und 1983 verstorben war), ein anderes führendes Mitglied des M-19, Arjaid Artunduagá, um es im Januar 1991 wiederum aus den Händen des *Comandante* entgegenzunehmen und heimlich nach Bogotá, also gewissermaßen nach Hause, zu bringen. Nach siebzehnjähriger Abwesenheit – davon zwölf Jahre im Arbeitszimmer von Fidel! – wandert es nun in einen streng gesicherten Tresor der Banco de la República von Kolumbien, während im Bolívar-Museum bloß noch eine Replik ausgestellt wird.

Seither ist der Raub des Schwertes von Simón Bolívar immer wieder gerne von der Presse aufgegriffen worden: Kolumbianische Zeitungen haben wiederholt behauptet, dass sie nun anhand »exklusiver Zeugenaussagen« endlich »enthüllen« würden, was tatsächlich während der siebzehnjährigen Abwesenheit mit der Reliquie geschehen sei. Selbst frühere Mitglieder der kolumbianischen Guerilla äußerten sich zu diesem Thema. Im Jahr 2013, neununddreißig Jahre nach dem Ereignis, das eine solche Verwirrung in Kolumbien gestiftet hatte, habe ich Antonio Navarro Wolff, eine der damaligen Führungspersönlichkeiten des M-19 und später Senator seines Landes, ohne genauere Ausführungen erklären hören, dass »die Kubaner« das Schwert damals in Obhut genommen hätten. Den Namen von Fidel Castro erwähnte dieser Exguerillero, der ganz sicher die Wahrheit kannte, mit keiner Silbe, um das Bild des *Máximo Líder* nicht zu beschädigen. Dieser durfte auf keinen Fall in einem Atemzug mit einem gewöhnlichen Einbruch in einem fremden Land genannt werden.

Dieses Beispiel führt eindrücklich vor Augen, welch ungeheure Anerkennung die kolumbianische Guerillabewegung Fidel Castro zollt und zu welcher Loyalität sie sich ihm gegenüber verpflichtet fühlt. Dies gilt weit über die kolumbianischen Landesgrenzen hinaus auch für einen großen Teil der Linken in ganz Lateinamerika, selbst lange Zeit nachdem sie die Waffen niedergelegt haben.

★

El Comandante hat jedoch zugleich auch eine Rolle in Nordafrika und dem Nahen Osten gespielt. Seit den Anfängen der Revolution hat er seine Netze in diesen beiden Regionen der

konspirativ gegen Spanien vorgehen. Fidel seinerseits verpflichtet sich, die Aktivitäten dieser militanten Kämpfer zu kontrollieren und Spanien über jeglichen Verstoß gegen die vereinbarten Vorschriften zu informieren.

Das Dumme ist nur, dass es zu Fidels zahlreichen »Talenten« zählt, ohne jede Scham lügen zu können ... Später beteuert der *Comandante* angesichts der immer stärkeren Zweifel der spanischen Regierung, dass die Basken »nie kubanisches Gebiet für Aktivitäten dieser Organisation weder gegen Spanien noch gegen ein anderes Land verwendet« hätten. Er präzisiert sogar, dass »Kuba gewissenhaft den Geist jenes Abkommens« respektiere. Nun hat Havanna damals aber nicht nur weitaus mehr Basken aufgenommen, als Madrid ahnt, die ins Exil verbannten *Etarras* sind in Wahrheit alles andere als zurückhaltend und kollaborieren aktiv mit dem castristischen Regime, indem sie ihr Know-how in Sachen Terrorismus hier einbringen. Außer in ihrer Kunstfertigkeit im Umgang mit Sprengstoff unterweisen diese Experten der Großstadtguerilla Fidels Offiziere auch in den Techniken des Kidnapping und der Beschattung sowie umgekehrt in Methoden, sich einer Beschattung zu entziehen.

Das ist jedoch noch nicht alles. Die *Etarras* dienen auch als geheime Gesandte in Lateinamerika. Wenn der *Comandante* einer seiner Kontaktpersonen auf dem Kontinent heimlich eine Botschaft zukommen lassen will, setzt er gern einen baskischen Boten ein, der einen Gewerkschaftler, einen Politiker oder einen führenden Guerillero aufzusuchen hat. Dieser Baske trägt dann einen kubanischen Pass bei sich, gibt sich aber vor Ort als Spanier aus, der dann längst nicht so leicht auffliegt wie ein Kubaner mit seinem unverwechselbaren Akzent.

Im Jahr 1993 beschließt Fidel eines Tages, sich in das »Protokollhaus« Nr. 1 der *Tropas* zu begeben. An Bord der Mercedes-Kolonne brechen wir im Konvoi dorthin auf. Auf Kuba versteht man unter einem »Protokollhaus« eine Art Wohnhaus, das heimlich vom Regime benutzt wird, um dort vorübergehend Gäste, hohe Persönlichkeiten oder Spione, die auf der Insel zu Besuch sind, unterzubringen. Fidel schätzt sie, da sie ein höheres Maß an Vertraulichkeit garantieren als der Präsidentenpalast. Dort angekommen, lerne ich den Basken Jokin Gorostidi Artola kennen, eine Führungspersönlichkeit der ETA. Er leitet offiziell die Kommission, die für die deportierten Basken auf Kuba zuständig ist. Und er hat ganz offiziell den Auftrag, in Kontakt mit der Diaspora der baskischen Terroristen zu bleiben – unter dem Deckmantel des bereits erwähnten Abkommens zwischen der spanischen und der kubanischen Regierung.

Das Gespräch zwischen Jokin und Fidel findet im Wohnzimmer des Protokollhauses statt, das ganz in der Nähe von dessen Familiensitz liegt. Beide sprechen zunächst über das rege Kommen und Gehen der *Etarras* zwischen Kuba und Südamerika, obwohl dieses Abkommen einen solchen Verkehr untersagt. Dann wenden sie sich wirtschaftlichen Themen zu, denn Fidel will unbedingt, dass die Basken ihm dabei behilflich sind, das amerikanische Embargo zu umgehen: Anfang der 90er-Jahre herrschen schlechte Zeiten, und die wirtschaftliche Situation der Insel ist so verheerend, dass sogar ein Aufstand droht.

»Jokin, es ist sehr, sehr wichtig, dass du uns dabei hilfst, Unternehmen außerhalb von Kuba zu gründen«, beschwört Fidel ihn in seiner stets überzeugenden und beeindruckenden Art, wobei seine physische Präsenz ihr Übriges tut. »Das ist der entscheidende Punkt. Denn auf diesem Weg werden wir Produkte kaufen können, die wir durch diese grausame Blockade der Yankees nicht bekommen können.«

Jokin zeigt sich höchst verständnisvoll und gerne dazu bereit, Fidel behilflich zu sein, womit er sein offizielles Mandat natürlich überschreitet. Wie dem auch sei, bereits seit Langem kooperiert die ETA auf wirtschaftlicher Ebene heimlich mit Kuba. Seit Anfang der 80er-Jahre besitzt die baskische Untergrundorganisation mit Gadusmar ein Import-Exportunternehmen, das mit Fisch handelt. Dazu kommt noch eine Firma namens Ugao, die unter anderem Heizungskessel und Kunststoffrohre produziert und mindestens drei Tochterfirmen hat: eine in Venezuela, eine weitere in Bolivien und eine dritte in Panama. Letztere operierte unter dem Handelsnamen Kaidetarra, wenn meine Erinnerung mich nicht trügt – aber ich glaube, das tut sie nicht. Die Funktion dieser Firmen ist klar: Sie sollen gleichermaßen den baskischen Separatismus und die kubanische Revolution finanzieren helfen.

★

Vom spanischen Baskenland bis nach Palästina, von Chile bis nach Kolumbien mischt Fidel auf diese Weise unter der Hand mit, erteilt großzügig Ratschläge und lenkt die Guerillabewegungen aus der Ferne. Seine verrückte Hoffnung dabei ist es, ein weiteres Mal, wie schon im Jahr 1959 in seinem eigenen Land, den Lauf der Geschichte ändern zu können. Geduldig wie ein Schachspieler schiebt er seine Figuren hin und her, aber lange Zeit fährt er keinen entscheidenden Sieg ein. Dann jedoch, nach zwanzig Jahren Bemühungen, verzeichnet der *Máximo Líder* endlich einen Erfolg. Dreitausend Kilometer von Havanna entfernt spielt sich ein Remake der kubanischen Revolution ab: Managua, die Hauptstadt Nicaraguas, fällt in die Hände der Sandinisten, und ähnlich wie Batista zwei Jahrzehnte zuvor flieht der niederträchtige Diktator Anastasio Somoza überstürzt aus seinem Bunker, aus der Hauptstadt und aus diesem erschütterten Land. Die internationale Presse feiert den Triumph der Rebellen Zentralamerikas, die von zwei Brüdern angeführt werden: Daniel und Humberto Ortega. Aber niemand scheint darüber Bescheid zu wissen, welche Rolle Fidel hinter den Kulissen spielt. Niemand, bis auf uns – eine Handvoll seiner Minister und Generäle sowie seine Eskorte –, die von Fidels *war room* aus bereits seit mehreren Monaten die Entwicklung der Lage, das Erstarken der Rebellen und schließlich den Fall des letzten Diktators dieser Bananenrepublik verfolgten.

6

NICARAGUA, FIDELS ZWEITE REVOLUTION

»Sánchez, traeme un whiskycito, en las rocas!« (»Sánchez, bring mir einen kleinen Whisky on the rocks!«) Mitunter gehört auch so etwas zu meinem Job: Ich muss dem *Comandante* seinen Scotch zubereiten und servieren, wenn er allein in seinem Arbeitszimmer arbeitet. Er ist zwar kein großer Trinker wie sein Bruder Raúl, aber er trinkt jeden Tag. Er trinkt den Whisky mit Eiswürfeln oder in einem großen Glas mit Wasser gemischt, manchmal verlangt er aber auch einen »kleinen Whisky«, wie er sagt, das heißt dann ein kleines Glas ohne jeglichen Zusatz.

Als ich ihm an jenem Tag sein Getränk bringe, ist er gerade in die Lektüre des amerikanischen Nachrichtenmagazins *Newsweek* vertieft, denn er liest englische Texte ohne jegliche Probleme. Der Artikel schildert die Geschichte der Tyrannei der Somozas in Nicaragua.

Wir schreiben das Jahr 1979, und die Diktatur dieses kleinen Landes in Zentralamerika erlebt möglicherweise gerade ihre letzten Wochen. Seit mehr als vier Jahrzehnten hat der Clan um General Anastasio Somoza die Bevölkerung Nicaraguas schamlos ausgebeutet. Seit der Ermordung des ersten und heute zum Mythos gewordenen Guerillero Augusto César Sandino im Jahr 1934 regierte der Somoza-Clan Nicaragua, als sei das gesamte Land ihre *finca*, ihr Hof. Alles befand sich in ihrem Besitz: die Minen, die besten Böden, die Zementwerke, die Pasteurisierungsbetriebe, die Kaffeeplantagen, die Viehzucht, der Fischfang bis hin zu den Parkuhren in der Hauptstadt! Die von den amerikanischen Marines ausgebildete und trainierte Nationalgarde sorgte mit Schlagstöcken für Ordnung, und Washington hieß das gut. »Somoza ist vielleicht ein Hurensohn, aber er ist *unser* Hurensohn«, hatte Franklin D. Roosevelt einmal über den alten Anastasio Somoza gesagt, der, mit einer kurzen Unterbrechung, von 1937 bis 1956 als Diktator die Geschicke des Landes bestimmte und in der Bevölkerung seiner Leibesfülle wegen nur als *Tacho* (»Mülleimer«) tituliert wurde.

Als sein gleichnamiger Sohn (*Tachito*, »kleiner Mülleimer) 1967 sein indirekter Nachfolger wurde, unterstützte Washington auch diesen »Hurensohn« ohne weitere Bedenken. Im Jahr 1972 vergriff sich Anastasio II. auch noch an den internationalen Hilfsgeldern für die Opfer eines schweren Erdbebens, das in der Hauptstadt sechzigtausend Häuser zerstört und zwölftausend Menschen das Leben gekostet hatte. Ab diesem Zeitpunkt trat die sandinistische Guerilla deutlicher in Erscheinung. Bisher hatte sich ihre Aktivität auf die gebirgigen, wenig besiedelten Teile des Landes beschränkt. Diese paramilitärische Organisation war im Jahr 1961 gegründet worden, und zwar … in Havanna. Ihr Kürzel lautet FSNL: Frente Sandinista de Liberación Nacional, die Sandinistische Nationale Befreiungsfront.

Als Fidel seine Lektüre der *Newsweek* beendet und seinen *whiskycito* geleert hat, gibt er Pepín, dem Adjutanten, das Zeichen zum Aufbruch. Zehn Minuten später befinden wir uns im Aufzug, der von der dritten Etage direkt zur Parkgarage im Untergeschoss fährt, wo die Fahrzeuge der Eskorte startklar bereitstehen. Und kurz darauf gleitet unser Konvoi in die nächtliche Dunkelheit hinaus, die sich gerade über Havanna senkt. Ich liebe diese Stunden der Abenddämmerung, wenn die tropisch heiße Luft plötzlich kühler wird und das Leben mit einem Schlag auf die Straßen zurückkehrt. Gemächlich rollen wir zum Viertel El Laguito, wo sich die meisten sogenannten Protokollhäuser befinden, also jene Geheimunterkünfte des Regimes. Sie liegen ganz in der Nähe der Einheit 160 und auch nicht weit entfernt vom Haus des Schriftstellers Gabriel García Márquez. An unserem Ziel angelangt, parken wir vor dem Protokollhaus Nummer 14, in dem uns die Anführer der nicaraguanischen Revolution erwarten – oder vielmehr: in dem sie Fidel erwarten.

Es ist ein Haus mit Schwimmbad, wie die meisten anderen Protokollhäuser auch. Als wir eintreten, sitzen die Nicaraguaner in Ledersesseln in loser Runde um einen niedrigen Wohnzimmertisch herum. Wie ein Mann erheben sie sich, als Fidel den Raum betritt. Mit seinen 1,90 Metern wirkt er neben den *nicas*, die im Allgemeinen von eher kleiner Statur sind, beinahe wie ein Riese. Die Nicaraguaner sind keineswegs zum ersten Mal in Havanna, und deshalb kenne ich jeden von ihnen. Alle zukünftigen Helden der sandinistischen Revolution sind anwesend: Tomás Borge, der gedrungene Vierzigjährige und damit der Älteste in dieser Gruppe. Die übrigen Männer sind alle etwa dreißig Jahre alt: Henry Ruiz alias »Modesto«, ein Mathematiker, der bereits durch seine Taten als Guerillakämpfer in die Geschichte eingegangen ist; Bayardo Arce, ein Journalist, der die Rebellen in der Region von Matagalpa anführt; Jaime Wheelock, Enkel eines amerikanischen Geschäftsmannes, der in Chile unter Allende Jura und Volkswirtschaft studiert hat; Carlos Núñez, trotz oder wegen seines jugendlichen Alters der Radikalste von allen; und schließlich die Brüder Daniel und Humberto Ortega, die schon bald Präsident bzw. Verteidigungsminister der Republik Nicaragua sein werden. Bevor wir den Raum betreten, erinnert mich Fidel daran, die Unterredung wie üblich aufzunehmen. Je nachdem wird eine solche Aufzeichnung heimlich oder ganz offen, vor den Augen aller Teilnehmer, vorgenommen. In diesem Fall stelle ich also das kleine Tonbandgerät sichtbar auf den Wohnzimmertisch und wechsle die Kassetten immer dann, wenn es erforderlich ist. Ansonsten ziehe ich mich so unauffällig wie möglich in eine Ecke des

Raumes zurück, ohne jedoch im Geringsten mit meiner Aufmerksamkeit von der Unterhaltung abzuschweifen.

Wie schon bei den Treffen zuvor zieht sich die Unterredung endlos in die Länge und dauert bis etwa 4 Uhr morgens. Für Fidel, der ein Nachtschwärmer ist, bedeutet es nichts Ungewöhnliches, ein Gespräch um 19 Uhr abends zu beginnen und erst in der Morgendämmerung zu beenden. Während der Unterredung beobachte ich, dass der *Máximo Líder* Jaime Wheelock eine besondere Wertschätzung entgegenbringt. Dieser hebt sich von den übrigen durch seine eloquente Ausdrucksweise ab. Mein eigenes Augenmerk gilt dagegen besonders Kommandant Humberto Ortega, vermutlich, weil ich spüre, dass dieser Mann durch und durch ein Militär ist. Fidel lässt sich über die neuesten Nachrichten aus dem »Terrain« unterrichten, nachdem die erste große Offensive gegen Somoza im zurückliegenden September gescheitert war. Aufgrund mangelnder Koordination hatte dieser Volksaufstand nicht den erhofften Erfolg gebracht. Im Gegenteil, die zehntausend Soldaten der Nationalgarde hatten ihn gnadenlos niedergeschlagen und waren an manchen Stellen sogar nicht davor zurückgeschreckt, Zivilisten mit dem Bajonett zu ermorden. Am Ende waren fünftausend Tote zu beklagen.

Jetzt muss man sich reorganisieren. Und der *Comandante* setzt alles daran, die Rebellen davon zu überzeugen, dass sie sich einig sein müssen. »Compañeros, die unumschränkte Einigkeit ist die unverzichtbare Bedingung, um unsere Ziele zu erreichen«, beschwört er sie. Nun ist die kollegiale Führung der FSLN jedoch in drei verschiedene Strömungen oder *tendencias* gespalten. Die Tendenz des verlängerten Volkskriegs ist die älteste Ausrichtung. Sie wird repräsentiert von Tomás Borge, Henry Ruiz und Bayardo Arce, die allesamt Verfechter einer »ländlichen Guerilla« sind. Die Marxisten Jaime Wheelock und Carlos Núñez Tellez gehören

Mit Fidel in seiner Jacht Aquarama II, das größte Schiff seiner privaten Flotte. Nur wenige Minuten später gehen wir auf Tauchgang, um in dem Gewässer rund um Fidels privater Insel Cayo Piedra Fische zu fangen.

Bis zur Veröffentlichung dieses Buchs war die Insel Cayo Piedra ein Staatsgeheimnis. Das Privatparadies im Süden der Schweinebucht (21°57‘53“N-81°07‘04“), das sich seit 1961 in Fidel Castros Besitz befindet, ist den Kubanern völlig unbekannt. Ich war Hunderte Male dort.

1975 im Kreis meiner Familie, mit Aliette (6 Jahre), Ernesto (4 Jahre) und meiner Frau Mayda.

Etwa 1990 bei Fidel in Punto Cero. Ich gratuliere ihm zu einer Auszeichnung, die er bekommen hat. Rechts: Ambrosio Reyes Betancourt, einer der »Blutspender«.

In Nicaragua, Juli 1980, mit den sandinistischen Kommandanten Jaime Wheelock (rechts im Bild) und Daniel Ortega (rechts von Fidel). Hinter Letzterem: der Chef der Eskorte, Domingo Mainet (im Drillich) und der Kopf der PCC Julio Camacho Aguilera (im weißen Hemd). In Himmelblau: ich selbst.

Fidels beide Schnellboote, die Pionera I und II, nebeneinander, um 1980. Es werden Vorbereitungen zu einer nächtlichen Unterwasserjagd mit Kameramann und Beleuchter diskutiert. Ich in der braunen Kombination.

Auf Cayo Piedra, der geheimen Insel, Fidel mit seinem Freund Gabriel García Márquez, 1983. Links: die Aquarama II, Fidels Jacht. Rechts: die Pionera I. Im Hintergrund: das schwimmende Restaurant.

Mit Maurice Bishop, dem Premierminister von Grenada, und Juanita Vera, Fidels Dolmetscherin und Geliebte, in Cienfuegos (Kuba), 1983. Ganz rechts: ich selbst, mit Schirmmütze.

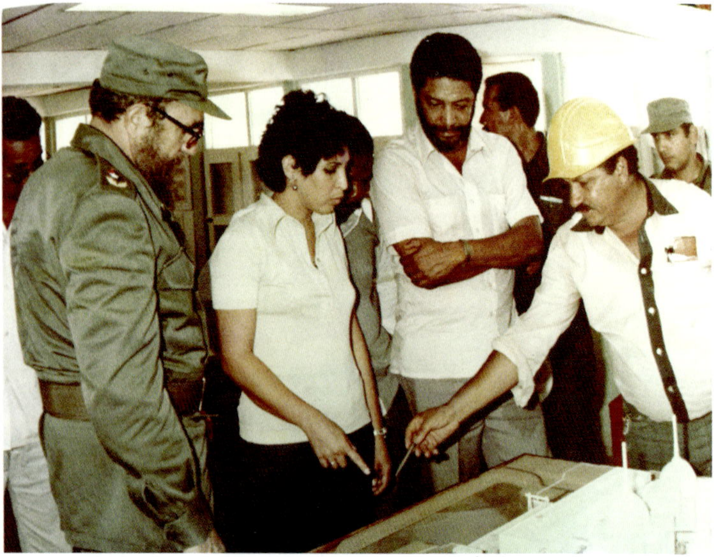

Fidels Geburtstag auf dem Gelände der Einheit 160, in Anwesenheit des Nicaraguaners Humberto Ortega (rechts von Fidel, mit Oberlippenbart und Brille), seines Freundes Núñez Jiménez (links auf dem Bild, mit Bart und im weißen Hemd), des Chefspions Manuel Piñero alias Barbaroja (neben dem Präsidenten, mit Bart und im blauen Hemd), seines Bruders Raúl (hockend, mit Bart und weißem Hemd) und mir selbst, ebenfalls hockend, im Drillich (dritter von rechts).

Ein anderer Geburtstag von Fidel, diesmal in Punto Cero. Ich greife gerade nach der Libreta in meiner Hemdtasche, um den Namen des algerischen Weins zu notieren (links im Bild).

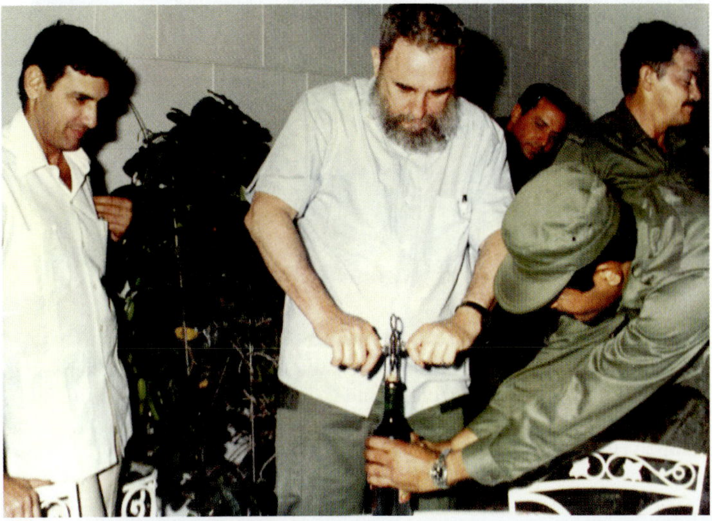

Im Empfangsraum des Palastes der Revolution, im September 1991, während eines Besuchs von Manuel Fraga, dem Präsidenten der Autonomen Region Galicien (Spanien), in der Fidels Vater auf die Welt kam.

Vor dem 1986 in Harare (Simbabwe) gekauften Haus, in der Hand den Koffer mit Bargeld. Der Luftschutzraum befindet sich dort, wo hinten links im Bild ein Wachmann steht. Gleich daneben liegt Fidels Zimmer. Neben mir, in der braunen Hose: Leibwächter Jaime González Hernández.

In der Iljuschin des Präsidenten, auf dem Rückweg von Ecuador, 1988. Hockend, gleich hinter Fidel: ich. Rechts von mir: Fidels Doppelgänger Silvino Álvarez, ungeschminkt und in dunkler Jacke. Ganz vorne mit dem Rücken im Bild: Minister José Abrantes. Links von Fidel: unser Botschafter in Quito (mit Bart). Hinter ihm: Dr. Selman, der Leibarzt (mit Oberlippenbart). In der Mitte, im hellblauen Kittel: der Pfleger. Die anderen sind Leibwächter.

In Ecuador, August 1988, mit einer Journalistin, die um ein Autogramm bittet. Wir befürchteten ein Attentat mit einem vergifteten Kugelschreiber, ich greife ein, um Fidel den Stift der Journalistin aus der Hand zu nehmen.

In Spanien 1992, vor dem Hotelausgang. Links: der Sicherheitschef der kubanischen Regierung, General Humberto Francis Pardo. In der Mitte: ich selbst.

Fidel und ich im Hotel Camino Real in Guadalajara (Mexiko), im Juli 1991.

der Tendencia Proletaria an: Seit der Spaltung der FSLN im Jahr 1973 liegt ihr vorrangiges Interesse darin, die Studenten und Arbeiter in den Städten auf die Seite der aufständischen Landbevölkerung zu bringen. Dritte Kraft ist schließlich die Tendencia Insurreccional, die Aufstandstendenz. Diese *terceristas* bilden die wichtigste und größte Gruppierung, sind am besten organisiert und vernetzt, am finanzstärksten und am wenigsten dogmatisch. Sie verfügen über fünftausend bewaffnete Männer unter der Führung der Ortega-Brüder.

Aufgrund seiner langjährigen Erfahrung erkennt Fidel besser als jeder andere, dass diese Gruppierung die Aussicht auf einen raschen Sieg verspricht. Deshalb legt er, nachdem er sich alle Meinungen angehört hat, seine Sichtweise dar, beleuchtet die Lage von allen Seiten, beschwört das Beispiel aus der Sierra Maestra, erörtert ausführlich die politischen Aspekte und die militärischen Vorteile seiner eigenen Konzeption. Mehr und mehr gewinnt der »Schlangenbeschwörer« Einfluss auf seine Zuhörerschaft, bis er sie am Ende von seiner Sichtweise überzeugt hat.

Wie entscheidend die Intervention Fidels bei diesem Unternehmen war, haben die Historiker bislang nicht richtig einzuschätzen vermocht. Sie haben zwar über die finanzielle Hilfe Venezuelas und Costa Ricas für die Rebellen geschrieben, aber über die Rolle des kubanischen Präsidenten haben sie nur sehr unzulänglich berichtet. Ohne seine Überzeugungskraft hätten sich die Protagonisten der drei Strömungen niemals so schnell auf ein gemeinsames Vorgehen verständigt. Der Beweis dafür? Da es Fidel trotz intensiver Bemühungen nicht gelang, eine solche Einigung zwischen Schafik Handal und Joaquín Villalobos, den Führern der beiden konkurrierenden salvadorianischen Guerillaorganisationen, herbeizuführen, obwohl er auch diese beiden zu jener Zeit regelmäßig in Havanna zu Unterredungen traf, schafften es die Aufständischen dieses mittelamerikanischen Staates in dem langen und blutigen Bürgerkrieg von 1979 bis 1992 nicht, die dortigen Machtinhaber zu stürzen.

★

Nachdem die Sandinisten die Unterzeichnung ihres Burgfriedens im März 1979 öffentlich gemacht haben, starten sie im Juni ihre »finale Offensive« und setzen neun Monate nach dem Scheitern des ersten Aufstandes erneut zum Sturm an. Dieses Mal erfasst er das ganze Land. Im Norden des Landes verschieben sich die Fronten täglich. In Arbeitervierteln bilden sich Widerstandsnester. Im Süden, seit Monaten das Rückzugsgebiet der Guerilla, dehnen die Rebellen ihren Zugriff immer weiter aus und marschieren schließlich in Richtung Managua, das aufgrund eines unbefristeten Generalstreiks seit dem 4. Juni lahmgelegt ist. Überall kommt es jetzt zu spektakulären Anschlägen und Sabotageakten der Aufständischen. Brücken werden gesprengt. Die Panamericana, die Nicaragua von Norden nach Süden durchquert, wird unterbrochen. Die Rebellenarmee zählt eintausend freiwillige »Internationalisten« in ihren Reihen sowie eine beachtliche Anzahl kubanischer »Berater«. Dennoch kostet es fünfzehntausend Tote und dreißigtausend Verletzte (in einem am Boden liegenden Land von kaum einmal zwei Millionen Einwohnern!), bis die Hauptstadt von den Rebellen eingenommen werden kann. Am 19. Juli 1979 verlässt Somoza seinen Bunker und flieht ins goldene Exil nach Miami – in Begleitung seiner Papageien und seines siebzigköpfigen Gefolges.

Vierzehn Monate später kommt Somoza, der nun in Asunción in Paraguay weilt, wo ihm der dortige Tyrann Alfredo Stroessner politisches Asyl gewährt hat, im Alter von

55 Jahren bei einem aufsehenerregenden Attentat ums Leben. Argentinische, in Kuba durch die Ausbilder des Campus in Punto Cero de Guanabo geschulte Guerilleros jagen sein Fahrzeug mit Raketenwerfern auf offener Straße in die Luft, als er darin sein Domizil verlässt …

★

Zu dieser Zeit genießt Fidel seinen Sieg: Nach zwei Jahrzehnten unermüdlicher Bemühungen ist es ihm endlich gelungen, seine Revolution über die Landesgrenzen hinauszutragen. Zunächst übernimmt eine sandinistische Junta die Regierung, bis im Jahr 1984 Daniel Ortega zum Präsidenten gewählt wird, der zuvor bereits »Koordinator« der Regierungsjunta gewesen war. Sein Bruder Humberto wird zum Verteidigungsminister des sandinistischen Volksheeres ernannt, Tomás Borge zum Innenminister, Jaime Wheelock zum Landwirtschaftsminister und Henry Ruiz erst zum Planungsminister, später dann zum Minister für internationale Zusammenarbeit. Bayardo Arce wird Koordinator der Politischen Kommission der nationalen Führung der Sandinisten und Carlos Nuñez Tellez erster Präsident der Nationalversammlung.

Die Bilder der jubelnden Menge in Managua rufen Fidel unweigerlich seinen eigenen Triumph zwanzig Jahre zuvor in Havanna in Erinnerung. Von Kuba aus steht er der sandinistischen Junta unter der Hand weiterhin mit Ratschlägen zur Seite. Um in Washington nicht noch mehr Misstrauen und Verärgerung zu wecken, hält er sich jedoch äußerst bedeckt, wie jeder Geheimagent, der etwas auf sich hält. Er wartet sogar ein ganzes Jahr, bevor er Nicaragua einen Besuch abstattet, jenem Schauplatz eines seiner strahlendsten Erfolge.

★

Zwölf Monate später fliegen wir also in der Präsidentenmaschine nach Managua, an Bord sind neben Fidel und seiner gesamten Eskorte auch Manuel Piñeiro, der rotbärtige Meisterspion des Departamento América, und der kolumbianische Schriftsteller und spätere Literaturnobelpreisträger Gabriel García Márquez. Wir genießen den Landeanflug auf Managua. Durch den unerwarteten Blick auf die dortigen Vulkanformationen ist er ebenso aufregend wie faszinierend.

Der Besuch dauert eine Woche lang. Fidel hat beschlossen, das gesamte Land zu besuchen, wie er es zuvor schon in Chile unter Salvador Allende getan hatte. Überall will er »seinen« Sieg auskosten. Unsere Karawane macht in winzigen Dörfern ebenso halt wie in den großen Städten Estelí, León, Matagalpa, Granada, Rivas, Masaya. An einem Tag fahren wir sogar bis nach Bluefields an der Atlantikküste. Das bedeutet eine sechzehnstündige Autofahrt. Fidel lässt kein Bad in der Menge aus – und ich auch nicht, denn ich folge ihm ja stets auf Schritt und Tritt! Um mich nicht von der Menge abzuheben, habe ich meine kakifarbene Uniform gegen Zivilkleidung getauscht. So wirke ich wie ein Einheimischer.

Es ist eine Reise ohne jegliche Verschnaufpause und noch dazu voller Emotionen. An einem Tag besteigen wir den Vulkan Masaya, einen der aktivsten Vulkane des Landes, so weit nach oben wie möglich. Der Anblick des Lavasees auf dem Grund des Kraters ist umwerfend schön. Am nächsten Tag besuchen wir Granada am Ufer des Nicaraguasees, wo unsere Gastgeber die Bullenhaie (eine seltene Art von Haifischen, die in Süßwasser leben) anlocken, indem sie große Eimer hochroten Blutes in diese riesige Lagune kippen.

Aber die alles überragende Erinnerung ist die militärische Parade am ersten Jahrestag des Siegs der Sandinisten, dem 19. Juli 1980. Auch Carlos Andrés Pérez, der sozialdemokratische Präsident Venezuelas und Freund Fidels, ist gekommen.

Welt ausgebaut und gepflegt und die palästinensische Sache zu seiner eigenen gemacht. Zudem kommen zahlreiche palästinensische Studenten nach Kuba, um an den Universitäten Havannas Medizin zu studieren, während die Kämpfer der Palästinensischen Befreiungsorganisation (PLO) in den kubanischen Ausbildungszentren militärisch geschult werden.

Kuba ist nicht zuletzt eine Anlaufstelle für die von Fidels Feinden verfolgten Flüchtlinge. Im Laufe meiner Karriere im Dienste des *Comandante* habe ich beispielsweise erfahren, dass der Puerto-Ricaner Victor Manuel Gerena sich auf unserer Insel befindet. Er war eng mit den Macheteros verbunden, der geheimen Unabhängigkeitsbewegung Puerto Ricos, die die Eigenständigkeit der Insel und das Ende der US-amerikanischen Herrschaft erkämpfen will. Ab 1984 wurde er vom FBI gesucht, da ihm der bewaffnete Raubüberfall auf einen Geldtransporter des Finanzdienstleisters Wells Fargo vorgeworfen wurde. Zur gleichen Zeit – unter der Präsidentschaft von Ronald Reagan – floh auch Assata Shakur (eine Tante des verstorbenen Rappers Tupac Shakur) nach Kuba. Sie war in den Vereinigten Staaten des Mordes an einem weißen Polizisten angeklagt worden, den sie 1971 begangen haben sollte. Im Jahr 1979 konnte sie aus einem amerikanischen Hochsicherheitsgefängnis fliehen, lebte dann einige Jahre im Untergrund, bevor sie 1984 in Havanna landete, wo Fidel der berühmten einstigen Black-Panther-Aktivistin sehr zum Ärger des amerikanischen Kongresses politisches Asyl gewährte. Dort lebt sie noch heute.

★

Fidel nahm auch Beziehungen zu den baskischen Separatisten der ETA auf, die sehr häufig auf Kuba weilten und denen auch ich selbst oft begegnet bin. Die *Etarras*, wie die Mitglieder der ETA genannt werden, fühlten sich in Havanna wohl wie die Fische im Wasser. Fidel hieß sie mit offenen Armen willkommen. Sie wurden gewöhnlich im Gebäude des Departamento LC/26 der *Tropas* empfangen, das zuständig für die Stadtguerilla ist. Deren Hauptquartier befindet sich in der Straße 222, im Stadtviertel Coronela. Noch heute kann ich einige Namen von ihnen aufzählen: José Ángel Urtiaga Martínez, José Ignacio Echarte Urbieta, José Miguel Arrugaeta oder Miguel Ángel Apalategui mit dem Beinamen »Apala«.

Von den baskischen Separatisten der ETA haben wir sehr viel gelernt. Sie waren Meister in der Kunst, selbst konstruierte Bomben mithilfe einer Fernsteuerung zur Explosion zu bringen. Also forderte Fidel sie auf, die Spezialisten der *Tropas* darin zu unterrichten. Diese wiederum gaben ihre neu erworbenen Kenntnisse während der Lehrgänge im Ausbildungslager Punto Cero de Guanabo an die Guerilleros aus Kolumbien, Salvador oder Guatemala weiter. Auf dem Gelände des Ausbildungslagers befindet sich, wie bereits erwähnt, auch ein Steinbruch, der für Explosionsversuche vorgesehen ist. Genau hier haben die *Etarras* ihren berühmten Granatwerfer »Jotake« erprobt, eine Waffe, die sie später bei ihren Attentaten in Spanien verwendeten und die man dann auch in den Händen der FARC in Kolumbien fand.

In jener Zeit nimmt Castro ganz unmittelbar Einfluss auf alles, was mit der ETA zu tun hat. Nichts wird ohne seine Unterstützung unternommen. Im Jahr 1984 unterzeichnet Kuba im Rahmen von Verhandlungen, die eine Lösung für die Baskenfrage erbringen sollen, ein Abkommen mit der spanischen Regierung (an deren Spitze damals der Sozialist Felipe González steht) und Panama (das von Manuel Noriega regiert wird), das den *Etarras* politisches Asyl auf Kuba gewährt. Im Kern besagt dieses Abkommen, dass die Terroristen der ETA sich unter der Bedingung auf Kuba niederlassen können, wenn sie die Waffen niederlegen und nicht mehr

Ebenso haben sich Michael Manley und Maurice Bishop, die Premierminister Jamaikas und Grenadas, eingefunden. Und selbst der spanische Regierungschef Felipe González hat die Reise nicht gescheut. Auf der Tribüne der Ehrengäste stehe ich wie üblich in unmittelbarer Nähe von Fidel. Zu Beginn der Parade fahren Panzerfahrzeuge und Jeeps vorüber, dann folgen Fußtruppen der regulären Armee, bevor zum allgemeinen Erstaunen eine Gruppe junger – teilweise sogar sehr junger – freiwilliger Kämpfer auftaucht. Im Laufe meiner gesamten Karriere habe ich noch nie etwas Vergleichbares gesehen: Manche dieser *muchachos* sind vielleicht gerade einmal zehn Jahre alt; die Ältesten unter ihnen scheinen kaum mehr als fünfzehn Jahre alt zu sein. Insgesamt sind es ungefähr sechzig Jungen. Ihre Gewehre wirken zu groß und zu schwer für sie. Das Bild dieser überhaupt nicht zusammenpassenden Proportionen hat sich in mein Gedächtnis eingegraben. Noch heute, fünfunddreißig Jahre später, jagt mir der Gedanke an diese Kindersoldaten, die damals so alt wie meine eigenen Söhne waren, einen Schauer über den Rücken. Ich erinnere mich daran, dass ich auf der Tribüne heimlich aus dem Augenwinkel Fidels Reaktion beobachtet habe: In seinen Gesichtszügen zeigte sich keinerlei Regung.

★

Die Überraschungen nehmen jedoch noch kein Ende! Am selben Abend weisen die Sandinisten Fidel die bestmögliche Unterkunft in einer Wohnanlage zu, die noch vor Kurzem dem Somoza-Clan gehörte. Es handelt sich um acht oder zehn Häuser, die um ein Schwimmbecken herum angeordnet sind; Fidel wohnt selbstverständlich in dem größten dieser Häuser. Ein Zaun schützt das Gelände, das von dichtem Buschwerk und einem feuchten Waldstück umgeben ist, aus dem abends das rhythmische Quaken unzähliger Frösche erklingt. Ein militärischer Wachposten kontrolliert den Eingang zu dem Gelände. Dabei handelt es sich im Vergleich zu uns Kubanern, die wir alle bereits auf zwei Jahrzehnte Erfahrung zurückblicken können, ganz eindeutig um recht unerfahrene Soldaten.

An jenem Abend begibt sich Fidel gegen 20 Uhr in dieses traute Heim. Ich beginne sogleich damit, den Ort entsprechend zu sichern: Ein Soldat unserer Eskorte geht auf meine Anordnung hinter dem Haus des *Comandante* in Stellung; ich selbst nehme die wichtigste Position ein, vor der Haupteingangstür. Von dort aus weise ich vorschriftsgemäß den Konvoi der Fahrzeuge ein, damit sie jederzeit startklar in Position sind; abschließend führe ich eine allgemeine Inspektion durch, um zu überprüfen, ob die Wachposten der *nicas* korrekt, das heißt »ringförmig« um das gesamte Gelände herum verteilt sind. Dann kehre ich auf die Treppe vor dem Hauseingang zurück und will den Abend mit einem Schwätzchen mit einem sandinistischen Soldaten ausklingen lassen.

Plötzlich, peng! Ein Gewehrschuss hallt vom Waldrand herüber. Ein kurzer Moment der Stille folgt, dann ertönt ein zweiter Schuss: Peng! Sekundenbruchteile später bricht ein regelrechter Schusswechsel los. Peng! Peng! Peng! Peng! Takatakatakatak! Fünfzehn endlose Sekunden wird aus allen Richtungen geballert. Dann schreit jemand: »Feuer einstellen!« Die Schüsse hören auf. Unverzüglich versuche ich, die Lage auszukundschaften. Ich mache mich darauf gefasst, auf einen Toten oder einen in seinem Blut liegenden Verletzten zu stoßen. Aber rasch wird klar, dass ein reichlich nervöser Wachposten Angst bekommen hatte, als er das Rascheln von Zweigen vernahm, das lediglich eine vorüberspazierende Kuh verursacht hatte. Er begann zu schießen, was dann in einen allgemeinen Schusswechsel seiner Kollegen ausartete. Verblüfft – und zugleich amüsiert – über das amateurhafte

Benehmen der *nicas* kehre ich zu Fidel zurück, der bereits in der Tür steht und mich erwartet.

»*Sánchez, qué pasa?*«

»*Comandante*, es ist alles in Ordnung. Das war nur ein *nica*, der eine Kuh gefragt hat: ›Wer da?‹, und der es dann mit der Angst zu tun bekam, weil das Tier ihm keine Antwort gab, wie zum Beispiel: ›Menschenskind, das bin doch ich, die Kuh.‹ Da ballerte er los, und alle gerieten in Panik.«

Fidel brach in ein so schallendes Gelächter aus, wie ich es nur selten gehört habe.

★

Nach dieser Woche in Nicaragua kehren wir nach Kuba zurück, wo uns weitere Festlichkeiten erwarten, insbesondere der Nationalfeiertag, der dieses Jahr an den siebenundzwanzigsten Jahrestag des Sturms auf die Moncada-Kaserne am 26. Juli 1953 erinnert. Es bleibt mir kaum Zeit, um zu Hause vorbeizuschauen und meine Frau und meine beiden Kinder in die Arme zu schließen. Dann muss ich mich schon wieder auf den Weg in die Stadt Ciego de Ávila machen, die vierhundert Kilometer östlich von Havanna liegt. Vor der Bevölkerung, die die kubanischen Fahnen schwenkt, beginnt Fidel seine Rede mit folgenden Worten:

»*Compatriotas!* Die Welt verändert sich. Im letzten Jahr haben wir unseren Nationalfeiertag eine Woche nach dem großen Sieg der Sandinisten im Beisein vieler Kommandanten der nicaraguanischen Guerilleros begangen, die nach Kuba gekommen waren. *(Applaus)* In diesem Jahr ist die Beziehung zwischen unseren beiden Völkern genauso eng. *(Applaus)* Wir kehren gerade aus Nicaragua zurück. Deshalb müssen wir unbedingt auf dieses Land zu sprechen kommen. Man kann die weitreichende Bedeutung gar nicht hoch genug einschätzen und die Freude, die Begeisterung, den Optimismus und die Ergriffenheit kaum ermessen, dass sich nun endlich auch ein zweites Land Lateinamerikas vom Imperialismus befreit hat. *(Applaus)* Und mit Grenada kommt ein drittes Land hinzu. *(Applaus)* Jetzt sind wir schon zu dritt, die wir das Joch des Imperialismus radikal und endgültig abgeschüttelt haben. *(Applaus)*«

★

»Radikal?« Das stimmt. »Endgültig?« Das stimmt nicht ganz. Am 13. März 1979 stürzte der marxistische Führer Maurice Bishop fast ohne Gewaltanwendung das autoritäre Regime von Premierminister Eric Gairy, der Grenada seit der fünf Jahre zuvor von Großbritannien zugestandenen Unabhängigkeit regierte. Dank der ausgezeichneten persönlichen Beziehungen zwischen Maurice Bishop und Fidel Castro, der seinem Alter Ego Waffen, Ratschläge und militärische Unterstützung lieferte, geriet Grenada sofort in den Bannkreis Kubas. Aber im Jahr 1983 setzt die Invasion der amerikanischen Marines der kurzen revolutionären Erfahrung der Karibikinsel Grenada ein jähes Ende.

Was die sandinistische Revolution angeht, so wird sie sehr schnell durch Unstimmigkeiten korrumpiert. Schon 1980 prangert die Tageszeitung *La Prensa*, Sprachrohr der gemäßigten Opposition, das autoritäre Abdriften der Revolutionsregierung sowie die Einschränkungen der Pressefreiheit an. Auch die Kirche, die den Sandinisten anfangs wohlgesonnen war, geht auf Distanz. Der Einzug Ronald Reagans ins Weiße Haus zu Beginn des Jahres 1981 macht die Lage noch komplizierter. Als Antikommunist und Anticastrist setzt er die Wirtschaftshilfe aus, die die Regierung unter Jimmy Carter den Sandinisten gewährt hatte. Reagan hingegen sorgt heimlich für finanzielle Unterstützung der Contras. Diese Konterrevolutionäre setzen sich im Wesentlichen aus ehemaligen Mitgliedern der Nationalgarde des Somoza-Regimes zusammen. Hinzu kommt ein Teil der Landbevölkerung, die von der Revolution enttäuscht ist. Washington liefert das Geld und die Ausrüstung für immer häufigere Operationen und Übergriffe, die meist vom benachbarten Honduras aus gestartet werden. Ab 1982 und bis 1987 versinkt das Land in einem Bürgerkrieg mit über neunundzwanzigtausend Toten, der mit demjenigen vergleichbar ist, der in dem benachbarten El Salvador wütet und zwischen 1979 und 1992 mehr als hunderttausend Tote fordert.

Während eines ganzen Jahrzehnts herrscht in weiten Teilen von Zentralamerika Krieg. Es liefert den heißen Stellvertreterschauplatz des Kalten Krieges, in dem sich die Vereinigten Staaten auf der einen Seite und die Sowjetunion sowie Kuba auf der anderen gegenüberstehen.

Die Beteiligung Fidels an den Konflikten in Nicaragua und El Salvador spiegelt sich auch darin wider, dass er persönlich den über Kuba laufenden Waffenhandel überwacht, der seine Alliierten in diesen beiden Ländern unterstützen soll. Ohne mich in Details zu den heimlichen Lieferwegen oder zu den geschätzten Zahlen der in diesen Jahren über Havanna in Richtung Nicaragua verladenen Waffen zu verlieren, bin ich am Militärflughafen von Baracoa zweimal Zeuge einer Szene geworden, von der ich hier berichten möchte. An diesem Flughafen starten und landen üblicherweise jene Maschinen und Hubschrauber, die Mitglieder der kubanischen Führung befördern. Er liegt am westlichen Rand der Hauptstadt, ganz in der Nähe der Autostraße Carretera Panamericana. Eines Abends – es muss 1984 oder 1985 gewesen sein, auf jeden Fall zu der Zeit, als General Arnaldo Ochoa an der Spitze der kubanischen Militärmission in Nicaragua stand und die Armee der sandinistischen Regierung beratend unterstützte – verlässt Fidel sein Arbeitszimmer, um sich auf das Gelände dieses Flugplatzes zu begeben, wo sich hinter der Piste ein Besprechungsraum sowie mehrere Hangars für Luftfahrzeuge befinden.

Als wir vor Ort ankommen, ist sein Bruder Raúl, der Verteidigungsminister, bereits da und erwartet Fidel in Begleitung von General Carrera, dem Kommandanten des Luftwaffenstützpunktes. Nach der offiziellen Begrüßung ziehen sich die beiden Brüder in den Besprechungsraum zurück, und zwar ohne General Carrera, aber mit Domingo Mainet, meinem unmittelbaren Chef, und meiner Person. In diesem vertrauten Kreis und geschützt vor unliebsamen Mithörern setzt Raúl seinem Bruder sehr detailliert die Modalitäten auseinander, nach denen die Verladung, der Transport und die heimliche Lieferung von Kriegswaffen an Ochoa verläuft. Letzterer, so führt Raúl aus, steht bereits im Norden von Nicaragua, unweit der Grenze zu Honduras bereit, um in der kommenden Nacht, also bereits in ein paar Stunden, die »Ware« am Ufer des Río Coco heimlich entgegenzunehmen. Fidel hört seinem Bruder aufmerksam zu und nimmt wie immer höchstpersönlich jedes Detail der geplanten Aktion sorgsam unter die Lupe, um sich zu vergewissern, dass der Plan seines Bruders keinerlei Schwachstelle aufweist. Denn sollte der Waffentransport wider Erwarten durch den Feind aufgebracht werden, so ist das Allerwichtigste für Fidel, dass keinerlei Verbindung zu Kuba hergestellt werden kann.

Nachdem Raúl ihn in dieser Hinsicht beruhigt hat, gehen wir alle vier auf das Rollfeld hinaus, wo gerade mehrere Militärlastwagen vorfahren, um Holzkisten mit Kriegsgerät, vor allem mit Kalaschnikow-Gewehren, abzuladen. Es ist dämmrig auf dem Gelände, denn die meisten Lichter der Landebahnbefeuerung sind gelöscht. Lediglich die blauen Leitpfosten geben einen dumpfen Lichtschein ab. Trotzdem kann ich erkennen, dass das Leitwerk der Maschine – eine alte, aber beeindruckende Bristol Britannia mit schweren Propellern – in den Farben der Flagge von … Honduras bemalt ist! Fidel begrüßt die Piloten, stellt Raúl noch ein paar Fragen und gibt dann, von der Umsichtigkeit der Planung überzeugt, das Zeichen zur Rückkehr nach Havanna.

Ein paar Wochen später werde ich noch einmal Zeuge des gleichen Schauspiels – mit denselben Protagonisten und demselben in den Farben von Honduras bemalten Flugzeug. Die Exkursion dorthin nahm nicht mehr als eine Stunde in Anspruch, aber sie lehrte mich, dass auf Kuba jeglicher Waffenhandel vom *Comandante en Jefe* abgesegnet werden muss und die Fracht nur dann auf die Reise geht, wenn er selbst grünes Licht gegeben hat.

Wie dem auch sei, später münden die Bemühungen von Óscar Arias, dem geschickt agierenden Präsidenten von Costa Rica, in die Unterzeichnung des Friedensabkommens von Esquipulas. Nach mehreren Jahren der Vorbereitung unter Führung von Arias wird der Vertrag im Jahr 1987 von den Staatschefs von Honduras, Nicaragua, El Salvador und Guatemala unterzeichnet. Im selben Jahr erhält Arias den Friedensnobelpreis für seine Bemühungen. Dieser Vertrag soll langfristig die Konflikte in Mittelamerika beenden und den Frieden in der Region sichern, von Nicaragua über Guatemala bis nach El Salvador. Das Abkommen plant nicht zuletzt die Organisation von demokratischen Wahlen in Nicaragua, die dann im Februar 1990 stattfinden, drei Monate nach dem Fall der Berliner Mauer und in einem völlig anderen geopolitischen Kontext – nach dem Ende des Kalten Krieges.

★

In Havanna habe ich Fidel mehrfach seine Sorge über diese Entwicklung äußern hören. Bevor es sich allgemein herumsprach, hatte Fidel dank der kubanischen »Berater« (tatsächlich waren es Geheimagenten), die er Präsident Daniel Ortega zur Seite gestellt hatte, bereits Kenntnis von der sinkenden Popularität der Sandinisten erhalten. Die Regierung Ortegas war nun bereits ein Jahrzehnt lang an der Macht und hatte sich nicht nur mit der Zeit und dem Bürgerkrieg verbraucht; die Bevölkerung warf der Führungsspitze vor allem vor, sich das gesamte Vermögen Somozas unter den Nagel gerissen zu haben und damit ein angenehmes Leben zu führen, ohne sich im Grunde um den wirtschaftlichen Fortschritt ihrer Landsleute zu kümmern.

Ein Jahr vor der Wahl, zu der die Sandinisten ihre Zustimmung noch nicht gegeben haben, schneidet Fidel im Gespräch mit Manuel Piñeiro, dem berühmten Rotbart und Leiter des Departamento América, dieses Thema an.

»Piñeiro, wir müssen unseren sandinistischen Freunden klarmachen, dass ich es für äußerst angeraten halte, diese Wahlen nicht durchzuführen, denn nach allem, was ich höre und sehe, hätten sie dabei sehr viel zu verlieren und sehr wenig zu gewinnen …«, setzt ihm Fidel im Arbeitszimmer des Revolutionspalastes in meinem Beisein auseinander.

Diese lakonische Ausdrucksweise entspricht genau dem Stil Fidels: Wenn er etwas anordnet, so tut er das nicht zwangsläufig in präzisen Befehlen, sondern er erteilt Ratschläge und formuliert lediglich nuancierte Denkanstöße. Aber im Grunde handelt es sich um Anweisungen, von denen er erwartet, dass ihnen entsprechende Taten folgen.

Wie dem auch sei, dieses Mal kann Fidel den in Zentralamerika einsetzenden Friedensprozess nicht mehr unter Kontrolle halten. Am 26. Februar 1990 werden Ortega und die Sandinisten von Violeta Chamorro geschlagen. Die Witwe des Herausgebers der Tageszeitung *La Prensa*, der zwölf Jahre zuvor von den Schergen Somozas ermordet worden war, gelangt als erste Frau mit einer Stimmenmehrheit von 55 Prozent ins Präsidentenamt.

★

Nach den Wahlen in Nicaragua habe ich unzählige Male gehört, wie Fidel mit der dortigen Niederlage haderte. Der Rotbart hatte es nicht verstanden oder vermocht, die Sandinisten davon zu überzeugen, dass sie die Durchführung freier Wahlen tunlichst blockieren sollten. Ihm gegenüber kam Fidel immer wieder in der gleichen verärgerten Weise auf dieses Thema zu sprechen: »Ich hatte es den Sandinisten ja gesagt ... Meine Warnungen waren durchaus berechtigt ... Ich wusste es, mir war klar, dass in der Bevölkerung Unzufriedenheit herrschte ...« Und kaum hatte der Rotbart den Raum verlassen, ließ Fidel seiner Verärgerung über ihn freien Lauf: »Pffft, wie unfähig er ist ...«

7

FIDEL IN MOSKAU, SÁNCHEZ IN STOCKHOLM

Fidel hat an sich keinen ausgeprägten Hang zum Fluchen. In der Öffentlichkeit ist seine Wortwahl stets korrekt, einmal abgesehen von einigen Reden aus den ersten Jahren der Revolution, wo er die amerikanischen Präsidenten als *hijos de perra* (»Hundesöhne«) oder *hijos de puta* (»Hurensöhne«) bezeichnete. Im kleinen Kreis erlaubt er sich mitunter, seinem Ärger mit einem *coño* (»Scheiße«) hier und da Nachdruck zu verleihen, auch betont er gerne, dass die Kubaner genügend *cojones* (»Eier«) hätten, um dem Imperialismus entgegenzutreten, und einem Feind wirft er schon einmal ein *»Que se vaya al carajo!«* (»Zum Teufel mit ihm!«) an den Kopf. Über Ronald Reagan und seinen Nachfolger George H. Bush hat er mit Sicherheit mehr geschimpft als über alle anderen, und das nicht ohne Grund: Die Reagan-Regierung in den 80er-Jahren war für Fidel die größte Bedrohung seit seiner Machtergreifung. Als leidenschaftlicher Antikommunist finanzierte Reagan die Contras in Nicaragua; er schickte die Marines nach Grenada und unterstützte in Angola die Soldaten der UNITA, die dort gegen die Regierung in Luanda und deren Verbündete, die Kubaner, kämpften.[7]

★

Die Häufung internationaler Ereignisse ist bezeichnend für die 80er-Jahre. Das reicht vom Boykott der Olympischen Spiele in Moskau (1980) über den Falklandkrieg (1982), das Ende der Diktaturen in Argentinien (1983), Brasilien (1984) und Uruguay (1985), die Katastrophe von Tschernobyl (1986) oder auch die Schlacht bei Cuito Cuanavale (1987–1988), wo Kuba die vorrückende südafrikanische Armee stoppte, bis zum Fall der Berliner Mauer (1989).

Das Ereignis, das mich allerdings am stärksten prägte, war der plötzliche Tod des »Genossen« Leonid Breschnew, der die Sowjetunion seit 1964 gelenkt hatte und am 10. November 1982 einem Herzinfarkt erlag.

Wenige Tage nachdem wir von seinem Tod erfahren, fliegen wir nach Moskau zur Beisetzung des Staatschefs unseres »Bruderlandes«. Wir verlassen die tropische Hitze Havannas für die eisige Kälte an den Ufern der Moskwa. Bevor wir mit unserer Staatsmaschine, einer Iljuschin 62 in den Farben der Fluggesellschaft Cubana de Aviación, in der Sowjetunion eintreffen, legen wir einen technisch notwendigen Zwischenstopp auf dem Flughafen im irischen Shannon ein. Kaum erreichen wir unsere Parkposition, umringen gut zwanzig mit Maschinengewehren bewaffnete Soldaten das Flugzeug und stehen Wache. Wir beobachten das Spektakel durch die Fenster, als es Fidel plötzlich einfällt, die Maschine verlassen zu wollen, um in der Transitzone einen Irish Coffee zu sich zu nehmen. Eine reine Dreistigkeit, aber für den *Comandante* nur eine Art zu zeigen, dass nichts ihn davon abhalten kann, sich in feindliches Gebiet zu wagen – in diesem Fall auf irischen Boden, sozusagen vor der Haustür der britischen Premierministerin Margaret Thatcher, einer unerschütterlichen Verbündeten von Ronald Reagan –, wenn ihm der Sinn danach steht.

Und so rückt der kleine Trupp auf der Suche nach einem Irish Coffee aus. Wir sind acht Leute: Fidel, die Dolmetscherin Juanita Vera, der Adjudant Pepín Naranjo, Domingo Mainet, der Chef der Eskorte, Innenminister Ramiro Valdés, der Arzt Eugenio Selman und zwei Leibwächter. Für mich ist dieser Ausflug heikel, denn wenn ich Fidel begleite, muss ich bewaffnet sein, was aber hier absolut verboten ist. Würde die

Polizei entdecken, dass einer von uns eine Waffe trägt, gäbe es heftige diplomatische Unstimmigkeiten.

Noch in der Gangway dreht Ramiro Valdès sich zu mir um, um mich zu fragen, ob ich auch meine Waffe trüge. Als Antwort schlage ich meinen langen Wintermantel zurück, in dessen Tasche samt Futter ich gerade ein Loch gerissen hatte. In meiner linken Hand halte ich eine Mini-Uzi, das kleinste Model der Maschinenpistole aus israelischer Herstellung, mit der höllischen Feuerrate von eintausendzweihundert Schuss pro Minute! Am Ende der Gangway drehen wir nach links, durchqueren den Abschnitt mit den Geschäften und lassen uns neben irischen Reisenden nieder, die völlig perplex auf den mit seiner Größe, seinem Bart und seiner Uniform aus Tausenden herausstechenden Fidel starren. Wir haben gerade Zeit zu bestellen und den heißen Kaffee zu trinken, da müssen wir schon wieder zurück an Bord der Iljuschin. Der einzige Besuch Fidel Castros vor den Toren Großbritanniens hat weniger als zehn Minuten gedauert!

★

Vollgetankt erheben wir uns wieder in die Lüfte, fliegen über das durch den Kalten Krieg in zwei Blöcke gespaltene Europa. Fünf Stunden später landen wir in der trauernden, farblosen Hauptstadt der Union der sozialistischen Sowjetrepubliken. Es ist dermaßen kalt, dass das Personal der kubanischen Botschaft mich losschickt, um mir gefütterte Stiefel zu kaufen, denn die Schuhe, die ich mitgebracht habe, sind für das russische Klima nicht geeignet. Ein spanischsprachiger Fahrer des russischen Geheimdienstes steht mir als Begleiter und Dolmetscher zur Seite. Zurück in der Botschaft sieht der Kollege vom KGB zu, wie ich mir die Stiefel anziehe, und sagt plötzlich: »Die sind so teuer, dass die sich hier nicht mal ein Arzt leisten könnte …« Und weiter: »In unserem

Land verdient ein Arzt weniger als ein Mechaniker. Wir haben viele Ärzte, auch Ingenieure, die lieber in der Fabrik arbeiten.« Im ersten Moment verstehe ich nicht recht, was er mir sagen will. Während ich ihn sprachlos ansehe, fährt er fort: »Um hier eine Arbeit als Facharbeiter zu bekommen, ist es besser, einen Universitätsabschluss zu haben.« Ich lächle ihn freundlich an:

»Ja, aber wenn alle Ingenieure Arbeiter sein wollen, wer sind dann die Ingenieure?«

In mir keimen erste Fragen auf …

★

Später machen wir einen Abstecher ins Hotel, um unser Gepäck abzustellen, dann fahren wir zum *Comandante*, in jenen Teil der Stadt, den man Leninberge nennt und wo das sowjetische Protokoll stets eine Datscha zu Fidels Verfügung bereithält. In der Sowjetunion wacht größtenteils der KGB über seine Sicherheit, sodass ich weniger Arbeit habe.

★

Am nächsten Morgen fahren wir in das Haus der Gewerkschaften, wo Leonid Breschnews einbalsamierter Leichnam seit drei Tagen aufgebahrt liegt, auf einem roten Podest, das mit Blumen, vielen Kränzen und den unzählbaren Auszeichnungen des verstorbenen Staatschefs geschmückt ist. Schwarz gekleidete Musiker spielen ohne Unterlass Rachmaninow. Nach den letzten Grüßen unbekannter Moskauer folgen die sowjetischen Parteioberen und Staatsoberhäupter aus aller Welt. Ich erkenne Indira Gandhi aus Indien, Saddam Hussein aus dem Irak, den Palästinenser Jassir Arafat, den polnischen General Wojciech Jaruzelski und die anderen Oberhäupter der sowjetischen Bruderstaaten. Ich glaube nicht, dass Fidel sonderlich gerührt ist vom Verschwinden des nüchternen Breschnew, auch wenn er sich den Anschein gibt. Der joviale Nikita Chruschtschow lag ihm eindeutig besser. Wesentlich ist aber nur dies: Das Bündnis unserer beiden Länder ist bedingungslos. Für Moskau ist Kuba das Herzstück im Balanceakt zwischen Ost und West, der einzige kommunistische Verbündete in der westlichen Welt, noch dazu weniger als zweihundert Kilometer von der amerikanischen Küste entfernt. Für Havanna ist die militärische und wirtschaftliche Unterstützung aus der Sowjetunion ganz einfach überlebenswichtig. Ohne sie hätte Kuba dem amerikanischen Druck nicht so lange standhalten können.

Der Trauerzug durchquert die Hauptstadt in Richtung Roter Platz, zur Beisetzung. Juri Andropow, ehemaliger KGB-Chef und nun der neue Herrscher im Kreml, hält die Trauerrede. Nach der Zeremonie kehre ich mit den Fahrern des russischen Geheimdienstes ins Hotel zurück. Kaum angekommen, stürzen sie sich in das Berjoska-Geschäft, das an die Hotellobby angrenzt und theoretisch nur ausländischen Gästen vorbehalten ist. Deos, Zahnpasta, Seife – sie füllen ihre Taschen mit Produkten aus den Ländern des RGW (Rat für gegenseitige Wirtschaftshilfe), dem die Länder des Ostblocks angehören: die UdSSR, Bulgarien, Rumänien, Albanien, Ungarn, Polen, die Tschechoslowakei, die DDR, Kuba, Vietnam und die Mongolei. »Man muss die Gelegenheit nutzen, wenn es neue Lieferungen gibt«, erklären sie mir, »die Läden bekommen nur neue Ware, wenn ausländische Delegationen in Moskau sind.«

Die Armut in der UdSSR ist nicht zu übersehen, vor allem außerhalb von Moskau nicht, auf dem Land, wo die Bauern gekleidet sind wie zu Zeiten des Zweiten Weltkriegs. Der herrschende Mangel ist in Moskau ausgeprägter als in Havanna, obwohl das sowjetische System im Sinne des sozialistischen Aufbaus als das fortschrittlichste gepriesen wird. Es ist das erste Mal, dass ich mich insgeheim frage, ob das kommunistische System dem Kapitalismus wirklich überlegen ist. Wenn das alles ist, was die Sowjets fünfundsechzig Jahre nach der Revolution erreicht haben, ist es dann vernünftig, ihrem Beispiel zu folgen? Ein flüchtiger, winziger Zweifel. Ich verscheuche ihn sogleich wieder, um den Kopf für meine Arbeit freizuhaben, zum Wohle von Fidel, im Dienste der Revolution.

★

In der Zeit, die auf Breschnews Beisetzung folgt, reisen wir öfter nach Moskau, denn die sowjetischen Staatsoberhäupter sterben einer nach dem anderen. Der brillante Juri Andropow, der achtzehn Jahre lang den KGB leitete, stirbt nach nur fünfzehn Monaten im Kreml, ein paar Monate vor seinem siebzigsten Geburtstag. Die Herrschaft seines Nachfolgers Konstantin Tschernenko, der bereits bei der Machtübernahme krank war, ist noch kürzer: dreizehn Monate! Der alte Apparatschik stirbt 1985, im Alter von vierundsiebzig Jahren. Ihm folgt der schneidige Erneuerer Michail Gorbatschow, vierundfünfzig Jahre alt: ein Schützling Andropows, der sich für seine denkwürdige Politik von Glasnost (Transparenz) und Perestroika (Umbau) einsetzt. Fidel hält nichts davon und äußert, Perestroika sei »eines anderen Mannes Frau«.

Im Februar 1986, wir sind gerade in Moskau, wo Fidel trotz allem versucht, eine gemeinsame Ebene mit Gorbatschow zu finden, geht über die Fernschreiber der Nachrichtenagenturen eine furchtbare Neuigkeit ein: Olof Palme ist am Abend zuvor mitten auf der Straße in Stockholm erschossen worden. Es ist genau 23:21 Uhr, als der schwedische Premierminister an diesem 28. Februar mit seiner Frau aus einem Kino in der Hauptstadt tritt. Das Paar ist zu Fuß auf dem Weg nach Hause, als ihn zwei Schüsse in den Rücken treffen. Eine Stunde später wird Palme von schwedischen Ärzten offiziell für tot erklärt. Der Schütze wird nie gefasst, und der Mord an Palme bleibt bis heute ein Rätsel. Wie auch immer, die ganze Welt erfährt bei dieser Gelegenheit, dass der sozialdemokratische Regierungschef dieses friedlichen skandinavischen Landes sich ganz ohne Leibwächter bewegt!

Olof Palme ist Fidels Verbündeter gewesen, die Nachricht seines Todes trifft den *Máximo Líder* sehr. Lange schon hegte der schwedische Regierungschef, der zugleich Sozialist und Antiimperialist war und sich offensiv für die Belange der Dritten Welt einsetzte, öffentlich Sympathien für die kubanische Revolution. Schon 1972 hatte Palme sich Ärger mit Washington eingehandelt und ein Jahr lang den Abbruch der diplomatischen Beziehungen in Kauf genommen, weil er in seiner Funktion als Premierminister an einer Demonstration gegen den Vietnamkrieg teilgenommen hatte. Er hatte gar im Radio gewagt, die amerikanischen Bombenabwürfe über Hanoi mit denen von Guernica im Spanischen Bürgerkrieg und der Vernichtung der Juden in Treblinka durch die Nazis zu vergleichen. 1975 war Palme dann der erste westliche Regierungschef, der Kuba offiziell besuchte. Fidel hatte für einen triumphalen Empfang in Santiago de Cuba gesorgt, der zweitgrößten Stadt des Landes, wo die beiden Männer dann gemeinsam den Nationalfeiertag, den 26. Juli, begingen.

★

Nur kurz nach Bekanntwerden von Palmes Tod äußert Fidel den Wunsch, bei der Beisetzungszeremonie dabei zu sein. In den darauf folgenden Tagen sorgt diese Idee für unzählige Diskussionen. Wir reden mit Engelszungen auf Fidel ein, sich das aus dem Kopf zu schlagen. Wir – das sind vor allem sein Privatsekretär José Miguel Miyar Barruecos alias Chomy, ein Kampfgefährte aus den Guerillazeiten in der Sierra Maestra, der Adjutant Pepín Naranjo, Carlos Rafael Rodríguez, ein alter Freund von Fidel und die diplomatische Schlüsselfigur in den kubanisch-sowjetischen Beziehungen, und ich. Wir sind uns einig: In puncto Sicherheit wäre die Anwesenheit von Fidel in Stockholm unvernünftig. Weder damals noch heute war und ist über die Identität und die Motive des Mörders etwas bekannt. Wer weiß, ob die Hintermänner der Ermordung von Palme nicht auch Fidel nach dem Leben trachteten? Letztlich gibt der *Comandante* sich geschlagen und beauftragt Carlos Rafael Rodríguez damit, ihn in Schweden zu vertreten.

»Sánchez fährt mit dir und kümmert sich um deine Sicherheit«, setzt er hinzu.

Fidel vertraut mir, und das kann er auch: Eine Auslandsreise dafür zu nutzen, mich abzusetzen, käme mir nicht in den Sinn. Ich bin zu jener Zeit absolut zufrieden mit meiner Arbeit für Fidel und immer ungeduldig, nach den Reisen endlich wieder bei meiner Familie in Havanna zu sein.

★

Carlos Rafael Rodríguez und ich fliegen also über Kopenhagen nach Stockholm. In der kubanischen Botschaft eingetroffen, bemerke ich wieder einmal, dass ich durch meine Arbeit als Fidels Leibwächter einen besonderen Stand habe. Der Botschafter fragt mich zu allen möglichen Dingen nach meiner Meinung, als wäre ich Fidel persönlich … Ich muss zugeben, mich amüsiert das eher. Die Mitarbeiterin der Botschaft, die uns einen Aperitif serviert, ist hingegen weniger zuvorkommend. Als sie mich fragt, was ich denn gerne hätte, antworte ich, dass ich grundsätzlich nie Alkohol trinke. Aber der Botschafter besteht darauf, sodass ich schließlich einen Cognac Napoléon bestelle, ganz nach Fidels Vorbild, der ja ein Liebhaber dieses Weinbrands ist. Da beginnt die Dame, mir vor den anderen einen Vortrag zu halten: »Cognac ist kein Aperitif, sondern ein Digestif.« Das wurmt mich sehr, aber ich schlucke meinen Ärger runter und antworte scherzhaft: »Weißt du was? Als das Protokoll erstellt wurde, haben sie mich nicht nach meiner Meinung gefragt. Wirklich schade, ich trinke Cognac nämlich gerne vor, während und nach den Mahlzeiten, verstehst du?« Zwei Tage später, bei der Abreise aus Schweden, entdecke ich, dass die Frau des kubanischen Botschafters, die meine Bemerkung sehr ernst genommen hatte, mir eine Flasche Cognac als Geschenk in den Koffer gesteckt hat – mir, der Alkohol verabscheut!

Ich erinnere mich, wie ich vor der Abreise durch die Straßen von Stockholm spaziert bin. Ich habe Olof Palmes Weg abgeschritten, vom Kino bis zu der Stelle, wo der Premierminister vor wenigen Tagen ermordet worden ist. Der Gehweg war voller Rosen.

Stockholm hat großen Eindruck auf mich gemacht. Nicht so sehr wegen des offenkundigen Wohlstands, sondern weil die Beziehung zwischen dem Volk und seinen Politikern so unkompliziert ist. Dazu gehört, wie ich erfuhr, dass ein Großteil der Minister mit dem Bus, der U-Bahn oder dem Vorstadtzug zur Arbeit fährt. Auch Olof Palme war regelmäßig mit dem Fahrrad in der Stadt unterwegs. Er wollte seine Freiheit nicht opfern und im Sinne der Gleichheit aller Bürger vor dem Gesetz keine Privilegien ausnutzen. So bestand er nicht einmal auf einem Leibwächter. Ich war beeindruckt. Es war genau das Gegenteil des kubanischen Systems, wo Fidel, der rund um die Uhr bewacht wurde, sich nie ohne ein Minimum von zehn *guardaespaldas* fortbewegte, den Leibwächtern seiner Eskorte.

★ 8

RAÚLS CLAN

Mitte der 80er-Jahre schloss ich mein Studium an der Akademie des Innenministeriums (MININT) ab, das ich parallel zu meiner Arbeit als Leibwächter gemeinsam mit Offizieren aus den verschiedenen Wehrbereichen des Landes absolviert hatte. Auf dem Lehrplan meiner Ausbildung standen Politik und Geschichte, Strafrecht, Psychologie und Spionage. Einmal, nach einer Vorlesung über die Rekrutierung ausländischer Agenten, kam ein Student im Rang eines Offiziers auf mich zu – sein Name war Roberto Dobao, wenn ich mich recht entsinne –, um mir auszurichten, dass Ramón Castro mit mir sprechen wolle. Verdutzt fragte ich ihn:

»Ramón, der Bruder des *Comandante en Jefe*?«

»Er selbst!«

Der Kommilitone erklärte mir, er arbeite beim Plan Especial Valle de Picadura, einem agrarindustriellen Betrieb, der von Fidels älterem Bruder geleitet werde. Als Ramón erfahren habe, dass er, Roberto, mit einem »Leibwächter von Fidel« studiert, habe er darum gebeten, mich diskret anzusprechen. Ich war zugleich überrascht und irritiert, ging aber gerne auf die Bitte ein. Kurz darauf, am nächsten meiner freien Tage, fuhren Dobao und ich zur Valle de Picadura, fünfzig Kilometer östlich von Havanna.

★

Ramón ist der »andere« Bruder von Fidel. Er ist zwei Jahre älter als der *Comandante*, beide haben die gleiche Statur (größer als einen Meter neunzig), den gleichen Bart. Sie ähneln sich äußerlich, aber das war es auch schon. Der älteste der Castro-Brüder interessiert sich überhaupt nicht für Politik und hat niemals ein Regierungsamt bekleidet. Er ist ein *guajiro*, ein Bauer durch und durch und hat sein Leben der Landwirtschaft gewidmet. Zunächst, indem er die Besitztümer ihres Vaters Ángel Castro im Osten des Landes, bei Santiago de Cuba, übernahm, dann als hoher Funktionär des Landwirtschaftsministeriums und schließlich als Leiter dieses Plan Especíal de Valle de Picadura, einem der größten Landwirtschaftsbetriebe von Kuba, wo hauptsächlich Säfte und Milch produziert werden. Ich bin dort mit dem *Comandante* öfter gewesen, Fidel, der sich für einen Experten hält, überzeugte sich gerne persönlich von den Fortschritten der Revolution in der Landwirtschaft.

★

Von Havanna aus braucht man bis dorthin ungefähr eine Stunde. Kaum sind wir da, kommt Ramón aus seinem Büro und nimmt mich beiseite, um sich im Schatten eines Mangobaums mit mir zu unterhalten. Es fühlt sich für mich merkwürdig an, Fidels Bruder in seiner Abwesenheit zu treffen. Ramón hat sichtlich Sorgen. »Danke, dass du kommen konntest, Sánchez«, sagt er zu mir; der Händedruck dieses Bauern ist kräftiger als der von Fidel. Dann erklärt er mir den Grund seiner Sorgen.

»Hör mal, ich versuche schon seit Monaten, an meinen Bruder ranzukommen, aber es ist unmöglich. Ich weiß nicht, was da los ist. Ich habe überall Nachrichten hinterlassen, auch im Palacio, aber keine Antwort! Ich muss dringend mit ihm sprechen. Könntest du ihm von mir etwas ausrichten?«

»Señor, natürlich, ich verspreche Ihnen, ich tue, was ich kann«, antworte ich und sieze ihn – ich bin nicht gewohnt,

Menschen zu duzen, vor allem nicht Personen des öffentlichen Interesses, zu denen natürlich auch Ramón gehört.

Am Mittag des folgendes Tages nutze ich nach unserer Ankunft im Palacio die erstbeste Gelegenheit, um mit Fidel alleine über Ramón zu sprechen. Diese Gelegenheit bietet sich ausgerechnet im Fahrstuhl.

»*Comandante*, gestern war ich in der Valle de Picadura, ich habe Ihren Bruder getroffen, der sehr traurig war, sehr besorgt ... Ich glaube, er möchte Sie gerne sprechen.«

»Ich weiß, Sánchez, ich weiß, ich bin auf dem Laufenden ... Mach dir keine Gedanken, ich werde mit ihm reden«, sagt Fidel und beendet die Unterhaltung.

Ich weiß nicht, was Ramón seinem Bruder so Wichtiges mitzuteilen hatte, aber ich weiß, dass Fidel meiner Nachricht nachgekommen ist, denn nur wenige Tage später kam mein Kommilitone Roberto auf mich zu, um mir im Namen des ältesten Castro-Bruders herzlich zu danken. Mehr gibt es hier nicht zu erzählen, aber dieser Vorfall beschäftigt mich bis heute. Wer muss schon über einen Dritten gehen, um mit seinem eigenen Bruder zu sprechen?

★

Eines ist klar: Der *Comandante* hat sich sein Leben lang wenig aus seinen Geschwistern gemacht, die so zahlreich wie unbekannt sind: Ángel Castro (1875–1956), Großgrundbesitzer, bekam in zweiter Ehe mit seiner jungen Hausangestellten Lina (1903–1963) sieben Kinder: Angelita (geboren 1923), Ramón (1924), Fidel (1926), Raúl (1931), Juanita (1933), Enma (1935) und Agustina (1938). Zu Angelita, der Ältesten, die 2012 verstarb, hatte er ein herzliches Verhältnis, aber mehr nicht. Juanita? *»Que se vaya al carajo!«* (»Fahr zur Hölle!«), hätte der *Comandante* vermutlich über seine alleinstehende Schwester gesagt, wenn er jemals in meiner Gegenwart von ihr gesprochen hätte. Sie ist 1964 aus Kuba nach Miami geflohen, von wo aus sie regelmäßig gegen den Kommunismus, Castrismus und Totalitarismus wettert. Fidel hat sie aus seinem Leben gestrichen, als existiere sie nicht. Auch mit Enma hatte er wenig zu tun, nicht ohne Grund: Enma verbrachte die längste Zeit ihres Lebens in Mexiko, wo sie in den 50er-Jahren mit einem einheimischen Geschäftsmann verheiratet war. Und dann ist da noch die zurückhaltende und fromme Agustina, die lange mit einem, inzwischen verstorbenen, Pianisten verheiratet war. Auch sie lebte stets auf Distanz zu ihrem berühmten Bruder. Man kann definitiv sagen, dass Fidel einzig der um fünf Jahre jüngere Raúl wirklich nahesteht – trotz großer Charakterunterschiede. »Ramón war ein sanftmütiges Kind, Fidel war eigensinnig und Raúl ein Spaßvogel«, fasste ihre Schwester Juanita einmal zusammen. »Raúl hatte viele Freunde. Fidel war das ganze Gegenteil, alleine, auf sich fokussiert, ein Egoist.«[8]

Schenkt man einem Gerücht Glauben, das in Kuba und den USA kursiert, aber auch unter einigen von Fidels Biografen, haben Fidel und Raúl nicht denselben Vater. Der Minister der Revolutionären Streitkräfte wäre demnach das uneheliche Kind seiner Mutter Lina und des Sohnes eines Gardekommandanten aus Birán, dem Geburtsdorf der Castros. Ob das wahr ist? Ich habe nicht die geringste Ahnung. Das Einzige, was ich sagen kann, ist, dass Raúl seinen beiden älteren Brüdern nicht, aber auch wirklich kein Stück ähnlich ist. Er ist kleiner, bartlos und hat Schlitzaugen, denen er seinen Spitznamen *El Chino* (»der Chinese«) verdankt. Dafür ist die Ähnlichkeit mit seiner zwei Jahre jüngeren Schwester Juanita offensichtlich. Entweder ist Juanita also auch unehelich, oder das alles ist Humbug.

★

Sicher ist nur dies: Seit ihrer Kindheit sind Fidel und Raúl ein Herz und eine Seele. Der Jüngere eiferte dem Älteren in allen Abenteuern nach, vom Angriff auf die Moncada-Kaserne 1953 bis zum Höhepunkt der Macht. Fidel ist für Raúl eine Art Ersatzvater, vielleicht weil der »echte« Vater, Ángel, ein strenger Patriarch aus dem spanischen Galizien, nach all dem, was man weiß, distanziert und brutal gewesen sein soll. Fidel ist ein strenger »Vater«. Aber einer, den Raúl respektiert, bewundert, ja vergöttert. Tatsache ist, dass der *Comandante* mit Begabungen gesegnet ist, die Raúl abgehen: Charisma, intellektuelle Beweglichkeit, Eloquenz, Überzeugungskraft und politischer Weitblick.

Sein ganzes Leben stand Raúl unter Fidels Einfluss. In der Sierra Maestra hat er alles gegeben, um sich und seinen Mut zu beweisen und sich die Achtung des Bruders zu erkämpfen. Historikern zufolge hat er Verräter und Feinde mit seiner eigenen Waffe zur Strecke gebracht und Exekutionskommandos befehligt, ohne die kleinste Regung zu zeigen. An Raúls Händen würde somit mehr Blut kleben als an denen Fidels. In jedem Falle ist er von Natur aus ebenso unduldsam und autoritär wie der *Máximo Líder*, wenn nicht sogar noch mehr. Im Dickicht der Sierra Maestra machte sich sein Ehrgeiz bezahlt: Fidel bestimmte Raúl – wie auch Che Guevara – zum Befehlshaber eines neuen Frontabschnitts, der »Zweiten östlichen Front Frank País« in Richtung Santiago de Cuba. Raúl erwies sich als überaus erfolgreicher Kommandant. Der Liebhaber von Hahnenkämpfen – damals in Mode, heute verboten –, als Schüler mittelmäßig und als Erwachsener wortkarg, offenbarte sein Können auf dem Schlachtfeld. Hart und dogmatisch, methodisch organisiert, hatte sich der spätere Minister der Revolutionären Streitkräfte – ein Posten, den er bis 2008, über neunundvierzig Jahre, innehatte – damals die Sporen verdient.

Raúl ist Fidel gegenüber bedingungslos loyal. Im Gegenzug ist er der einzige Mensch auf der Welt, dem der *Comandante* zu hundert Prozent vertraut. Die beiden funktionieren als Tandem. Wenn es beispielsweise darum geht, eine gute Neuigkeit zu verkünden, etwa die Beförderung neuer Führungskräfte, dann steht das immer der Nummer eins zu. Wenn eine Person des öffentlichen Lebens ihres Amtes enthoben und öffentlich niedergemacht wird, muss das immer die Nummer zwei erledigen. Von außen betrachtet wirkt das wie »guter Bruder, böser Bruder«, aber in Wirklichkeit sind sie sich immer einig. Sie telefonieren jeden Tag, treffen sich mehrmals in der Woche, und um nichts in der Welt würden sie den Geburtstag des anderen verpassen – und das will etwas heißen.

★

Es wäre falsch, Raúls historische Rolle kleinzureden. Unter Batistas Herrschaft war er der Erste, der sich der kommunistischen Bewegung anschloss. Er war es, der seinem großen Bruder den Argentinier Ernesto Che Guevara vorstellte. Darüber hinaus sehen manche in Raúl den wahren Architekten des Castrismus. Im Vergleich zu Fidel, der zwar Visionen hat, energisch und impulsiv, aber vollkommen desorganisiert ist, ist Raúl ein begnadeter Organisator. Sein größtes Werk ist es, eine Guerilla methodisch in eine professionelle Armee verwandelt zu haben, die in der Lage ist, Ozeane zu überqueren und feindliche Armeen zu besiegen, wie es in Angola der Fall war. Er war es, der dafür sorgte, dass das Militär mit eiserner Disziplin operiert. Er war es, der dafür sorgte, dass diese Institution 60 bis 70 Prozent der nationalen Wirtschaft übernahm, einschließlich des lukrativen Tourismussektors. Die Holding GAESE (Grupo de Administración Empresarial S. A.), die von »raúlistischen« Generälen geführt wird, kontrolliert Dutzende großer Unternehmen in allen Branchen: Cimex (Immobilien, Banken, Gastronomie, Tankstellen, Supermärkte und über zweihundert Ladengeschäfte), Cubanacan (Tourismus), Gaviota S. A. (Hotellerie), Servicio Automotriz S. A. (Autovermietung an Touristen), Tecnotex (Import-Export von Technologie und Dienstleistungen), Agrotex (Landwirtschaft), Sermar (Schiffswerften), Geocuba (Kartografie) etc. Raúl wirkt im Hintergrund als eines der wichtigsten Rädchen im Getriebe des Systems.

★

Die Nummer zwei trifft trotzdem keine, nicht die geringste Entscheidung, ohne die Nummer eins zuvor in Kenntnis zu setzen. Einmal sah ich sogar, wie Raúl sich von Fidel in dessen Büro selbst die neuen Uniformen fürs Heer absegnen ließ! Raúls Fügsamkeit äußerte sich damals auch in seiner Beziehung zu uns, den Leibwächtern seines Bruders, von denen er nur allzu gut wusste, was für eine bedeutende Rolle im Organigramm der Macht wir spielten. Der Minister der Revolutionären Streitkräfte hatte eine derart hohe Meinung von uns, dass er, kam er an einen öffentlichen Ort, an dem Fidel bereits anwesend war, seine eigene Eskorte freistellte, um sich unter unseren Schutz zu stellen.

Raúl achtete auch darauf, dass sich niemand – auch kein Minister oder General – den Vorschriften von Fidels Eskorte widersetzte. Bat einer von uns eine offizielle Person gleich welchen Ranges darum, beiseitezutreten, um den Durchgang frei zu machen, tat sie besser daran, unserer Bitte ohne Murren nachzukommen, denn Raúl, der alles mit Argusaugen verfolgte, hätte es bemerkt und den Vorgang zu Ungunsten des Betroffenen registriert. Mir ist auch öfter aufgefallen, dass er bei offiziellen Empfängen im Präsidentenpalast bisweilen selbst »Polizei« spielte. War er der Meinung, dass um Fidel herum zu viele Höflinge standen, sprach er sie einzeln an, auch die Minister, um sie aufzufordern, seinem Bruder mehr Luft und Raum zu lassen. Hatte er die Aufdringlinge dann diskret entfernt, wandte er sich uns zu, den Sicherheitsoffizieren, ein bisschen so, als suchte er nach unserer Bestätigung.

★

In der Öffentlichkeit wirkt Raúl herzlich, freundlich, zugänglich. Er ist ein großer Trinker und schätzt eisgekühlten Wodka und fragwürdige Witze, nach Meinung anderer hat er wirklich Sinn für Humor. Natürlich ist das nur Fassade. Ich persönlich fand ihn kühl, schroff, fast unsympathisch. Politisch gesehen ist er ein Hardliner, ein Unterdrücker. Seit er seinem Bruder als Staatsoberhaupt nachgefolgt ist, sind die Übergriffe der Polizei bei Weitem nicht weniger geworden, anders als das Bild, das die kubanische Regierung der weltweiten Öffentlichkeit geschickt vermitteln konnte.

Raúls Humor? Häufig ziemlich daneben. Ich sehe noch, wie er – das war Anfang der 90er-Jahre – auf dem Flughafen eintraf, um den *Comandante* am Fuß der Gangway zu verabschieden wie immer, wenn dieser ins Ausland flog. Man muss wissen, dass ein Teil der Leibgarde in diesen Fällen auf Kuba bleibt. Wir gingen gerade an Bord, als Nummer zwei der Nummer eins zurief: »Mach dir keine Gedanken um den Rest deiner Leute. Wer hierbleibt, kriegt was zu tun. Mit mir gibt es keine Ferien!« Als sich hinter uns die Türen der Iljuschin schlossen, dachte ich bei mir: »Was für ein schwachsinniger Witz …« Anscheinend wusste Raúl nicht, dass Fidels Leute nur selten Däumchen drehen. War der *Máximo Líder* im Ausland, absolvierten die Leibwächter nicht nur ihr tägliches Trainingspensum, sondern nutzten die Zeit, um andere ausstehende Arbeiten zu erledigen wie etwa die Pflege der Wagen, die Kontrolle des Arsenals für den Fall eines Angriffs, die Revision der Luftschutzbunker und noch viele andere Dinge.

Nur eine Sache kann man Raúl nicht absprechen: seinen Familiensinn. Er und kein anderer war es, der lange Zeit Fidelito und Jorge Ángel unter seinem Dach beherbergte, die beiden ältesten Söhne seines Bruders, den legitimen und den illegitimen, als er verstand, dass sie bei Dalia und Fidel in Punto Cero nicht willkommen waren. Er war es, der der ersten Frau des *Comandante*, Mirta Díaz-Balart, die seit über fünfzig Jahren in Spanien lebt, regelmäßig erlaubte, nach Kuba zu kommen, um den Kontakt zu ihrem Sohn Fidelito aufrechtzuerhalten.

Der *pater familias* bei den Castros ist Raúl. Sonntags organisierten seine Frau Vilma und er häufig große Barbecues, bei denen sich Kinder, Enkelkinder, Cousins und Cousinen, Brüder und Schwestern einfanden. Manchmal kam auch Fidel dazu. Selbst wenn er nie lange blieb, waren dies doch für seine Schwestern einige der seltenen Gelegenheiten, ihn in einem angenehmen Rahmen zu treffen. Nachdem Raúl und Vilma zunächst ein vierstöckiges Haus im Viertel Nuevo Vedado bewohnten, zogen sie mit dem ganzen Klan in die Nähe von Fidel und Dalia nach La Rinconada. Vor der Revolution gehörte das Anwesen einem reichen Kaffeehändler. Zu dem Grundstück in der Straße 222 gehört ein baumreiches Gelände mit üppiger Begrünung und zwei erstklassigen Sportplätzen: einem Baseballfeld und einem *frontenis*-Platz (einer Variante des baskischen Pelota-Spiels, das mit Tennisschlägern und hauptsächlich in Mexiko, Spanien und Argentinien gespielt wird).

★

Ein Wort zu Vilma Espín: Raúl ist ihr bei der Guerilla begegnet, da war er siebenundzwanzig. Sie, ein Jahr älter als er, war eine militante Batista-Gegnerin der ersten Stunde, mutig und hübsch. Nach dem »Triumph der Revolution« heirateten die beiden. Fidels Schwägerin wurde somit zu einer der bedeutendsten Frauenfiguren der Revolution, ähnlich wie Celia Sánchez, Adjutantin und Liebhaberin des *Comandante*. Seit sie ab 1960 an der Spitze der Federación de Mujeres cubanas stand – der Föderation der kubanischen Frauen, einer Massenorganisation, die an die vier Millionen Mitglieder zählt –, fiel ihr die Rolle der First Lady zu, immer wenn Fidel es für notwendig hielt, sich in der Öffentlichkeit an der Seite einer Frau zu zeigen.

Lächelnd, freundlich, strahlend erfüllte Vilma ihre Mission. Aber der Schein trügt: Auch sie hat zwei Gesichter. Als General Ochoa, mit dem sie und Raúl eng befreundet waren, 1989 der Prozess gemacht wurde, war sie diejenige, die vor dem Staatsrat, dem sie angehörte, mit fester Stimme jene fürchterlichen Worte sprach: »Möge das Urteil vollstreckt werden!« Das Urteil? Die Todesstrafe …

Mein Wahrheitssinn nötigt mich aber auch zu sagen, dass Vilma, die 2007 gestorben ist, im Privatleben eine hervorragende Mutter war – ihrem Mann ergeben, ihren vier Kindern gegenüber stets aufmerksam und offen: Deborah, Mariela, Alejandro, Nilsita – drei Mädchen, ein Junge. Anders als die Kinder von Fidel und Dalia, die aus der Öffentlichkeit ferngehalten werden, sind die Kinder von Raúl mit Ausnahme des Jüngsten alle in die Regierungsgeschäfte involviert. Wer weiß, vielleicht werden sie nach dem Ableben ihres Vaters und Onkels ganz vorne mitspielen?

Deborah, die Älteste, Jahrgang 1960, arbeitet als Beraterin im Bildungsministerium und war lange mit einem mächtigen Mann verheiratet, mit Luis Alberto Rodríguez López-Callejas, mit dem sie zwei Kinder hat. Er ist Mitglied des Zentralkomitees der PCC, zudem Brigadegeneral und Chef der Holding GAESA, die einen Großteil der kubanischen Wirtschaft kontrolliert. Er kennt daher die geheimen Finanzkonstrukte der Regierung besser als jeder andere. Man sagt, Deborah habe sich von ihm scheiden lassen, auf ihren Willen hin, weil sie seine wiederholten Seitensprünge nicht ertragen habe. Ich weiß nicht, ob das wahr ist. Ihr Sohn Raúl Guillermo, ist jedenfalls der jetzige persönliche Leibwächter seines Großvaters Raúl. Er wurde 1984 geboren, man nennt ihn Raúlito oder auch *El Cangrejo* (»die Krabbe«), wegen einer Missbildung eines seiner Finger, und nun beschützt er Raúl so wie ich damals Fidel. Wenigstens geht er nicht das Risiko ein, ins Gefängnis geworfen zu werden wie ich …

Mariela, die zweite Tochter, 1962 geboren, ist schillernder als ihre ältere Schwester. Sie leitet seit Langem das Nationale Zentrum für Sexualaufklärung (Cenesex). Als fortschrittliche Sexualwissenschaftlerin setzt sie sich sehr für die Schwulenehe ein und nimmt seit jeher an internationalen Konferenzen über die Rechte Homosexueller teil, was ihr eine weltweite Aufmerksamkeit beschert. »Sie hat die Perestroika in meiner Familie eingeführt«, scherzte Raúl einmal über den bohemien-bourgeoisen Lebensstil seiner Tochter. Im Februar 2013 zog sie als Abgeordnete ins kubanische Parlament ein, zweifellos aus dem Wunsch heraus, an der Ära nach Raúl mitzuwirken.

Mariela war immer politisch aktiv. Bevor sie den italienischen Fotografen und Geschäftsmann Paolo Titolo heiratete, ihren derzeitigen Ehemann, war sie mit Juan Gutiérrez Fischmann zusammen, mit dem sie eine Tochter hat. Ich habe ihn bereits erwähnt: Er war Gründungsmitglied der chilenischen Untergrundorganisation Frente Patriótico Manuel Rodríguez (FPMR), erhielt seine militärische Ausbildung im Camp von Punto Cero de Guanabo und lebt seit dem Putsch von Pinochet 1973 in Kuba. Er gehörte zu den führenden Köpfen des berühmten Attentats auf General Pinochet 1986. Darüber hinaus war er einer der Hauptangeklagten des

Attentats gegen den chilenischen Senator Jaime Guzmán, einen Anhänger Pinochets, der 1991 getötet wurde. Gutiérrez Fischmann wurde verurteilt, konnte aber nach drei Jahren aus dem Gefängnis fliehen. Und anders, als die Dementis der Regierung verlauten lassen, verbringt er, offiziell unauffindbar, eine ruhige Zeit auf Kuba.

Nach Deborah und Mariela kommt Alejandro, wie auch einer der Söhne von Fidel mit Dalia heißt. Er wurde 1965 geboren, ist heute Oberst im Innenministerium und einer der engsten Berater seines Vaters Raúl, insbesondere in seiner Funktion als Leiter der Koordination des Nachrichtendienstes zwischen den beiden wichtigsten Ministerien des Landes, dem MINFAR (Verteidigung) und dem MININT (Inneres). Man könnte auch sagen, kein Geheimnis irgendeines kubanischen Nachrichtendienstes kommt ungesehen an ihm vorbei.

Wenn ich an ihn denke, habe ich das Bild eines hyperaktiven Jungen vor mir. Als ich in Fidels Dienste eintrat, war Alejandro zehn, wir von der Leibgarde nannten ihn *El Loquito*, den »kleinen Verrückten«, denn er spielte sehr laut im Patio des Hauses, in dem Raúl damals wohnte, und brauste ohne Vorwarnung entweder auf Rollschuhen daher, auf dem Fahrrad oder einem Moped, immer kurz davor, jemanden umzufahren. Später verlor ich ihn aus den Augen. Er tauchte erst wieder Mitte der 80er-Jahre auf, als bekannt wurde, dass er dem kubanischen Expeditionskorps angehörte, das in Angola kämpfte. Aus Afrika kehrte er mit einem Auge weniger heim: Er hatte abseits der Kampfzone einen Unfall gehabt, was ihm den Spitznamen *El Tuerto* einbrachte, der »Einäugige«.

Und wer erscheint auf dem Bildschirm, als ich bei mir in Miami im November 2012 den Fernseher einschalte? Der Einäugige! Der Mann mit dem Diplom in Internationalen Beziehungen unternahm seine ersten Schritte auf internationalem Parkett und stellte in Moskau die russische Ausgabe seines Werkes *El imperio del Terror* (»Reich des Terrors)« vor, eine Abrechnung mit den USA. Obwohl er im russischen Fernsehen auf Spanisch interviewt wurde, kann man nicht sagen, dass er mit großer Bildschirmausstrahlung gesegnet wäre, dazu ist seine Stimme zu monoton und lispelt er zu sehr. Sein Mangel an Charisma und Eloquenz ist ebenso augenscheinlich wie bei seinem Vater. Das bedeutet aber noch lange nicht, dass er es nicht weit bringen könnte. Oberst Alejandro Castro Espín ist berüchtigt dafür, kompromittierende Akten anzuhäufen, die seine Gegner ins Stolpern geraten lassen können. So ließ er anscheinend unerbittlich den Lebensgefährten seiner Schwester Nilsita verhaften, weil dieser in eine Korruptionsaffäre verstrickt gewesen war.

Ich wäre neugierig, ob Alejandro die gleichen Techniken benutzt wie sein Onkel Fidel, um zu kompromittieren, zu manipulieren, zu erpressen. Ob er heimlich Telefonate abhören oder ausländische Diplomaten beim Sex in den Hotels von Havanna filmen lässt? Ich denke: ja.

9

ABHÖRWAHN

Fidel lässt alles abhören. In der dritten Etage des Palacio de la Revolución, in einem kleinen Raum neben Fidels Büro, steht eine professionelle Abhöreinrichtung von der Art, wie man sie in *Das Leben der anderen* sieht, dem Film von Florian Henckel von Donnersmarck, der 2007 einen Oscar als »Bester ausländischer Film« bekam: eine Anlage mit zwei Tonbandgeräten und zwei Kopfhörern. Sofern es keine Gegenanweisung gibt, lautet die Vorschrift, die Bänder immer dann laufen zu lassen, wenn Fidel einen Besucher zum Gespräch empfängt, ob Kubaner oder Ausländer, ob Politiker, Minister oder General. Es sind die Stenotypisten, die die Nadel des Pegelmessers im Blick haben, die Lautstärke regeln und mit den Geräten hantieren, wenn ein Band voll ist. Aber ich bin derjenige, der aus dem Raum der Leibgarde, der ebenfalls an Fidels Büro angrenzt, die drei im Schreibtisch des *Máximo Líder* versteckten Mikros ein- und ausschalten kann. Ich tue das mithilfe dreier Schlüssel, die zu drei wiederum in einem kleinen Schrank versteckten Schlössern passen. Ich bin auch derjenige, dem Fidel zuraunt: *»Sánchez, no grabes«* (»Sánchez, nicht abhören«), wenn er das für unnötig hält. In dem Fall drehe ich an keinem Schlüssel und rufe auch nicht die Stenotypisten an ihre Plätze. Erwähnenswert ist auch, dass der Saal des Ministerrats am anderen Ende des Flurs, weniger als zehn Meter von Fidels Büro entfernt, mit Mikros gespickt ist, die die Sitzungen des Politbüros der PCC für alle Ewigkeit festhalten.

Ausgehend von dem Gedanken, dass alles, was ausgesprochen wird, gegen den Sprecher verwendet werden kann, werden die Aufnahmen systematisch auf Kassetten oder, seit den 80er-Jahren, auf CDs überspielt und sorgfältig archiviert. Sie können auch Jahre später noch dazu dienen, diese oder jene Person mit ihren Widersprüchen zu konfrontieren. Diese Vorgehensweise hat Methode, auch bei allen wichtigen Telefongesprächen Fidels, der damit früher oder später Druck auf seinen Gesprächspartner ausüben oder ihn kompromittieren kann.

Die meisten dieser Tondokumente schlummern in den Archiven vor sich hin und werden niemals an die Öffentlichkeit dringen, man könnte also meinen, es wären meine Hirngespinste. Aber glücklicherweise, wenn man das so sagen kann, hat Fidel einige Jahre vor meiner Flucht selbst den Beweis erbracht, dass ich mir das nicht ausdenke.

Es war im Jahr 2002. Er hatte dem Versuch nicht widerstehen können, das Telefonat zu verbreiten, das er zuvor mit dem konservativen Präsidenten Mexikos, mit Vicente Fox, geführt hatte. Am Abend vor einem UNO-Gipfel im mexikanischen Monterrey rief der Präsident, der von einer frappierenden Naivität war und noch dazu so ungeschickt, dass es schon fast flegelhaft wirkte, Fidel an, um ihm zu signalisieren, er möge seinen für zwei Tage später vorgesehenen Aufenthalt im Land auf ein Minimum verkürzen. Man wolle die anderen Teilnehmer nicht brüskieren, sagte er im Wesentlichen. Das I-Tüpfelchen: Fox legte ihm nahe, jede Art von Äußerung zurückzuhalten, die dem amerikanischen Präsidenten George W. Bush, der drauf und dran war, im Irak einzumarschieren, missfallen könnte.

Ich erwähnte weiter oben bereits, dass die offene Konfrontation mit Fidel das letzte Mittel ist, zu dem man greifen sollte, wenn man ein irgendwie positiv geartetes Resultat erreichen möchte – und das erste, wenn man ihn gegen sich aufbringen will. Genau das tat Fox aber. Fidel war außer sich und beschloss, das gesamte, sechzehnminütige Telefonat der

Öffentlichkeit zugänglich zu machen. Ab dem darauffolgenden Tag lief es in immer neuen Wiederholungen auf allen lateinamerikanischen Sendern – und auf You Tube ist es heute noch zu finden. Die linke Presse stürzte sich freudigst darauf und geißelte Fox als »Lakaien Washingtons«. In der Tat hatte der alles andere bewiesen als Größe: Was er sagte, zeugte von sklavischer Ergebenheit gegenüber den USA, sein Imageverlust war fatal, ganz besonders in dieser Region, wo die Aversionen gegen die hegemonialen Yankees immer noch ausgeprägt sind. Mir nichts, dir nichts hatte Fidel Fox lächerlich gemacht und »ermordet«.

Meines Wissens war es das einzige Mal, dass eine der Aufnahmen aus dem Raum neben dem Büro des *Máximo Líder* an die Öffentlichkeit kam. Dabei gibt es Tausende davon …

★

Wenn irgendwie möglich, lässt Fidel seine Gespräche auch mitschneiden, wenn er im Ausland unterwegs ist. Dabei ist mir besonders eine unserer Reisen nach Ecuador in Erinnerung geblieben. Im August 1988 fuhren wir anlässlich der Amtseinführung von Rodrigo Borja in das Land, das bis in die Gegenwart hinein von großer politischer Instabilität gekennzeichnet ist. In Quito, der Hauptstadt des Andenstaats in zweitausendachthundert Metern Höhe, ging Fidel zuerst seinen Freund Oswaldo Guayasamín (1919–1999) besuchen, einen der bedeutendsten ecuadorianischen Maler, dessen Werk von der indianischen Kunst beeinflusst ist und Armut, Unterdrückung und Rassismus thematisiert. Aber auch Fidel kommt darin immer wieder vor, als Porträt. An jenem Tag nahm der *Comandante* sich eine Stunde Zeit, um vor der Staffelei desjenigen Mannes zu posieren, den er *»mi hermano«* (»meinen Bruder«) nannte – eine Bezeichnung, die nur wenigen, wahren Freunden vorbehalten ist wie etwa

Gabriel García Márquez. Guayasamín kam später nach Havanna, um das Porträt zu beenden, das in dem sagenhaften, modernen Haus des Malers begonnen wurde. Ich erinnere mich an diesen Satz von ihm: »Fidel, man muss seine Hände zeigen, denn Fidels Hände sprechen.«

Ein weiterer denkwürdiger Moment dieser Reise war die feierliche Amtseinführung Borjas im Kongress. Eine denkwürdige Angelegenheit. In dem Augenblick, als der scheidende Präsident – einer von rechts, der sehr umstrittene León Febres Cordero, ein Verbündeter Washingtons – zu reden begann, veranstalteten die Abgeordneten einen unbeschreiblichen Zirkus: »Korrupt ist er!«, »Dieb!«, »Hurensohn!« Fidel machte große Augen und eine erstaunte Miene, wie ich sie zuvor bei ihm nie gesehen hatte. Unter dem wolkenlosen blauen Himmel der Hochebene setzte sich das Theater bis auf die Straße fort, wo der Präsident von Demonstranten ebenso vehement ausgebuht wurde wie drinnen. Wegen der steigenden Anspannung sahen wir uns veranlasst, den *Comandante* durch eine versteckte Seitentür in Sicherheit zu bringen.

Zuletzt – um zum Abhörwahn zurückzukommen – nutzte Fidel die Reise nach Quito, um sich mit dem costaricanischen Präsidenten Óscar Arias zu unterhalten, der ebenfalls anwesend und kurz zuvor, 1987, mit dem Friedensnobelpreis für die Vermittlung in den Konflikten Mittelamerikas ausgezeichnet worden war. Wir begaben uns zu dem Haus, das ihm von der ecuadorianischen Regierung zur Verfügung gestellt worden war. Unsere gesamte Eskorte blieb draußen vor der Tür, nur ich ging mit hinein. Die beiden Staatschefs setzten sich in den Salon, um über Mittelamerika zu diskutieren, denn Arias zählte auf Castro, um den dortigen Friedensprozess zu einem guten Ende zu bringen, besonders in Nicaragua.

Das Erste, was Arias zu Fidel sagte, war, dass er wünsche,

diese Unterredung möge unter ihnen bleiben. Ich aber erhielt meine Anweisungen von Fidel, nicht vom costa-ricanischen Präsidenten! Wie immer schaltete ich also mein Miniaufnahmegerät von Sanyo ein, das ich, dem Willen des *Jefe* entsprechend, stets bei mir trug. Ich weiß nicht, wie und warum, aber gerade als sie zu diskutieren begannen, machte das Gerät, das ich in meiner Hemdtasche versteckt hatte, »klick«. Arias hörte das und bat Fidel freundlich darum, mich hinauszuschicken. Sie sprachen dann unter vier Augen weiter. Ich hatte aber zuvor eine andere Tür im hinteren Raum des Salons erspäht. Auf Zehenspitzen schlich ich durch den Flur und legte das Gerät unauffällig, in einer Aktentasche versteckt, auf einen Tisch bei dieser Tür. Die Aufnahmequalität war sehr schlecht, aber ich habe die gesamte Unterhaltung aufgezeichnet. Was ich sagen will: Fidel machte mir aus meinem Eifer keinen Vorwurf, er war immer erpicht darauf, Tondokumente mit nach Kuba zu bringen. Zurück in Havanna bat er die *Técnica*, das Band zu »reinigen«, um die Umgebungsgeräusche herauszufiltern und die Klangqualität zu verbessern.

★

Was die Installation der Wanzen und Kameras in den Häusern, Wohnungen, Autos, Büros, Fabriken und Straßen von Kuba betrifft, so ist die entsprechende technische Abteilung der Geheimpolizei (auch Staatssicherheitsdienst oder G2), die Técnica, dafür zuständig. Nicht zu verwechseln mit dem Departamento chequeo, das sich ebenfalls um Überwachung und Observation kümmert und das auch Abteilung K (wie Kafka!) genannt wird: Die Einheit KC überprüft die Korrespondenz, die Einheit KT übernimmt das *chequeo telefónico* (Abhören der Telefonleitungen und Hotelzimmer, Büros, Autos, Wohnhäuser über Mikrofone), die Einheit KJ besorgt das *chequeo visual* (Observation und Videoüberwachung) und die Einheit KR das *chequeo radiofónico*, hört also die Radiostationen ab, von denen es auf Kuba viele gibt, auch in den Ministerien und bei einzelnen Radioamateuren.

Ich weiß auch, dass in unmittelbarer Nähe der Festungsanlage La Cabaña, dem Kolonialbau beim alten Hafen, Überwachungskameras installiert sind. Von dort aus beobachten Agenten des KJ, unter anderem mit Hilfe von Teleobjektiven, Personen, die sich vor der Ständigen Vertretung der USA, nur drei Kilometer weiter an der Promenade, aufhalten. Seit dem Abbruch der diplomatischen Beziehungen im Januar 1961 hat Washington keine Botschaft mehr in Havanna. Seit 1977 regelt eine Ständige Vertretung die informellen Beziehungen.

Überdies operiert eine Mannschaft der KJ von einem Gebäude der Einheit 160 aus – jenem Haus, das das logistische Zentrum der Leibgarde beherbergt, in dem sich die Garage der Autos Marke Mercedes und Fidels Privatkino befindet, in dem er seine Geliebten empfängt und die Nomenklatura ihre Lebensmittel lagert –, das direkt gegenüber der Residenz mit der Privatwohnung des Schweizer Botschafters auf der anderen Straßenseite liegt. Es kommt noch besser: Der einfache »Polizist« am Eingang dieser Residenz ist in Wirklichkeit ein Offizier der Spionageabwehr, der die vielen an dieser Adresse ein- und ausgehenden westlichen Ausländer überwacht.

★

Alle Ausländer sollten das wissen: Auf Kuba entkommt niemand dem wachsamen Auge des Staatssicherheitsdienstes, des G2. In Havanna sind mehrere Hotels von der Técnica speziell ausgestattet worden, um Unterhaltungen abzuhören und die Privatsphäre bedeutsamer Zielpersonen zu filmen, also Geschäftsmänner, Diplomaten, Politiker, Wissenschaftler, Kulturleute, Journalisten, Künstler und Schriftsteller. Da wäre die zwanzigste Etage des Habana Libre, die vierzehnte des Hotels Riviera, das ganze Hotel Nacional« oder auch das Cohiba. Und es gibt noch mehr ... Wenn Kuba Persönlichkeiten von Rang einlädt, was häufig vorkommt, werden diese erst in einem der Spezialzimmer einquartiert und dann bei ihren Liebesspielchen mit einer Prostituierten, die im Dienste des G2 unterwegs ist, gefilmt. Auf diese Weise verfügt das Regime über bemerkenswertes, erpressungstaugliches Material, besonders wenn der Sexpartner minderjährig oder homosexuell ist (was nicht ausschließt, dass die Zielperson sehr wohl verheiratet sein kann).

★

Es entzieht sich meiner Kenntnis, wie viele Spione Kuba pro Quadratmeter hat, aber deren Anzahl ist gewiss beeindruckend. Eines ist sicher: Die Staatssicherheit oder G2 – jene weitverzweigte Struktur, die sich auf die Pfeiler Spionage, Spionageabwehr und Personenschutz stützt, dem auch ich angehörte – streckt ihre Arme wie ein Krake in alle Richtungen aus. Fabriken, Institutionen, Ministerien, die Schulen auch noch der kleinsten Dörfer: Alle sind von Agenten infiltriert oder werden von ihnen kontrolliert. Auf dem Land wie in den Vierteln der großen Städte besteht die Aufgabe der Agenten darin, Informationen über die öffentliche Meinung in einer bestimmten geografischen Zone zu sammeln, sie in Berichten zu verarbeiten und diese dann tagtäglich an den nächsten Vorgesetzten weiterzugeben. Am Ende der Pyramide steht immer der *Máximo Líder*. Dank dieses flächendeckenden Netzes sind Fidel und Raúl innerhalb von vierundzwanzig Stunden über jede regimekritische Äußerung der Bevölkerung im Bilde.

Selbst die Minister und Generäle werden ausspioniert und abgehört. Auf dem großen Gelände von Punto Cero, dem Anwesen Fidels in Havanna, steht ein kleines Häuschen, das einzig den Abhörvorgängen der Personen dient, die in der unmittelbaren Nachbarschaft des *Máximo Líder* wohnen. Und es sind fast ausschließlich Mitglieder der Nomenklatura, die in diesem Teil der Stadt leben! Dieses Häuschen, abseits des Hauptgebäudes, wird verharmlosend *»casa de los misteriosos«* (»Haus der Geheimnisvollen«) genannt. Ich wusste schon lange von dem Haus, wenn auch nur vom Hörensagen, denn uns, der Leibgarde, war der Zutritt verboten. Nur durch Zufall entdeckte ich eines Tages, dass die Funktion dieser *casa de los misteriosos* tatsächlich unseren Vermutungen entsprach und wir uns das nicht ausgedacht hatten.

Es war um 1990. An jenem Tag kamen wir, Fidel und seine Eskorte, eben im Palacio de la Revolución an, um dort unseren Arbeitstag zu beginnen, als der *Comandante* mich postwendend nach Punto Cero zurückschickte, wo er ein wichtiges Dokument vergessen hatte.

Als wir an dem Gebäude der Eskorte vorbeikamen, das nur fünfzig Meter von Fidels Haus entfernt liegt, bat ich den Fahrer, kurz zu halten, damit ich meine vergessenen Zigaretten aus dem Schlafsaal holen könne. Eben dort stieß ich auf zwei Typen, die sich gerade an den Telefonen zu schaffen machten. Mit gesenktem Blick lief ich an ihnen vorbei und tat so, als würde ich sie vor lauter Eile nicht bemerken. Meine Schachtel Zigaretten in der Hand ging ich so schnell wie möglich wieder hinaus. Auf dem Parkplatz stand kein einziger unbekannter Wagen, da war mir klar, dass die Jungs von der *casa de los misteriosos* zu Fuß von der anderen Seite des Parks gekommen waren … Ich habe das meiner Frau und drei oder vier mir nahestehenden Kollegen erzählt und dann nie wieder davon geredet. Dennoch: Ich hatte entdeckt, dass

Fidel uns abhören ließ – *uns*, seine Leibgarde, die ihm mit Leib und Seele ergeben war!

Richtig ist aber auch, dass Fidel mit der Zeit grundsätzlich einfach alles abhören ließ, darunter die Protokollhäuser (selbst das seines Freundes Hugo Chávez war gründlich verwanzt!) und die Unterhaltungen seiner Minister, wie man an den Beispielen der in Ungnade gefallenen Felipe Pérez Roque, damals Außenminister, und Carlos Lage, damals Vizepräsident des Ministerrats, sehen kann.

★

Bespitzelung gehört zum Abc der Spionage – und in einer Diktatur ist die Spionage das Herzstück der Kriegsführung. Fidel hat im Laufe der Geschichte aus dieser Kunst eine Wissenschaft gemacht und beträchtliche Erfahrungen angesammelt. Er war es, der während der Guerillajahre das Spionagesystem aufgebaut hat, das im Untergrund grundsätzlich ein überlebenswichtiges Werkzeug ist. Als er an die Macht kam, profitierte er von den Ratschlägen und der unschätzbar wertvollen technischen Hilfe des sowjetischen KGB und der ostdeutschen Stasi. Fidel hat alles, was man braucht: Er ist gewieft, dreist und ein Improvisationsgenie. Er und kein anderer hat festgelegt, wer im Ausland überwacht werden sollte: der Regierungsapparat in Washington, die Beamten der UNO in New York, die Exilkubaner in Florida, nicht zu vergessen das Wissenschaftsmilieu, wo sich Sympathisanten des Castro-Regimes tummeln, die später als Maulwürfe die Verwaltung der Yankees infiltrieren könnten. Denn, und das ist von größter Wichtigkeit, Fidel denkt die Zukunft mit, er denkt in Generationen. Er kann sich Jahre und Jahrzehnte gedulden, bevor er jemanden aktiviert, nämlich so lange, wie derjenige eben braucht, um sich in der Hierarchie der Institution, die er unterlaufen soll, hochzuarbeiten. Fidel persönlich »verhandelt« mit den wichtigsten Geheimagenten, wenn sie sich gerade in Havanna aufhalten, dann trifft er sie abends in einem der Protokollhäuser und unterhält sich mit ihnen bis spät in die tropische Nacht.

★

Es war im Jahr 1980, als ich Gelegenheit hatte, mir ein Bild von seinen Fähigkeiten zu machen. Das war während der Mariel-Bootskrise. Die Geschichte in aller Kürze: Am 2. April 1980 dringen fünf Kubaner mithilfe eines gekaperten Busses gewaltsam in die peruanische Botschaft in Havanna ein und bitten um Asyl, das ihnen trotz aller Proteste gewährt wird. Im Gegenzug zieht Fidel den kubanischen Polizeischutz vor der Botschaft ab. Sehr schnell lagern erst siebenhundertfünfzig, dann Zehntausende von ausreisewilligen Kubanern auf dem Botschaftsgelände, errichten Zelte und weigern sich zu gehen. Binnen Kurzem ist das Areal völlig überfüllt und das Botschaftspersonal nicht mehr in der Lage, den Besetzern hygienisch angemessene Zustände, geschweige denn eine auskömmliche Verpflegung zu bieten. Drinnen wie draußen ist jeder Quadratzentimeter von Flüchtlingen besetzt, sogar in den Bäumen des Gartens sitzen sie. Eine humanitäre Krise bahnt sich an. Nach dreiwöchigen harten Verhandlungen mit Lima und auch Washington sind es nicht mehr Zehntausende, sondern weit mehr als hunderttausend, die vom Hafen der Stadt Mariel aus die Insel in Richtung USA verlassen dürfen. Es ist bis heute die größte Auswanderungswelle seit 1959.

Ich stand in der ersten Reihe. Drei Wochen lang war ich unmittelbarer Zeuge, wie Fidel die Krise managte.

Seine erste Handlung als Vollblutkriegsführer zu Beginn der Krise ist, sein Büro in das des damaligen Chefs der Spionageabwehr, Fabián Escalante Font, zu verlegen, das sich in der Nähe der peruanischen Botschaft befindet, also näher am Geschehen. Von seiner neuen Kommandozentrale aus ordnet er der Técnica an, Kameras zu installieren, um die Situation um die Botschaft herum besser im Blick zu haben. Dann lässt er zwei Krankenwagen vor der Botschaft vorfahren und erlaubt den Besetzern, sich dort behandeln zu lassen. Eine humanitäre Geste, um kranken Frauen, Männern und Kindern zu helfen? In Wirklichkeit besteht das Ärzteteam zur Hälfte aus Geheimdienstmitarbeitern in weißen Kitteln, die jede Konsultation dazu nutzen, Profile der Ausreisewilligen zu erstellen. Ich selbst halte in meiner *libreta* alles fest, was der *Comandante* unternimmt.

Zur selben Zeit beschließt Fidel, die peruanische Botschaft zu unterwandern, indem er zwei Agenten als vermeintliche Ausreisewillige einschleust. Diese simulieren Beschwerden, um sich von den »Ärzten« behandeln zu lassen, die ihnen in Wirklichkeit nur die neuesten Anweisungen von Fidel übermitteln. Während die humanitäre Lage sich zuspitzt und die politische Spannung steigt, fordert der *Jefe* sie auf, durch willentlich herbeigeführten Krawall Zwietracht unter den Flüchtlingen zu sähen. Gleichzeitig lässt Fidel großzügig Lebensmittelpakete liefern, als die Lebensmittelversorgung eng wird, nur ist die Anzahl der Pakete so knapp, dass die Menschen sich prügeln und in Stücke reißen, um an Essbares zu kommen. Das kubanische Fernsehen kann auf diese Weise durch die Zäune Bilder von Prügeleien und Aufruhr filmen, die den Eindruck vermitteln, die Flüchtlinge seien der letzte Abschaum. Mit der nötigen Portion List, Zynismus und Spionage gelang es Fidel, die Situation zu seinen Gunsten zu drehen und den Schaden zu begrenzen.

Aber die Geschichte ist an dieser Stelle nicht zu Ende. Die internationalen Verhandlungen haben ein Nachspiel: Nach drei Wochen erlaubt Fidel allen ausreisewilligen Kubanern, sich zum Hafen von Mariel (etwa vierzig Kilometer westlich von Havanna) zu begeben, um sich nach Florida einzuschiffen. Der »Exodus von Mariel« beginnt. Es heißt, der *Comandante* habe die Gelegenheit genutzt, seine Gefängnisse von Schwerverbrechern zu leeren, indem er sie in die USA schickte. Das ist richtig: Er hat sie selbst ausgesucht. Ich war dabei. Ich war dabei, als man ihm die Gefängnislisten mit den Namen der Insassen, dem Grund ihrer Inhaftierung und dem vorgesehenen Entlassungsdatum brachte. Fidel las und notierte kurz: der ja, der nein. »Ja« für die Mörder und Schwerverbrecher, »Nein« für alle, die mehr oder weniger an der Revolution gekratzt hatten. Insgesamt spazierten in der Folge gut zweitausend Kriminelle frei durch die Straßen von Miami.

Zuletzt, als es so weit ist und die Ausreisewilligen an Bord gehen dürfen, mobilisiert Fidel am Hafen von Mariel eine feindliche Meute, um die Flüchtigen ordentlich zu demütigen. Angestachelt von Polizisten und G2-Agenten in Zivil flucht die Meute, bespuckt die Landsleute und verteilt Fausthiebe. Natürlich fand ich das ungerecht, aber was konnte ich tun? Damals schien es mir ein legitimes Mittel der Verteidigung zu sein, ein Mittel, die Revolution und ihre edlen Ideale vor den Konterrevolutionären zu schützen, die sie verraten hatten, als sie die peruanische Botschaft stürmten. Ich war jung, ich glaubte an Fidels Ammenmärchen …

★

Ich hatte damals gerade mein Studium der Spionageabwehr an der Hochschule des MININT begonnen. Zunächst war ich, zwischen 1979 und 1985, nur einen Tag in der Woche in der Akademie, in den letzten Ausbildungsmonaten dann täglich. Dort auf den Bänken dieser Lehranstalt (aber auch beim Meister aller Spione, bei Fidel) eignete ich mir sämtliche Techniken an, die man kubanischen Agenten beibringt, wenn man sie ins Ausland schicken will. Später haben mir diese Methoden sehr geholfen, besonders die Methoden der Observation und Gegenobservation, nachdem ich meine Gefängnisstrafe abgesessen hatte und dann aus Kuba flüchtete, während die Polizei mich abhörte und beobachten ließ. Von den Psychologievorlesungen profitiere ich noch heute. Man lernte dort unter anderem, wie man seinen Gesprächspartnern bei banalen Unterhaltungen Informationen entlockt, indem man bestimmte Stimuli aktiviert, wie die Schmeichelei oder den Zweifel: Menschen, die sich in ihrem Berufsleben nicht genügend gewürdigt fühlen, muss man aufwerten, Äußerungen von solchen Menschen mit einem großen Ego muss man im Gegenteil in Zweifel ziehen, damit sie verleitet werden, mehr Details preiszugeben. Man lernt in diesen Kursen eine Menge Dinge, das lässt sich nicht leugnen …

Unter meinen Studienkameraden waren auch zukünftige Diplomaten. Sie werden eigens in den Techniken der Spionage ausgebildet. Bevor sie einen Posten bekommen, absolvieren sie eine psychologische Schulung, in der sie über ihren eigenen Charakter, über ihre Stärken und Schwächen aufgeklärt werden, um bestimmte Eigenschaften ändern zu können. Geschmäcker, Neigungen, Vorlieben, die einem Feind zugutekommen könnten, werden korrigiert, ihr revolutionärer Eifer durch ideologische Abhandlungen gestärkt. Man nennt diese Phase »mentale Konditionierung«. Im Ergebnis ist also jede kubanische Botschaft, von Paris bis Mexiko, von Berlin bis Kairo, ein Agentennest. Sogar der unwichtigste Mitarbeiter wie etwa eine kleine Rezeptionistin ist in Sachen Gegenspionage ausgebildet – wenn auch nicht so gut wie der Chef des Hauses, also der Botschafter persönlich.

Ich bin so viel mit Fidel gereist und habe so eng mit unseren Botschaften im Ausland zusammengearbeitet, dass ich einen guten Einblick gewinnen konnte. So weiß ich etwa, dass der Chiffreur, der Offizier, der für die Kommunikation mit Havanna zuständig ist, aufgrund der vielen Informationen, die durch seine Hände gehen, in jeder Botschaft der am strengsten überwachte Mann ist. Er darf nur innerhalb des Botschaftsgeländes wohnen und sich auch nicht alleine in die Stadt begeben, sondern muss sich von ein oder mehreren Kollegen begleiten lassen, wenn er raus möchte. Damit soll verhindert werden, dass der Chiffeur sich absetzt, denn das wäre fatal für Kuba.

Eine der Anordnungen für die Botschaften besteht darin, ausländische Agenten zu rekrutieren, ob es sich dabei nun um einfache »Einflussagenten« oder um wirkliche Agenten handelt. Erstere sind häufig Akademiker, Politiker, Diplomaten, Journalisten, Persönlichkeiten aus Kunst und Kultur oder sogar Industriebosse, kurz: alle, denen ihre Stellung einen gewissen Einfluss beschert und die der kubanischen Revolution gegenüber grundsätzlich positiv eingestellt sind. Kuba ermutigt diese Menschen, aus denen es unauffällige Castro-Anhänger machen möchte. »Nützliche Idioten«, wie Lenin gesagt hätte. Letztere kommen sehr viel seltener vor; das sind Menschen, die bewusst für den kubanischen Geheimdienst arbeiten, und die von der Führung des Nachrichtendienstes rekrutiert wurden.

★

Diplomatenempfänge, Kulturereignisse (Konzerte, Filmvorführungen), Messen (etwa Tourismusmessen) sowie Zusammenkünfte von Zigarrenliebhabern sind gute Gelegenheiten, Agenten zu rekrutieren. Diese Aufgabe kommt dann einem speziellen Offizier zu, von denen es in jeder kubanischen Botschaft einen gibt. In der Regel handelt es sich dabei um eine kultivierte, umgängliche, liebenswürdige Person, die zu jedem Thema etwas beizutragen hat und sich jedem Milieu anpasst. Die vorderste Aufgabe dieses Offiziers ist es, mit den Leuten Kontakte zu knüpfen und sie zum Sprechen zu bringen, so kann er erkennen, ob diese oder jener eher prokubanisch eingestellt ist und sich rekrutieren ließe oder nicht. Jede potenzielle Rekrutierung ist Grund genug für ein psychologisches Profil. Alles wird systematisch in einer Kartei festgehalten: Geschmack, Vorlieben, Schwächen, sexuelle Orientierung, der Grad der Sympathie mit der Revolution, der Hang zu Geld – ohne das geht es nicht.

Wer mit der Welt des Geheimdienstes bekannt ist, weiß, dass es vier Wege gibt, Agenten zu rekrutieren: über das Geld, die Ideologie, die Erpressung und das Ego. Fidel bevorzugt seit jeher die Ideologie, ausgehend von dem Gedanken, dass es auf Dauer sicherer und kostengünstiger ist, Leute anzuheuern, die von sich aus motiviert sind und seine antiimperialistische beziehungsweise antiamerikanische Einstellung teilen. Die bekanntesten von der CIA entlarvten Maulwürfe gehören sämtlich dieser Kategorie an. Da wäre Ana Belén Montes aus dem Pentagon, die 2001 festgenommen und zu fünfundzwanzig Jahren Haft verurteilt wurde; oder Walter Kendall Myers, ein Ex-Offizier aus dem US-Außenministerium, der 2009 verhaftet wurde und lebenslänglich bekam. Ihnen beiden genügte es, für die Verdienste der Revolution zu kämpfen.

★

Es kann in Einzelfällen aber vorkommen, dass Agenten mittels Erpressung rekrutiert werden. So erging es etwa einem französischen Diplomaten, nennen wir ihn Monsieur X, von dessen Fall ich erfuhr, als ich eines Morgens Fidels Post vorbereitete. Ich habe noch nicht erwähnt, dass ich nicht nur für den Schutz und die Unversehrtheit des *Comandante* sowie die täglichen Aktualisierung der *libreta* zuständig war, sondern auch jeden Morgen die Berichte der Ministerien und

Abteilungen des Geheimdienstes zu sortieren hatte. Eines Morgens also, es war Ende der 80er-Jahre, fällt mir der Bericht der Spionageabwehr in die Hände, der von einem französischen, mittels Erpressung gewonnenen Diplomaten in Kuba handelt. Die Rekrutierung eines ausländischen Agenten kommt nicht alle Tage vor, es war interessant und machte mich neugierig. Da in dem Moment selbst keine Zeit war, den Bericht im Detail zu lesen – ich hatte noch einen Stapel Dokumente für Fidel zu sortieren –, merkte ich mir zwar den Namen, dachte aber bald nicht mehr daran …

Nun hatte die Geschichte aber ein Nachspiel in Miami. Wie jeder weiß, leben in Floridas Metropole Zehntausende Exilkubaner, unter ihnen nicht wenige kubanische Ex-Agenten, die aufgrund meines Lebenslaufs mit mir Kontakt suchten, nachdem es mir 2008 endlich gelungen war zu fliehen. Einer von ihnen, ein ehemaliger Geheimdienstoffizier, der 1995 in die USA exiliert war, fragte mich, ob ich jemals von einem gewissen Monsieur X gehört hatte, einem französischen Diplomaten, der Ende der 80er-Jahre in Havanna rekrutiert worden sei. Als ich den Namen hörte, klingelte es sofort bei mir, in Gedanken wurde ich zwanzig Jahre zurückgeworfen.

Wenige Tage später gab mir dieser kubanische Ex-Offizier einen Ausschnitt eines neunseitigen Berichts zu lesen, den er nach seiner Flucht für den US-amerikanischen FBI verfasst hatte, in dem es um besagten Diplomaten ging. Ich beschreibe diesen Fall hier in großen Zügen, weil er typisch für die Arbeitsweise des kubanischen Geheimdienstes ist: Anders als man vielleicht denken könnte, zielt Castros Spionage nicht nur auf »große Fische« ab. Sie nimmt auch mittlere Beamte zweiten Ranges ins Visier, denn diese können Informationen beitragen, die sich später in ein großes Ganzes einfügen wie einzelne Puzzleteile.

Nachdem man also diesen Monsieur X, den Diplomaten, als Schmuggler von Schmuck und Kunstwerken entlarvt hatte, erstellte das Departamento II der Spionageabwehr, in dessen Zuständigkeitsbereich die in Kuba stationierten ausländischen Diplomaten fallen, ein psychologisches Profil und ließ ihn observieren, um ihn auf frischer Tat bei einer illegalen Transaktion zu ertappen. Diese Operation wurde erfolgreich ausgeführt und die Rekrutierung als »positiv« verbucht. Man forderte Monsieur X sogleich auf, Informationen aus dem Innenleben seiner Botschaft zu liefern, über das Alarmsystem, die Sicherheitsmaßnahmen und so weiter, für den Fall, dass man das Objekt durchsuchen lassen wolle. Auch sollte er Informationen über das Privatleben der anderen konsularischen und Wirtschaftsfunktionäre preisgeben, um die eigenen Akten vervollständigen und herausfinden zu können, ob es noch andere Diplomaten gab, die sich zur Rekrutierung eigneten.

Das eingehende Studium der Persönlichkeit von Monsieur X durch die Psychologen der Spionageabwehr ergab, dass dieser hochgradig an Geld interessiert war. Man erlaubte dem neu gewonnenen Agenten daher die Fortführung seines Kunsthandels – allerdings nicht ohne Gegenleistung. Auf Anweisung »von höchster Stelle« (womit natürlich Fidel gemeint ist) befahl man ihm, »alles daranzusetzen«, dass Kuba Gelder von französischen Institutionen erhielte, die sich für die Entwicklung von Ländern der Dritten Welt einsetzten. Monsieur X wurde angehalten, in den Berichten, die er dem französischen Außenministerium zukommen ließ, die politische, wirtschaftliche und soziale Wirklichkeit Kubas nach den Vorgaben des kubanischen Geheimdienstes zu schildern. Er fügte sich und ging seinen Aktivitäten nach, anfangs ohne zu wissen, dass er weiter observiert wurde. Natürlich erlaubte seine weitere Beobachtung, ihn zu kompromittieren und ihm immer mehr Informationen abzupressen.

Nach meiner Kenntnis ist Monsieur X noch immer im diplomatischen Dienst und für sein Land tätig.

10

VENEZUELA – DIE FIXE IDEE

Die Motoren sind ausgeschaltet, nur das Plätschern der Wellen am Rumpf der *Aquarama II* ist zu hören. Unter dem Sternenhimmel streicht warme Luft über die Haut, der Vollmond erleuchtet die Landschaft. Es ist schon spät, Mitternacht vielleicht. An Bord von Fidels Jacht, eine Seemeile von seiner Privatinsel Cayo Piedra entfernt, frönen »Gabo« und er ihrer nächtlichen Angelpartie. »Gabo«, das ist Gabriel García Márquez, der kolumbianische Schriftsteller und Nobelpreisträger, den Fidel, der um ein Jahr ältere der beiden, seit Anfang der 60er-Jahre kennt, als Journalisten aus ganz Lateinamerika zusammenkamen, um die kubanische Presseagentur Prensa latina zu gründen. Márquez war eine Zeit lang selbst einer ihrer Korrespondenten in den USA, bis er sich von Castro-Regime entfernte, um sich seiner Berufung, der Literatur, zu widmen. In den 70er-Jahren näherte er sich Fidel wieder an, fasziniert von diesem Machtmenschen und seinen im subkontinentalen oder auch »Pan-latino«-Nationalismus verwurzelten Ansichten.

Sie haben noch einen dritten Mann an Bord. Einen persönlichen Gast des *Comandante*, einen südamerikanischen Geschäftsmann, von dem ich weder den Namen behalten habe noch weiß, aus welchen Land er kam.

Der Ausflug aufs Meer war Fidels Idee. Was für ein Vergnügen, in der karibischen Nacht zu angeln und dabei zwölf Jahre alten Whiskey zu genießen! Wenn man einmal davon absieht, dass mit Fidel aus einem harmlosen Angelausflug leicht ein Wettbewerb werden kann … An diesem Abend ist das Glück aufseiten des Gastes. »Hepp! Ich habe einen!«, ruft der Geschäftsmann fröhlich beim ersten Fisch. »Und hopp! Noch einen! Und gleich noch einen Dritten!«, fährt er triumphierend fort, nicht einen Moment kommt ihm der Gedanke, dass sein Gastgeber beleidigt sein könnte. Weiter geht es: »Nummer vier!« Und noch immer ist nicht Schluss … Zwei Stunden später hat der Gast mindestens fünf Fische mehr als Fidel.

Aus den Augenwinkeln beobachte ich den *Comandante*, der einen mürrischen Eindruck macht, er schweigt schon eine ganze Weile. Gabo wird langsam müde und gähnt. Spät in der Nacht nimmt mich der Autor von *Hundert Jahre Einsamkeit* beiseite und flüstert mir zu: »Hey, bitte unseren Freund doch, sich mit der wundersamen Angelei jetzt zufriedenzugeben, sonst kommen wir nie nach Hause.« Gabo kennt Fidel gut genug, um zu wissen, dass er ein schlechter Verlierer ist, ob es ums Angeln geht, um Basketball oder um jede andere Art von Wettbewerb – und dass er nicht aufgibt, ehe er nicht mehr Fische im Eimer hat als sein Gast. Ich überbringe dem Gast also die Nachricht. Eine Stunde später hat Fidel seinen Rückstand aufgeholt und verkündet: »Gut, ich glaube, das war ein erfolgreicher Ausflug. Lasst uns jetzt nach Hause fahren!«

★

Seit den 70er-Jahren pendelt Gabriel García Márquez zwischen Mexiko, wo er eine Bleibe hat, und Kuba, wo Fidel ihm ein Protokollhaus mit Pool, Mercedes-Benz, Chauffeur, Koch und allen möglichen Annehmlichkeiten in der Straße 146 im Stadtteil Playa zur Verfügung gestellt hat, hin und her. In den 80er-Jahren verbringt er seine Zeit überwiegend in Kuba. Hier steckt er fast unentwegt mit Fidel zusammen, sei es, dass er ihn im Palacio besucht oder ihn bei sich empfängt, sei es, dass der *Comandante en Jefe* mit dem Nobelpreisträger von 1982 ein gemeinsames Wochenende auf der Paradiesinsel, auf Cayo Piedra, verbringt.

Eines Abends im Jahre 1984, etwa so gegen 22 Uhr, geht Fidel den Autor besuchen, und wie sie so ins Gespräch kommen, fragt er ihn – tastend und halb scherzhaft –, ob er nicht bei den Präsidentenwahlen in zwei Jahren in Kolumbien ins Rennen gehen wolle. Fidel ist in jeder Sekunde, die der Herrgott ihm gegeben hat, dabei, Pläne zu schmieden – und jetzt nimmt er wieder einmal Witterung auf.

»Gabo, hör mal, ich finde, es wäre dein gutes Recht, dich bei der Wahl in Kolumbien als Präsident aufstellen zu lassen. Du hast gute Chancen, weißt du. Und du wärst ein sehr guter Kandidat. Wir würden dich von Kuba aus unterstützen, mit allen Mitteln, die uns zur Verfügung stehen.«

Ich erinnere mich noch, wie Pepín, Fidels Adjutant, mich beiseitenimmt und mir halb belustigt, halb ungläubig sagt: »Hast du gehört? Der Chef setzt ihm gerade den Floh ins Ohr, er könne Präsident werden … Werden schon sehen, wohin das führt …«

Das führte nicht weit, um ehrlich zu sein, denn Gabo räumt mit der »blendenden« Idee von Fidel schnell auf. Márquez war sich der Tatsache bewusst, kein Wahltier zu sein. Mir scheint, er genoss die Freuden des Lebens und hielt sich von der praktischen Politik eher fern; ein ungewisses Abenteuer, das seinem Temperament so wenig entsprach, war nicht nach seinem Geschmack. Wäre es anders gekommen, hätte Fidel ihn selbstverständlich mit aller Kraft unterstützt, und mithilfe seiner politischen Erfahrung wäre es durchaus möglich gewesen, dass García Márquez die Wahlen in seinem Land gewonnen hätte. Fidel hätte danach leichtes Spiel gehabt, auf seinen Freund einzuwirken und ihn zu manipulieren, um Kolumbien auf die demokratischste Art der Welt dauerhaft in Kubas Einflussbereich zu ziehen.

Die Geschichte hat anders entschieden. Ich erzähle diese

Anekdote aber, um zu zeigen, welche Fantasie Fidel Castro entwickeln kann, wenn es darum geht, die Karten der großen Politik neu zu mischen, jederzeit und mit allen Mitteln – mal subversiv, mal mit Hilfe eines trojanischen Pferdes, wie Gabo eines hätte sein können.

★

Wenn es dem *Comandante* auch nicht gelang, seinen Freund García Márquez zu instrumentalisieren, so glückte ihm das, wenn auch erst sehr viel später, in Venezuela, bei Oberst Hugo Chávez, der Ende 1999 in Caracas an die Macht kam.

Venezuela nahm in den geostrategischen Planspielen von Fidel stets einen besonderen Platz ein. Der *Comandante* hatte von jeher das venezolanische Öl im Visier, er wusste von Anfang an, dass es der Schlüssel wäre zu seinem Traum, international handlungsfähig zu sein und den USA standzuhalten. Es war also kein Zufall, dass Castro, nur drei Wochen nach dem Sieg der kubanischen Revolution in Havanna, am 23. Januar 1959 nach Venezuela flog, um das Land mit seiner ersten Auslandsreise zu beehren. Die Reise war von doppelter Symbolik. Zum einen sieht Fidel sich in direkter Nachfolge des *Libertador* Simón Bolívar, des Helden im Kampf für die Unabhängigkeit von Spanien, der einst davon geträumt hatte, alle Länder Lateinamerikas zu vereinen. Zum anderen identifizierten die Venezolaner sich mit dem jungen Castro, denn hinter ihnen lag eine ähnliche Vergangenheit: Auch sie hatten – im Jahr zuvor, am 23. Januar 1958 – einen Diktator zu Fall gebracht, Marcos Pérez Jiménez. Fidel und seine kubanische Delegation, der auch seine inoffizielle Lebensgefährtin Celia Sánchez angehörte, wurden von zahlreichen Männern und Frauen, vor denen der *Comandante* visionäre Reden hielt, wie Helden empfangen. Trotzdem musste er einen Rückschlag einstecken: Fidel kam auch nach Venezuela, um den gerade wiedergewählten Präsidenten Rómulo Betancourt um finanzielle Mittel zu bitten, die ihm schlussendlich verwehrt wurden. Hier rührte das schlechte Verhältnis der beiden Staatsmänner her. Betancourt soll nach ihrem Treffen gesagt haben: »Ich habe keinen Mann getroffen, sondern einen tropischen Wirbelsturm.«

Die Reise nach Caracas endete mit einem Ereignis ganz anderer Art, das aber nicht weniger bezeichnend war. Kurz bevor der Chef der Leibgarde an Bord der zweimotorigen Maschine ging, die die Delegation nach Havanna zurückbringen sollte, stieg der *barbudo* Paco Cabrera noch einmal aufs Rollfeld hinab, weil er bei der Abfertigung eine Waffe vergessen hatte. Er wurde dabei von einem Propeller erfasst, der ihm den Schädel zertrümmerte und ihn zu Boden riss, wo er in einer Blutlache liegen blieb. Einige Zeugen berichteten später, Fidel habe sich angesichts des Verlusts nicht betroffen gezeigt, obwohl dieser Leibwächter schon seit der Sierra Maestra für ihn arbeitete, er soll nur gesagt haben: »So ein Idiot!«

Ich weiß nicht, ob das wahr ist, aber eines weiß ich sicher: Dankbar ist Fidel den Menschen nicht, die ihr Leben aufs Spiel setzen, um ihn zu schützen. Die Art und Weise, wie er mich ins Gefängnis stecken ließ, ist ein Beweis dafür, aber es gibt noch andere. Etwa das meines Kollegen Hauptmann Armín Pompa Álvarez, der Anfang der 80er-Jahre nach kurzer, heftiger Krankheit starb – an welcher, fand man nie genau heraus – infolge von Stichen, die er während eines von Fidel organisierten Schildkrötenfangs unweit einer moskitoverseuchten Insel erlitt. Der *Comandante* war bei der Trauerfeier anwesend und ließ auch auf dem Colón-Friedhof von Havanna einen Kranz niederlegen. Er sprach sogar der verzweifelten Witwe und Familie des Verstorbenen sein Beileid aus und tat dabei derart betroffen, dass es aufrichtig wirkte. Aber kaum war die Zeremonie beendet, fuhr er zu seiner Geliebten, der Dolmetscherin Juanita Vera, in sein Liebesnest der Einheit 160. Dass den *Jefe* die Lust überkam, kaum dass er einen ihm nahestehenden und ergebenen Menschen unter die Erde gebracht hatte, war unbegreiflich. Nicht alle Mitglieder der Leibwache hielten mit ihrem Ärger hinterm Zaun. Einer meinte: »Mit dem Sterben sollte man sich hier zurückhalten. Bist du erst mal tot, hat man dich gleich vergessen ...« Er hatte recht, drei Wochen nach Hauptmann Armíns Tod sprach niemand mehr von ihm.

★

Zurück zu den Plänen, die Fidel mit Venezuela hatte. Dafür muss man zunächst im Sinn haben, dass der *Máximo Líder* seit Anfang der 60er-Jahre, zu Zeiten der Unstimmigkeiten mit Rómulo Betancourt, aktiv die Guerilla unterstützte, mit Ratschlägen, militärischer Ausbildung auf Kuba und geheimen Waffenlieferungen nach Venezuela. Als Betancourt, ein waschechter Sozialdemokrat, dahinterkommt und sichere Beweise dafür findet, bewirkt er 1962 den Ausschluss Kubas aus der Organisation Amerikanischer Staaten (OAS), jener Instanz, die alle Länder Nord- und Südamerikas vereint. Fidel wird auf diplomatischer Ebene isoliert – trotzdem lässt er von seiner venezolanischen *idée fixe* nicht ab.

Ab 1974 knüpft er enge Beziehungen zum neuen Präsidenten, zu Carlos Andrés Pérez, der sich um ein gutes Verhältnis mit Kuba bemüht, ohne die freundschaftlichen Beziehungen zu Washington aufzugeben. Als Vizepräsident der Sozialistischen Internationale stellt er sich, wie Fidel auch, gegen die Diktatur Somozas in Nicaragua. Fidel hat in der Region nun einen wichtigen Verbündeten, der ihm in der UNO und in anderen internationalen Institutionen den Rücken stärkt. Dank der Ölkrise, als die Preise für das schwarze Gold stark ansteigen, wird die erste Amtszeit von Carlos Andrés Pérez eine Ära nie gekannten Wohlstands. Venezuela bezeichnet man in dieser Zeit gerne als »saudisches Venezuela«, die Venezolaner selbst als *damedos* (»*dame dos*« oder »gib mir zwei«), weil ihre Kaufkraft größer ist als in allen anderen Ländern der Region.

Nach einer glorreichen ersten Amtszeit gelangt Pérez 1989 bis 1993 ein weiteres Mal an die Macht. Übrigens bin ich derjenige, der als Vorhut (»Späher«) damit beauftragt wird, während der Amtseinführung 1989 für die Sicherheit Fidels in Caracas zu sorgen. Nun kommt es aber so, dass nach wenigen Tagen im Hilton Caracas ihm der Innenminister José Abrantes nahelegt, mit der ganzen kubanischen Delegation in ein anderes Hotel umzuziehen, in das Eurobuilding, das zwar weiter außerhalb liegt, aber gerade neu eröffnet worden und vor allem ruhiger ist. Im Hilton herrscht tatsächlich ein ziemliches Gedränge, viele der zum Festakt angereisten Staats- und Regierungschefs sind dort abgestiegen: Die Lobby ist voller Journalisten, die Fidel belagern, voller Ministerialräte, die die Sessel in Beschlag nehmen, und Sicherheitsoffizieren aus aller Welt. Hinzu kommt, dass die Fahrstühle ständig überfüllt sind. Wir, die kubanischen Sicherheitsleute, haben keine Kontrolle über die Situation und können unsere Arbeit nicht in Ruhe erledigen.

Fidel nimmt den Vorschlag von Abrantes auf und schickt mich vor, um praktische Fragen der Übersiedelung zu klären. An Ort und Stelle werde ich prompt in einem Fahrstuhl eingeschlossen, den mein *Comandante* zwei Stunden später ebenfalls benutzen sollte. Ich arbeite sogleich einen Plan B aus: Fidel muss den Lastenaufzug benutzen. Ich probiere ihn aus, überprüfe ihn mit der Hilfe einiger Techniker, klopfe jeden Quadratzentimeter auf Sprengstoff ab, dann stelle ich eine kubanische Wache vor der Tür auf, eine andere auf Fidels Etage und eine dritte im Untergeschoss. Just in diesem Augenblick betritt der *Comandante* die Hotellobby, ohne dass ich Gelegenheit hatte, Abrantes oder den Chef der Eskorte über meinen Plan B zu informieren.

Ich gehe also zu Fidel und stelle mich ihm in den Weg, um ihn zu stoppen. Ohne ein Wort, nur mit dem Kinn, bedeute ich ihm, mir in Richtung Lastenaufzug zu folgen, unter dem missbilligendem Blick von Abrantes, der erfolglos versucht, mich zurückzuhalten. Fidel hat Vertrauen zu mir, er folgt mir – und erst im Aufzug bemerke ich, wie finster und ärgerlich Abrantes dreinschaut. Er erträgt nicht, dass mein Wort schwerer wiegt als seines. Oben angekommen schließen die beiden Männer sich in Fidels Zimmer ein, fünf Minuten später werde ich hinzitiert und soll mein Verhalten rechtfertigen. Ich erkläre Fidel alles von A bis Z, und er sieht Abrantes nur lächelnd an, wie um ihm zu sagen: »Siehst du, Sánchez ist ein Profi, der weiß, was er tut.« Der Innenminister wechselt bis zu unserer Rückkehr nach Havanna kein Wort mehr mit mir.

★

Zurück auf Kuba kündigt Fidel uns wenige Tage später an, dass uns wieder eine Reise nach Venezuela bevorstehe – eine Reise, die unbedingt geheim bleiben müsse. Das Ziel ist dieses Mal La Orchila, eine paradiesische Insel von vierzig Quadratkilometern in türkisblauem Wasser, hundertfünfzig Kilometer nördlich der Hauptstadt, die einen Militärstützpunkt und eine Marineluftfahrtbasis beherbergt. Zugang haben ausschließlich venezolanische Präsidenten, deren Familien und nahe Angehörige, Militärpersonal und einige Regierungsmitglieder.

Wir fliegen, was ungewöhnlich ist, mit nur einer einzigen Maschine, der Präsidentenmaschine, einer Iljuschin-62, also ohne die Begleitung der beiden anderen Maschinen, die sonst im Verband mitfliegen – nicht nur, um Fidels Flieger für den Fall einer Panne zu ersetzen, sondern auch, um im Unklaren zu lassen, in welcher Maschine der *Comandante* wahrhaftig sitzt. Auf der Insel verteilen wir die üblichen Geschenke an unsere venezolanischen Mitstreiter: Kisten mit Rum und Zigarren. Wir werden im Gegenzug mit Baseballkappen beschenkt, die mit dem Schriftzug »La Orchila« bedruckt sind und die Fidels Adjutant Pepín Naranjo postwendend wieder konfisziert, schließlich soll die Reise ja geheim bleiben.

Wie dem auch sei – bald bietet sich Fidel die Gelegenheit, Carlos Andrés Pérez in die »geniale« Idee einzuweihen, die ihm seit geraumer Zeit durch den Kopf geht. Es ist nach wie vor das venezolanische Öl, das ihn umtreibt, und so setzt der *Comandante* seinem Amtskollegen auseinander, welche Vorteile es hätte, wenn Venezuela Öl an Kuba liefere statt an Westeuropa und die UdSSR ihrerseits Gas an Westeuropa statt an Kuba. Auf diese Weise wäre keines der Exportländer benachteiligt, weder Venezuela noch die UdSSR, die Transportkosten ließen sich reduzieren, und die Energiesicherheit aller Beteiligten wäre gesichert. Eine glänzende und kühne Idee, die in den Augen von Carlos Andrés Pérez dennoch nicht umsetzbar ist. Er lehnt schließlich ab. Aber alleine die Tatsache, dass dieser Gedanke in Fidel aufkeimen konnte, bestätigt sein ungeheures Interesse an venezolanischem Öl und seine politische Weitsicht. Schließlich sind es nur noch wenige Monate bis zum Berliner Mauerfall, von dem an Gorbatschows UdSSR ein immer unsichererer Lieferant wird. Fidel denkt wahrhaftig global, als fühle er sich auf seiner Karibikinsel beengt.

★

Ganze zehn Jahre muss er sich noch gedulden, bis 1999 Hugo Chávez an die Macht kommt, um auf das venezolanische schwarze Gold zugreifen zu können. Fidel setzt mit seinem neuen Verbündeten eine seiner sensationellsten strategischen Allianzen um: die Achse Caracas-Havanna. Ab 2006 liefert Venezuela Öl an Kuba, zum Freundschaftspreis, in einer Größenordnung von hundert- bis hundertundfünfzigtausend Fass pro Tag, wofür Kuba in Gegenzug kubanische Ärzte in die Slums und »Berater« nach Venezuela entsendet. Mehr als vierzig Jahre nach seiner ersten Reise nach Caracas erhält Fidel von seinem Schüler Hugo Chávez die Hilfe, die Rómulo Betancourt ihm zuvor verwehrt hatte. Aber das ist nicht alles. Gemeinsam gelingt es Castro und Chávez, dank der politischen Genialität des einen und des Öls des anderen, das Projekt Internationalismus neu auf den Weg zu bringen: eine Idee des 19. Jahrhunderts, inspiriert von Simón Bolivar und José Martí, einem kubanischen Schriftsteller und Nationalheld. Ihre Initiative zur internationalen Solidarität auf unserem Subkontinent mündet in der Gründung der Bolivarianischen Allianz für die Völker unseres Amerika (ALBA), eine linksgerichtete Organisation, der außerdem Bolivien, Ecuador und Nicaragua angehören.

Die ALBA ist Frucht einer der bemerkenswertesten Züge Fidels: seiner Beharrlichkeit. Er musste vierzig Jahre warten, um Venezuela für sich zu gewinnen, aber es ist ihm gelungen.

11

FIDEL UND DIE OPERETTEN-TYRANNEN

Wir waren gewarnt. Im Flugzeug sagte man es uns noch einmal: Seid auf der Hut! So lautete die Anweisung der kubanischen Geheimdienstler: »Vorsicht, bei allem, was ihr sagt! Die Nordkoreaner haben ihre Mikros überall, sie hören und filmen alles.« »Überall« hieß: nicht nur wie in Kuba im Büro des Präsidenten, im Sitzungssaal des Ministerrats oder in den Botschaften, um etwas Bestimmtes herauszufinden. »Überall« hieß wirklich *überall*: in den Fahrstühlen, den Hotelfluren, in allen Zimmern, auch in den Badezimmern und Toiletten. Ich war gespannt, ob sich das, was der kubanische Geheimdienst meinte, beim ersten (und letzten) Besuch Fidel Castros in der Demokratischen Volksrepublik Korea, in Nordkorea, bestätigen sollte.

Unsere Iljuschin war aus Moskau gekommen und parkte jetzt beim roten Teppich, den man auf dem Rollfeld von Pjöngjang ausgelegt hatte. Diktator Kim Il-sung, der mit seiner Baskenmütze wie ein friedlicher Vater aussah, stand neben seinem Sohn Kim Jong-il (dem Vater des heutigen Machthabers Kim Jong-un) und erwartete seinen Gast. Fidel, eine russische Uschanka auf dem Kopf, stieg die Treppe hinunter und umarmte den »Großen Führer«, den er um Haupteslänge überragte. Neben den Koreanern wirkte Fidel mit seiner großen Statur, seiner Mütze mit den Ohrenklappen und dem langen Mantel wie ein sibirisches Ungeheuer. Es war ganz unmöglich, nicht sofort den Tumor im Nacken Kim Il-sungs zu bemerken, den er nicht operieren lassen wollte, obwohl er schon so groß war wie ein Baseball. Eine junge Frau trat vor, um Fidel Blumen zu überreichen. Dann ließ man fünfhundert

Luftballons in den Himmel steigen. Es gab auch eine Militärparade im Stechschritt. Schließlich stiegen die beiden Staatsmänner in eine schwarze Limousine mit Faltdach und fuhren, eskortiert von dreißig Motorrädern, in Richtung Hauptstadt.

Es war grandios. Auf den vierzig Kilometern, die zwischen dem Flughafen und der Hauptstadt liegen, standen Hunderttausende Koreaner Spalier und schwenkten kubanische und koreanische Flaggen. In regelmäßigen Abständen, alle fünfzig Meter, waren Porträts von Fidel und Kim aufgestellt. Hinter jeder Biegung schwebten, wie flüchtige Erscheinungen, Tänzerinnen in Weiß, Gelb oder Blau und schwenkten Fächer, Schirme oder Bänder. Es war alles wie eine Choreografie von Automaten unter dem tristen, grauen Himmel von Pjöngjang.

Da mein Wagen der Präsidentenlimousine einen guten Kilometer vorausfuhr, hatte ich Gelegenheit zu beobachten, wie die Autoritäten es anstellten, dass die äußerst disziplinierte Bevölkerung sich hinter den weißen Linien hielt, die rechts und links der Straße aufgemalt waren. Da wurde nichts dem Zufall überlassen. Wer immer den Strich übertrat, wurde von den unerbittlichen Militärs, die alle zehn Meter postiert waren, mit dem Knüppel geprügelt. Ich konnte das an der gesamten Strecke beobachten. Man hatte diese Menschen offenbar erzogen wie Hunde. Und noch etwas erregte meine Aufmerksamkeit: Alle waren gleich angezogen, als wären sie Zinnsoldaten. Aber das war noch nicht alles: Die in Nordkorea stationierten kubanischen Diplomaten belehrten uns, dass die erste Pflicht eines Nordkoreaners am Morgen eines neuen Tages darin bestehe, das Stückchen Straße zu fegen, das vor seinem Haus lag. Die Botschaftsmitarbeiter berichteten mir auch von den Versorgungsknappheiten, die sie zwangen, im Zug nach Südkorea zu fahren, um sich dort mit den nötigen Waren und Lebensmitteln einzudecken.

★

Das Ziel dieser offiziellen Zwei-Tages-Reise, die vom 8. bis zum 10. März 1986 dauerte, war einfach: Fidel ging es darum, sich den Koreanern gegenüber erkenntlich zu zeigen, die ihn jedes Jahr in ihre Botschaft in Havanna einluden, um mit ihm ihre Unabhängigkeitserklärung vom 9. September 1948 zu feiern, auch vergaßen sie nie seinen Geburtstag am 13. August und schenkten ihm jedes Jahr etwas. Natürlich ging es auch darum, die »guten Beziehungen« zwischen den Bruderländern aufrechtzuerhalten, hierfür unterzeichneten die Kubaner und Nordkoreaner einen Freundschafts- und Kooperationsvertrag.

Alles verlief streng nach Protokoll. Man besuchte die Stadt, wo außer den Polizeiautos kein anderer Wagen rollte. Man bewunderte die zwanzig Meter hohe Bronzestatue, die dem koreanischen Führer gewidmet war. Dann erklärte Kim Il-sung seinem Gast stolz das Modell eines Staudamms, der derzeit irgendwo in der Provinz errichtet wurde. In drei Tagen wurde der *Máximo Líder* dreimal ausgezeichnet: mit der Goldmedaille der Demokratischen Volksrepublik Korea, dem Fahnenorden und der Medaille für ruhmreiche Verdienste im Kampf. Einen Abend verbrachten wir im Großen Opernhaus und sahen uns ein Ballett an, dessen Handlung niemand verstand, außer Fidel, dem ein Dolmetscher zur Seite stand. Da aber der Personenkult omnipräsent war, konnte man davon ausgehen, dass es ein Stück zu Ehren Kim Il-sungs war, der auf mich den Eindruck einer eher introvertierten Persönlichkeit machte, die gleichwohl Furcht und Schrecken verbreitete. Er musste nicht einmal Anweisungen geben, um sich Gehör zu verschaffen: Ein Blick genügte, und seine Assistenten kamen angelaufen und überboten sich in Unterwürfigkeit. Leider machte es mir die Sprachbarriere unmöglich, mit meinen koreanischen Kollegen zu kommunizieren, um mehr über ihr Land, ihre Führer und Gebräuche zu erfahren. Ich fühlte mich wie in einem surrealistischen Stummfilm.

Was die Allgegenwart der Wanzen betraf, so wollte ich es ganz genau wissen. Ich beschloss am Tag nach unserer Anreise, den Unbedarften zu spielen, und fragte im Hotellift meinen kubanischen Kollegen: »Weißt du was? Ich würde die Werke Kim Il-sungs gerne auf Spanisch lesen. Das ist sicher sehr interessant. In Kuba bekommt man die leider nicht. Das ist schade, findest du nicht?« Danach fuhren wir zu einem Galadinner zu Ehren des *Comandante*. Am selben Abend, zurück im Hotel: Überraschung! Alle Mitglieder der kubanischen Delegation fanden auf ihren Betten die gesammelten Werke Kim Il-sungs auf Spanisch. Die Wanzen im Lift hatten sich nicht verhört …

★

In jener Nacht sah ich Fidel zum ersten und letzten Mal in meinem Leben betrunken. Der Chef der Eskorte hatte mich darum gebeten, vor der Präsidentensuite Wache zu halten, mit der Begründung, Juanita wolle den *Comandante* besuchen. Wie bereits erwähnt, war Juana alias »Juanita« Vera, Oberst des kubanischen Geheimdienstes, damals nicht nur Fidels Dolmetscherin, sie war auch seine Geliebte. Tatsächlich klopfte sie nach einer Weile an seine Tür und verbrachte mit ihm zwei oder drei Stündchen, bevor sie in ihr eigenes Kämmerlein zurückkehrte. Noch etwas später in der Nacht öffnete der *Comandante*, der spät schlafen zu gehen pflegt, seine Tür, woraufhin ich mich sogleich erhob, um zu erfahren, was ihm fehle. Er streckte den Kopf durch die Tür, zog ihn in einer verschreckten Bewegung aber sofort wieder ein.

»Sánchez«, sagte er beunruhigt, als wären wir in einem Spukschloss, »wer sind diese beiden Leute vor meiner Tür?«

Mir fiel auf, dass er schwerfällig sprach. Er musste offensichtlich mehrere Deziliter von dem Whisky der Marke Chivas Regal intus haben, der auf seinem Tischchen stand.

»Äh, da ist niemand, *Comandante* …«

»Doch, doch, dort! Wer sind diese Leute?«

Fidel zeigte auf unser Spiegelbild im riesigen Flurspiegel gegenüber seiner Suite.

»Das ist nichts weiter, *Comandante*, nur unser Spiegelbild!«

»Ah, okay, gut … Hör mal, ich kann auf dieser verdammten Matratze nicht schlafen, die ist zu hart.«

Man muss wissen, dass Fidel in der Regel mit seinem eigenen großen, hölzernen Bettgestell ins Ausland reist, das wir von Havanna aus mitnehmen und dort aufbauen, wo der *Comandante* absteigt, wobei wir darauf achten, die Pantoffeln immer rechts davon aufzustellen. Aus einem Grund, an den ich mich nicht erinnern kann, musste das Bett diesmal in Kuba geblieben sein.

»Warten Sie hier, *Comandante*, ich besorge Ihnen eine weichere Matratze.«

»Ich komme mit«, antwortete er.

So kam es, dass ich mich mit dem betrunkenen Fidel in seinem himmelblauen Pyjama auf eine nächtliche Exkursion begab, auf der Suche nach einer neuen Matratze … Weil es mir das Einfachste schien, meine eigene Matratze zu holen, gingen wir auf mein Zimmer und sattelten das Objekt seiner Begierde rücklings auf. Zurück im Hotelflur, ertappte ich mich dabei, dem *Comandante* der Revolution Befehle zu geben: »Vorsicht! Weiter rechts! Au! Nein, links! Und jetzt senkrecht, sonst kommen wir nicht durch die Tür!« Wenn die Nordkoreaner wirklich alles filmen und aufnehmen, dann gibt es jetzt dort, irgendwo in den geheimen Archiven von Pjöngjang, eine Sequenz, die einem Charlie-Chaplin-Film in nichts nachsteht.

★

Zurück in seinem Zimmer blieb ich noch eine Stunde bei Fidel, der sich mit mir unterhalten (»sich unterhalten« bedeutet: er redet) und mir seine Reiseeindrücke anvertrauen wollte. »Die Disziplin der Koreaner ist beeindruckend«, sagte er bewundernd, ohne zu berücksichtigen oder auch nur zu ahnen, dass die Bevölkerung mit dem Knüppel »dressiert« wurde. Hatte er das Leid der Koreaner wirklich nicht gesehen? Wahrscheinlich nicht, denn Fidel ist unglaublich ichbezogen, er ist gar nicht fähig, sich in andere hineinzuversetzen. Stattdessen erzählte er von der riesigen Statue Kim Il-sungs, die ihm, wie auch den anderen Mitgliedern der kubanischen Delegation, sehr imponiert hatte. Abgesehen von diesen Dingen habe ich nicht das Gefühl, dass er ein Bewunderer Kims oder des koreanischen Systems war. Auf das koreanische Wirtschaftsmodell beispielsweise kam er gar nicht zu sprechen, da war aber auch wirklich nichts herauszuholen.

Sicher, der *Comandante* hegte Bewunderung für Kim Il-sungs militärische Verdienste während der japanischen Besetzung in den 30er-Jahren. Sicher, er respektierte die Art und Weise, wie er an die Macht gekommen war, und wusste besser als jeder andere, wie fest der »Große Führer« im Sattel saß. Aber ich kenne meinen Ex-Chef gut – ich bin überzeugt, dass er den unbeschreiblichen Personenkult in Nordkorea nicht gutheißen konnte. Natürlich gibt es, entgegen den Meinungen von Castros Anhängern, einen solchen Kult auch auf Kuba, aber in gemäßigter und subtilerer, diskreterer Form: keine Statuen oder riesigen Porträts in den Straßen, nur Plakate mit den »Gedanken« des *Máximo Líder*. Und Fotos von ihm in jedem Haushalt, an denen die jeweilige Begeisterung für die Revolution gemessen wird. Letztlich fühlte Fidel sich seinem koreanischen Kollegen politisch und intellektuell überlegen, weil außerhalb der nordkoreanischen Grenzen niemand verfolgte, was der abseitige Kim so tat. Dagegen war Fidels Einfluss außergewöhnlich, nicht nur in Lateinamerika, sondern in der ganzen Welt.

★

Später, im September desselben Jahres, kreuzte mein Weg – das heißt, der von Fidel – den eines anderen Diktators: Muammar al-Gaddafi. Es war in Harare, der Hauptstadt Simbabwes, wo der 8. Gipfel der Blockfreien-Bewegung stattfand. Anspannung lag in der Luft, nicht nur, weil es Unstimmigkeiten innerhalb der Bewegung gab, sondern wegen des regional hochbrisanten Kontextes: Nur wenige Hundert Kilometer entfernt von Simbabwe, das sich sechs Jahre zuvor, 1980, für unabhängig erklärt hatte, tobte der angolanische Bürgerkrieg, in dem die marxistische Führung, von dreißigtausend kubanischen Soldaten unterstützt, die Angriffe der pro-westlichen Rebellen abwehren musste, die wiederum von der rassistischen Regierung Südafrikas unterstützt wurden.

Ich war drei Wochen vor Fidel in Harare eingetroffen, in Begleitung der ganzen Truppe von »Spähern«, jener Vorhut, die die Ankunft des *Comandante* vorbereiten sollte. Diese Truppe, die Avanzada, unterstand dem Innenminister José Abrantes. Hinzu kamen noch drei weitere Leibwächter, einer von Fidels Leibärzten, ein Logistiker, der sich um die Transporte zu kümmern hatte, ein Spezialist der Técnica und ein Mitglied des protokollarischen Dienstes. Mir oblag es, sämtliche Sicherheitsfragen zu regeln, nach unbedenklichen Unterkünften zu suchen, die Wege zu prüfen, die Fidel benutzen würde, und die von unseren simbabwischen Gastgebern vorhergesehene Organisation nach Schwachstellen abzuklopfen.

Kaum dass ich einen Fuß in die Hauptstadt gesetzt hatte, kam mir ein beunruhigendes Gerücht zu Ohren: Ein südafrikanisches Kommando sei auf dem Weg nach Simbabwe, um Fidel zu töten.

Die Avanzada schaltete sogleich auf Alarmstufe Rot. Diese bedeutete beispielsweise, dass die in Angola stationierten kubanischen MiG-Kampfjets startbereit gehalten wurden, um im Notfall und während des gesamten Gipfels unverzüglich losfliegen zu können; weiterhin wurde in Havanna beschlossen, die Eskorte zu verstärken und für Fidels Reise besonders gut auszustatten: Fast die Gesamtheit seiner persönlichen Leibwächter sollte anwesend sein, ungefähr dreißig Mann, zu deren Verstärkung man noch »Spezialtruppen« schicken wollte, Eliteschützen, Sprengstoffspezialisten – rund hundert weitere Soldaten. Die Reise nach Harare ging in die Annalen der Eskorte ein: Niemals waren für eine Auslandsreise derart viele Militärs mobilisiert worden.

In Harare, einer ansehnlichen Stadt, die zu den Schmuckstücken der britischen Kolonialzeit in Afrika gehört, bestand meine erste Amtshandlung darin, unsere kubanische Botschaft genauestens zu durchleuchten. Und wirklich, im Büro des Botschafters: Volltreffer! Zwischen zwei Balken, unter einer falschen Decke, fand ich eine Wanze, die ich sofort abnehmen und für Analysen nach Havanna schicken ließ (später erfuhr ich, dass die Vorrichtung von unseren eigenen Leuten dort angebracht worden war, entweder um den Botschafter abzuhören oder meine Kompetenzen zu testen …). Ergebnis der Untersuchungen war, dass Fidel keinesfalls in der kubanischen Botschaft schlafen konnte, das wäre viel zu riskant gewesen.

Mit einem Geldkoffer, den man mir anvertraut hatte und in dem sich 250 000 Dollar Bargeld befanden, machte ich mich also auf die Suche nach einer sicheren Bleibe für den *Comandante*. Ich fand eine ebenerdig gebaute Villa, die gut geeignet war – und übrigens auch heute noch dem kubanischen Botschafter in Simbabwe als Unterkunft dient. Ich kaufte das Haus und ließ es von oben bis unten von eigens aus Kuba eingeflogenen Handwerkern renovieren. Sie brachten das Dach in Ordnung, strichen Wände, besserten den Zaun aus und … hoben einen zehn Meter unter der Erde gelegenen Luftschutzbunker aus, für den Fall dass die Südafrikaner auf die schlechte Idee kommen würden, das Haus des *Máximo Líder* zu bombardieren. Den Anweisungen des Técnica-Chefs folgend machten sie das Haus auch abhörsicher, sodass Fidel von draußen nicht mit Richtmikrofonen, die auch Wände durchdringen, abgehört werden konnte.

Das war nicht alles. Ich kaufte in der Nachbarschaft zwei weitere Häuser, die später wieder verkauft wurden, um dort unseren Innenminister José Abrantes und den Diplomaten Carlos Rafael Rodríguez unterzubringen. Weiterhin bauten unsere Handwerker im Garten eines dieser Häuser zwei zusätzliche Unterkünfte, groß genug für die Militärs, die in Stockbetten übereinander schlafen sollten. Zuletzt fuhr unser Logistiker auf Mission ins benachbarte Sambia, um dort die von uns benötigten Autos zu kaufen: einen Mercedes für Fidel und vier Toyota Cressidas für die Eskorte. Unterm Strich kosteten diese fünf Tage Aufenthalt des kubanischen Präsidenten über zwei Millionen Dollar.

★

Als das 8. Gipfeltreffen der Bewegung der blockfreien Staaten in Anwesenheit von Robert Mugabe aus Simbabwe, Ali Khamenei aus dem Iran, Rajiv Gandhi aus Indien, Daniel Ortega aus Nicaragua, Gaddafi aus Libyen und einem Dutzend anderer Chefs afrikanischer, arabischer und asiatischer Delegationen losging, waren wir bereit.

Erste Auffälligkeit: Unsere für das Protokoll verantwortlichen Gastgeber hatten den Ablauf schlecht organisiert. Während den Staatsleuten ursprünglich erlaubt war, mit ihren Leibwächtern bis zum Eingang des Hotels Sheraton zu gehen, wurden Letztere nun fünfzig Meter vorher abgewiesen. Daher ein unglaubliches Theater: Zwischen den simbabwischen Sicherheitsmännern und der berüchtigten libyschen »Amazonen-Garde« – Gaddafis rein weiblicher Leibwächtertruppe – kam es zu Handgreiflichkeiten. Der Oberst hatte neben seinen Amazonen mit dem Flugzeug auch seinen gepanzerten grünen (die Farbe des Islam) Ford Lincoln, sein Zelt und zwei Kamele einfliegen lassen … Jedenfalls war es ein surreales und groteskes Spektakel, denn die Amazonen hatten eine sehr spezielle Kampftechnik: Sie drehten sich um 360° und beendeten die Drehung mit schwungvoll geschleuderten Ohrfeigen in die Gesichter ihrer Gegner.

Weitere Auffälligkeit: Die Parkplätze, die unseren Autos auf dem Parkplatz zugewiesen wurden, befanden sich genau zwischen denen der Delegationen des Iran und Irak. Die beiden Länder führten seit sechs Jahren Krieg gegeneinander! Ergebnis: Sobald die Leibwächter und Fahrer beider Länder sich zu nah kamen, beleidigten und bespuckten sie sich. Wir mussten unser ganzes Können einsetzen, um die Iraner und Araber zu besänftigen. Hierfür teilten wir uns in zwei Gruppen auf, die zu beiden Seiten freundschaftliche Beziehungen aufnehmen sollten, wobei wir darauf achteten, nach einem halben Tag zu tauschen.

★

Eine der Schwachstellen in der Organisation kam uns gelegen. Gleich zu Beginn fiel uns auf, dass das Hotel Sheraton, in dem das Treffen stattfand, über keine Metalldetektoren verfügte. Wir waren so dreist und nutzten die Gelegenheit, um gegen alle Regeln eine 9-mm-Browning in einem Aktenkoffer einzuschmuggeln, den der Chef der Eskorte trug, denn er war der Einzige, der den *Comandante* bis in die Sitzungssäle begleiten durfte. Niemand hat jemals erfahren, dass Fidel Castro eine Feuerwaffe greifbar hatte. Auch heute noch glaube ich, dass es richtig war – oder hatte man Indira Gandhi, deren Verdienste Fidel in seiner Rede würdigte, etwa nicht zwei Jahre zuvor aus nächster Nähe erschossen?

Oberst Gaddafi, der mit Fidel zusammen der Star des Gipfeltreffens war, hielt eine ebenso leidenschaftliche wie großmäulige Rede voller Anklagen gegen alle Welt, auch gegen die Blockfreien-Bewegung, die er der Heuchelei bezichtigte, weil sie den USA gegenüber nicht klar Stellung bezöge. Der wahnsinnige Beduine verlangte, dass sich alle hier vertretenen Länder seinem Kreuzzug gegen Washington, dessen Flugzeuge erst fünf Monate zuvor, im April 1986, Ziele in Tripolis und Bengasi bombardiert hatten, anschlössen. Er forderte eine Abstimmung per Handzeichen, aber kein Diplomat war bereit, auf die Forderungen dieses Irren einzugehen. Daraufhin knallte der exzentrische Gaddafi, der ganz nebenbei auch an die Sowjetunion ausgeteilt hatte, die Tür, schwor, nicht wiederzukommen, und entschwand in sein Beduinenzelt, das irgendwo in einem schönen, sonnigen Garten stand.

Fidel, dessen politische Erfahrung nicht von der Hand zu weisen ist, unterstützte die Bewegung der Blockfreien Staaten stets mit der größten Ernsthaftigkeit, denn sie bot ihm eine der wichtigsten Bühnen, von der aus er zur Welt sprechen konnte. Er war darum äußerst entschlossen, sowohl die Einheit als auch die Glaubwürdigkeit der Bewegung zu bewahren.

Der *Comandante* beschloss also, Gaddafi aufzusuchen, um ihn vielleicht unter Kontrolle zu bekommen und ihn dazu zu bringen, wieder an den Plenarsitzungen teilzunehmen. Der libysche Oberst ließ uns in seinen Garten eintreten, begrüßte Fidel und stellte sich dann nur dreißig Zentimeter vor mir auf, musterte mich mit seinem wahnsinnigen Blick endlose fünfzehn Sekunden lang, als wolle er mich in die Flucht schlagen. Jemandem fünfzehn Sekunden in die Augen sehen, ohne mit der Wimper zu zucken, ist schon unter normalen Umständen eine Herausforderung. Aber Auge in Auge mit einem Spinner sind fünfzehn Sekunden eine unendlich lange Zeit. Mir kam es vor wie zwei Stunden! Schließlich ließ er sein Theater just in dem Moment bleiben, da ich seinem Blick ausweichen wollte.

Gerade als Fidel mit seinem Arabisch-Dolmetscher ins Zelt ging, sah ich einen Typen vorbeigehen, der wie ein Zwilling von Gaddafi aussah. Ein Doppelgänger! Ich konnte es nicht fassen ... Wir hatten auch einen Doppelgänger für unseren *Comandante*, aber den musste man verkleiden, damit er so aussah, und selbst dann funktionierte die Täuschung nur von Weitem. Das hier, das war ein echter Doppelgänger!

Vierzig Minuten redete Fidel auf den Revolutionsführer der Sozialistischen Libysch-Arabischen Dschamahirija[9] ein, um ihm zu erklären, wie unverzichtbar seine Anwesenheit für den guten Ablauf des Gipfeltreffens sei. Schlussendlich war Gaddafi einverstanden, ins Sheraton zurückzukehren, aber nur, um sich die Rede des kubanischen Staatsoberhauptes anzuhören. Einmal mehr hatte Fidel sein Ziel erreicht ... Der Wüstenoberst tauchte am Nachmittag wieder auf, um den Kubaner verkünden zu hören: »Solange in Südafrika die Apartheid regiert, bleiben die kubanischen Truppen in Angola.« Dann rauschte Gaddafi in seinem Lincoln und mit seinen Amazonen wieder ab in sein Zelt und zu seinen Kamelen. Wie ich ihm so hinterhersah, sagte ich mir: »Das ist wirklich der durchgeknallteste Typ, den du je getroffen hast.«

Auch Fidel hielt nicht viel von dem libyschen Oberst, mehr noch: Ich glaube, er war sehr enttäuscht von ihm. Eine Zeit lang hatte der *Comandante* daran geglaubt, dass Gaddafi sich zu einem fähigen Revolutionsführer entwickeln könnte, zu einem, der in der Lage sei, Teile der arabischen Welt mit sich zu reißen. Er musste aber schnell einsehen, dass diesem Mann durch sein Öl zwar schier unbegrenzte finanzielle Mittel zu Verfügung standen, er aber unfähig war, auch nur eine logisch zusammenhängende Rede zu halten. Vor uns sagte Fidel von ihm: »Das ist ein Exzentriker, ein Exhibitionist.« Eine vergleichsweise höfliche Art auszudrücken, dass der Typ übergeschnappt, unbeherrscht, unvorhersehbar und leichtsinnig war – im Grunde das ganze Gegenteil des Diktators Fidel Castro, dem man alles Mögliche nachsagen kann, nur nicht, dass er intellektuell so mittelmäßig wäre wie diese Operettentyrannen Muammar al-Gaddafi oder Kim Il-sung.

12

DER VERMÖGENDE MONARCH

Ist Fidel Castro reich? Besitzt er ein heimliches Vermögen? Etwa ein geheimes Bankkonto in einem Steuerparadies? Badet er in Geld? Diese Frage hat man mir häufig gestellt. Das *Forbes Magazine* versuchte 2006 eine Antwort auf die Frage zu finden und veröffentlichte einen Artikel, der sich mit den Besitztümern von Königen, Königinnen und Diktatoren befasste. Castros Vermögen tauchte in der Liste unter den ersten zehn auf, neben Elisabeth II., Albert von Monaco und Teodoro Obiang, dem Diktator Äquatorialguineas. Das Ergebnis der statistischen Extrapolation belief sich auf neunhundert Millionen Dollar: Das Magazin hatte Fidel Castro einen Teil des Umsatzes jener Firmen zugeordnet, die er gegründet hatte und die unter seiner Kontrolle standen: Corporación Cimex, El Centro de Convenciones und Medicuba, wo ihm Nahestehende die Gelder verwalteten. Basierend auf den Aussagen vieler kubanischer hoher Exil-Beamte behauptete Forbes, dass Fidel Gelder umleite und einen nicht kleinen Teil des nationalen Vermögens zu seinem Vergnügen verbrauche. Das ist nicht falsch. Selbst wenn die *Forbes*-Berechnung nur ganz grob ist: Die Richtung stimmt …

Der amerikanische Artikel ärgerte den *Comandante* mächtig, die Antwort auf diese »infamen Verleumdungen« ließ nur wenige Tage auf sich warten. Er behauptete, nicht mehr zu besitzen als seine neunhundert Pesos Monatsgehalt, also rund fünfundzwanzig Euro. Das ist natürlich höchst belustigend, wenn man, wie ich, weiß, wie er lebt, und jahraus, jahrein mitbekommen hat, wie die Leiter der staatseigenen Unternehmen dem *Máximo Líder*, der über alles entscheidet,

Rechenschaft ablegen müssen, entweder direkt oder über seine beiden Assistenten Pepín Naranjo, seinen Adjutanten, und Chomy Barruecos, den Sekretär des Staatsrats (de facto sein Privatsekretär, schließlich war Fidel Präsident des Staatsrats).

Niemand wird je in der Position sein, das Vermögen des *Comandante* genauer zu überblicken. Versucht man aber, sich an die Wahrheit heranzupirschen, muss man zunächst die kubanische Lebenswirklichkeit sehen, ausgehend von der Tatsache, dass Fidel Castro in absoluter Monarchie über seine elf Millionen Inselbewohner herrscht. Er ist auf Kuba die einzige Person, die über alles verfügen, sich alles aneignen, verkaufen oder verschenken kann. Er alleine kann, mit einem Federstrich, die Gründung (oder Schließung) eines staatlichen Unternehmens auf der Insel oder im Ausland beschließen. Nationale Unternehmen werden, in Mischkonzerne zusammengefasst, wie Privatunternehmen geführt und unterstehen im Wesentlichen drei Hauptinstitutionen: dem Ministerium der revolutionären Streitkräfte (MINFAR, das bis 2008 von seinem Bruder Raúl geleitet wurde), dem Innenministerium (MININT, das von Fidel sehr genau kontrolliert wird) und dem Staatsrat (dessen Präsident er bis 2008 war). Es ist Fidel persönlich, der Verantwortliche beruft und abruft. Diese Strukturen machen aus Fidel eine Art Super-CEO der »Holding Kuba«, deren Organigramm im Übrigen auf seinem Konzept beruht. Wie oft habe ich gehört, wie er von seinem Büro aus Pepín, Chomy oder Innenminister Abrantes Anordnungen zum Verkauf eines Vermögenswertes oder etwa zur Gründung einer Strohfirma in Panama gab (um das US-amerikanische Embargo zu umgehen)!

Kuba ist wie Fidels Eigentum. Er herrscht über die Insel wie ein Großgrundbesitzer im 19. Jahrhundert. Es ist, als hätte er die Hacienda seines Vaters vergrößert, um aus Kuba eine Hacienda für elf Millionen Menschen zu machen. Über die nationalen Arbeitskräfte verfügt er nach seinen Vorstellungen. Wenn beispielsweise die medizinische Fakultät Ärzte ausbildet, dann nicht, damit die dann später ihren Beruf frei ausüben dürfen. Stattdessen werden sie als »Missionare« und auf Anweisung von oben in die Slums von Afrika, Venezuela oder Brasilien geschickt, gemäß der internationalistischen Politik, die der Staatspräsident verfolgt und die er verordnet hat. Allerdings bekommen diese guten Samariter auf Mission im Ausland nur einen Bruchteil des Gehalts, das sie in ihrem jeweiligen Gastland normalerweise verdienen würden, denn der Großteil wird direkt an die Regierung in Kuba abgeführt, die als Dienstleistungserbringer auftritt. Ganz ähnlich bezahlen ausländische, französische, spanische oder italienische Hotels, die kubanisches Personal haben, dieses nicht selbst, wie in einer freien Gesellschaft üblich. Sie überweisen vielmehr die Gehälter an den kubanischen Staat, der die Arbeitskräfte teuer und gegen Devisen verkauft und einen Bruchteil davon dann an die betroffenen Angestellten weiterleitet, noch dazu in kubanischen Pesos, die nahezu wertlos sind. Diese moderne Form der Sklaverei ist dem Abhängigkeitsverhältnis, wie es im 19. Jahrhundert auf den Plantagen herrschte, nicht unähnlich. Überdies steht sie absolut im Gegensatz zu den Grundsätzen der IAO, der Internationalen Arbeitsorganisation, denen zufolge jeder Arbeiter ein Recht auf Entlohnung ohne die Beteiligung oder das Eintreten eines Dritten hat.

★

Um sich jeglicher Kontrolle zu entziehen, hat Fidel, der über allen Gesetzen steht, schon früh, in den 60er-Jahren, ein Sonderkonto angelegt: die berüchtigte *reserva del Comandante*. Auf dieses Sonderkonto fließen Mittel, die aus den staatseigenen Unternehmen kommen. Niemand prüft die Zahlen.

Auf das Konto hat ausschließlich der *Comandante* Zugriff, die Verwendung dieser Mittel liegt einzig und allein in seinem Ermessen. Diese Geldreserve ist sozusagen heilig und *intocable* (unberührbar). Fidel rechtfertigt das mit den Erfordernissen der Revolution, das heißt: mit der Gefahr eines imperialistischen Angriffs, der diese unorthodoxe Methode der finanziellen Verwaltung notwendig mache. In Wirklichkeit dient die »Reserve« seinen privaten Zwecken ebenso wie den öffentlichen. Es ist sein Taschengeld, das ihm erlaubt zu leben wie ein Fürst, ohne je auf die Ausgaben zu achten.

Dieses Geld erlaubt ihm auch, sich wie ein großer Herr aufzuführen, wenn er über »seine« Insel fährt, um »sein« Land zu besuchen. Denn er kann jederzeit in die Schatzkiste greifen, um eine Station zur Gesundheitsvorsorge, eine Schule oder eine Straße bauen zu lassen oder einer Gemeinde ein Auto zu schenken (zur *reserva* gehört auch ein Fuhrpark), ohne über ein Ministerium oder eine Verwaltungsabteilung zu gehen. Der Wohltäter muss sich lediglich seinem Adjutanten zuwenden und ihm eine bestimmte Summe nennen, damit dieses oder jenes Projekt Wirklichkeit werden und Fidel sich als Wundertäter präsentieren kann. Anders gesagt: als Populist.

Trotzdem pflegt Fidel nicht die gleiche Beziehung zu Geld wie die Neureichen, wie etwa ein Silvio Berlusconi oder ein Carlos Menem, der ehemalige Präsident Argentiniens – sie suchen den Luxus, streben nach Konsum und unmittelbarem Vergnügen. Sicher, auch der nüchterne Fidel Castro ist einem gewissen Komfort nicht abgeneigt. Sicher, der *Máximo Líder* ist (heimlicher) Besitzer einer Dreißig-Meter-Jacht. Aber er hat nicht das Bedürfnis, seine Jacht durch eine modernere, auffälligere zu ersetzen. Reichtum ist für ihn ein Machtinstrument, ein Mittel zu überleben, er dient seinem persönlichen Schutz. Ich weiß, wie weitsichtig er denkt, ich kenne seine spanische Bauernmentalität, ich bin überzeugt, er hat Maßnahmen getroffen und für seine Familie gesorgt (wie es alle Diktatoren tun), für den Fall, dass sie aus Kuba flüchten müsste, zum Beispiel ins spanische Galizien, die Heimat seines Vaters. Dalia, seine Frau, erwähnte mir gegenüber einmal etwas in der Art: *»No te preocupes, Sánchez, el futuro de la familia está asegurado.«* (»Mach dir keine Gedanken, Sánchez, die Zukunft der Familie ist gesichert.«)

★

Die *reserva* wird von ganz oben als ein Instrument der Revolution angesehen, nicht als ein Tabu. Fidel spricht ganz unbefangen darüber, und auch in seiner Gegenwart tut man es ihm nach. Die Existenz der *reserva* ist also kein Staatsgeheimnis. Ein Geheimnis ist eher die Höhe des Kontostands. Seit den 60er-Jahren, also seitdem das Konto existiert, wird es immer wieder aufgefüllt, sobald Fidel etwas entnimmt. Als Kuba abhängig war von den sowjetischen Subventionen, hörte man ihn zu Chomy, seinem Privatsekretär, oft sagen, er solle doch x Millionen Dollar (Fidel rechnet in Millionen) abzweigen für die »Reserve«. Auch über das sowjetische Öl verfügte Castro, wie es ihm richtig erschien. Mal gab er Nicaragua davon etwas, mal verkaufte er etwas davon auf dem Schwarzmarkt, um liquide zu sein. Ich bin überzeugt davon, dass es mit dem venezolanischen Öl von Hugo Chávez zum Freundschaftspreis nicht anders gelaufen ist.

Das Sonderkonto wurde zu »meiner« Zeit aus diversen Quellen gespeist. Da wären zunächst die Unternehmen, die der Aufsicht des Staatsrats unterstehen, wie es 2006 das *Forbes Magazine* darstellte, darunter die Corporación Cimex (Banken, Bauunternehmen, Autoverleih etc.), Cubalese (ein Unternehmen, das 2009 aufgelöst wurde und das an Botschaften und ausländische Unternehmen Arbeitskräfte und Wohnungen vermittelt hatte) oder auch der Palacio de Convenciones, ein multifunktionales Kongressgebäude, das 1979 zum sechsten Gipfeltreffen der Bewegung der Blockfreien Staaten eingeweiht und von Castros Vertrautem Abraham Maciques geleitet wurde. Einmal, Mitte der 80er-Jahre, sah ich, wie Maciques Fidel vor dem Kongresscenter empfing und ihm eine Reisetasche mit einer Million Dollar in bar übergab. Wie immer wurde Pepín Naranjo damit beauftragt, die hübsche kleine Summe aufs Konto einzuzahlen. Ein anderes Mal, ebenfalls Mitte der 80er-Jahre, war es Innenminister José Abrantes, der mit einem Koffer voller Geldscheine in Fidels Büro kam, mit der üblichen Parole: »*Comandante*, das ist für die Revolution!« Fidel antwortete lakonisch: »Sehr gut!« und wandte sich dann an Pepín, damit der das Geld in die *reserva* einzahle.

Ich weiß, dass der Direktor der Nationalbank, Héctor Rodríguez Llompart, Fidels »Finanzberater« war, aber natürlich weiß ich nichts über den Geldkreislauf und darüber, ob es noch Konten im Ausland gibt (meiner Meinung nach: ja). Aber eines ist allemal sicher: An Liquidität hat es Fidel nie gemangelt. Ich erinnere bloß an meinen Auftrag in Harare, wo man mir diesen Koffer mit 250 000 Dollar anvertraut hatte, um den Besuch des kubanischen Staatschefs vorzubereiten.

★

Zu den absurdesten Szenen, die ich bezeugen kann, zählt diese hier: Einmal hörte ich Fidel zu Pepín und Chomy sagen, dass ein Teil des Gelds der *reserva* dazu dienen solle, der Nationalbank Geld zu leihen. Die Zinsen hatten er und Llompart auf 10 Prozent festgelegt. Anders gesagt: Der *Comandante* wollte dem Land, das er regierte, Geld leihen, das ihm nicht gehörte, über die Bank, deren Zinssätze er selbst festlegte, und ganz nebenbei noch 10 Prozent kassieren!

★

Um die *reserva* zu speisen, setzt Fidel alles ein. Gelegentlich führt er sich auf wie der Chef eines Unternehmens. So geht etwa zu Lasten des Kontos die Flotte in Caleta del Rosario, seiner privaten Marina, wo außer seiner Jacht *Aquarama II* und anderen, kleineren Booten von ihm noch zwei Fischerboote liegen, die *Purrial de Vicana I* und *II*, deren Kapitän Emilio heißt. Der Fang dieser Fischerboote wird in die Kühlhallen des Hafens von Havanna und die Einheit 160 transportiert, der logistischen Basisstation von Fidels Eskorte, ist aber nicht zum Verzehr durch die Familie Castro bestimmt, die keinen tiefgekühlten Fisch isst. Er wird vielmehr auf einem der größten Lebensmittelmärkte Havannas verkauft, dem Super Mercado an der Ecke 3ra Avenida y Calle 70 im Stadtteil Miramar.

Im Sinne von »Kleinvieh macht auch Mist« gibt es noch eine Truthahnfarm und eine Schafszucht, die eben diesem Zwecke dienen: die *reserva* aufzustocken. Dazu könnte man auch die Geschäfte zählen, die die Kubaner während des Angolakriegs auf dem *kandonga* betrieben haben, einem berüchtigten Schwarzmarkt in Luanda, auf dem sie fünfzehn Jahre lang sehr aktiv waren. Auch das diente dazu, die »Reserve des *Comandante*« zu speisen.

★

Als der *Forbes*-Artikel erschien, stieg der Historiker Eusebio Leal, ein Vertrauter Fidels, auf die Barrikaden, um das Ansehen des *Comandante* zu retten. Als Beweis für das Desinteresse des *Máximo Líder* an irdischen Gütern machte er öffentlich, dass der ihn in den 90er-Jahren damit beauftragt hätte, 11687 Geschenke an Museen und Kulturzentren zu verteilen, die ihm in 133 Ländern zugedacht worden waren – darunter Gemälde, Schmuck, Gegenstände aus Elfenbein und wertvolle Teppiche. Vielleicht ist das wahr, aber es beweist nichts. Ich für meinen Teil habe beispielsweise geschmuggelte Diamanten in Fidels Büro gesehen. Diamanten aus Angola, die Fidel von dem Brigadegeneral Patricio de la Guardia und von Arnaldo Ochoa, den Kommandierenden der kubanischen Truppen in diesem bürgerkriegsgeplagten Land, zugeschickt worden waren. Es waren kleine Diamanten, verpackt in einer Zigarrenschachtel der Marke Cohiba. Chomy, der Privatsekretär, und Pepín, der Adjutant, reichten sich die Schachtel von Hand zu Hand. Ich erinnere mich noch gut an ihre Worte.

»Gut, Pepín, du weißt, was damit passieren muss. Du verkaufst sie auf dem internationalen Markt …«

»Ja, *Comandante*«, antwortete Pepín, der plötzlich zum Edelsteinexperten mutierte. »Aber Sie wissen, dass diese Steine nicht allzu viel wert sind, es sind kleine Steine. Na, irgendwas werden sie schon wert sein, die Juweliere werden diese Größe zu schätzen wissen.«

★

In Geschäftsdingen hat Fidel ein wenig die Mentalität eines Karibikpiraten. Als Gesetzloser in Grauzonen navigieren und Schmuggel betreiben – damit hat er keine Probleme, schließlich erfordern die Umstände das so, und sein Widerstand gegen das US-amerikanische Embargo rechtfertigt aus seiner Sicht ohnehin alles. Im Übrigen hatte er, anders als er selbst stets behauptet, immer Kenntnis von allen illegalen Aktivitäten (den Drogenhandel in den 80er-Jahren eingeschlossen), die von Patricio de la Guardia, Arnaldo Ochoa und ihrem Departamento MC (Moneda Convertible, siehe Kapitel 15) ausgingen, die sich jede Möglichkeit zunutze machten, Devisen für die Revolution zu beschaffen. Fidel war ebenfalls über die parallelen Aktivitäten des Innenministers José Abrantes im Bilde, der in geheimen Fabriken von kubanischen Gefangenen gefälschte Levi's Jeans herstellen ließ und mit gepanschtem Chivas Regal handelte, den er auf dem Schwarzmarkt in Panama verkaufte – all das mit immer demselben Ziel: Geld in die *reserva del Comandante* zu spülen.

Ich weiß von all diesen geschäftlichen Vorgängen, weil Fidel und seine Entourage siebzehn Jahre lang in meiner Gegenwart davon sprachen; weil Pepín und Chomy, mit denen ich täglich eng zusammenarbeitete, dem *Comandante* regelmäßig Rechenschaft darüber ablegten, ohne sich an meiner Anwesenheit zu stören, denn ich gehörte zum intimsten Kreis um den *Jefe*.

Fidels größter Coup war vielleicht im Jahr 1980 die zeitweilige Wiederaufnahme des Betriebs der Dolita-Goldmine auf der Isla de la Juventud, der größten und etwa keksförmigen Nebeninsel Kubas vor der Südküste. Nachdem die Goldader nichts mehr hergegeben hatte, war die Mine noch zu Kolonialzeiten von den Spaniern geschlossen worden. Als dann aber der Goldpreis weltweit in die Höhe schoss, setzte Fidel es sich in den Kopf zu überprüfen, ob man mit modernen Gerätschaften nicht aus der Dolita noch etwas zurückgebliebenes Erz herausholen könne. Er hatte den richtigen Riecher: Man stieß auf sechzig bis siebzig Kilo Gold, die in Barren gegossen wurden. Ich habe sie mit eigenen Augen gesehen, als man sie in den Palacio brachte, um sie Fidel zu zeigen. Pepín bat mich darum, ihm behilflich zu sein, das Gold in eine Schubkarre zu laden, sodass ich am eigenen Leibe zu spüren bekam, welches Gewicht das war: Ein Mann alleine konnte das Gold nicht stemmen. Ich habe nicht danach gefragt, was mit der Beute geschehen oder wohin sie gebracht werden sollte. Ich kannte die Antwort schon …

★

Wenn sich auch Fidels Gesamtvermögen kaum beziffern lässt, so kann man immerhin versuchen, seinen Immobilienbesitz zu schätzen. In einem Land, in dem es keinen Immobilienmarkt gibt, ist es zwar schwierig, den Wert seines großen Besitzes Punto Cero zu bestimmen – mit seinem Pool, dem Park mit großem Baumbestand und dem dazugehörigen Grund – oder den Wert der Paradiesinsel Cayo Piedra. Dennoch lassen sich diese außergewöhnlichen Besitztümer leicht mit entsprechenden, hoch im Kurs stehenden Luxusobjekten im Karibischen Meer, auf den Bahamas, auf Grenada oder Antigua vergleichen. Die Privatinsel Cayo Piedra wäre diesen Schätzungen zufolge mindestens zwei bis zehn Millionen Dollar wert.

Aber Fidels Besitz umfasst mehr als diese beiden großen Anwesen. Es gehören noch ein paar Dutzend andere Immobilien dazu. Wenn ich nur die Objekte zusammenzähle, von denen ich weiß, die ich mit eigenen Augen gesehen habe, dann komme ich auf ungefähr zwanzig Häuser, die ausschließlich vom *Comandante* genutzt werden. Die Unterkünfte, die auch als Betriebsunterkünfte durchgehen könnten, sind dabei nicht mitgezählt.

Gehen wir die Immobilien Region für Region durch, vom Westen der Insel bis in den Osten. In der Provinz Pinar del Río, ganz im Westen Kubas, besitzt Castro drei Anwesen: die Casa del Americano (mit Pool), das Gehöft La Tranquilidad auf dem Flurstück Mil Cumbres (Fidel war sehr wenig dort, ich selbst nur zweimal) und La Deseada, eine Jagdhütte, in der ich oft war, weil sie sich in einem Sumpfgebiet befindet, wo Fidel im Winter gerne Enten schießt.

In Havanna gibt es, außer dem Anwesen Punto Cero, sechs Quartiere, die der *Comandante* ansteuern kann: das Haus in Cojímar, sein erster Wohnsitz nach dem »Triumph der Revolution« 1959; das Haus in der Straße 160 im Stadtteil Playa, das einigermaßen luxuriös ist; die Casa Carbonell in der Einheit 160, das seinen Schäferstündchen vorbehalten ist; ein hübsches kleines Häuschen im Stil der 50er-Jahre in Santa Maria del Mar, direkt am Meer, neben dem Hotel Trópico (im Bezirk Habana del Este); und schließlich die beiden Häuser mit je einem Luftschutzbunker, in denen im Kriegsfall die ganze Familie Zuflucht finden kann: das Haus in Punta Brava (wo Dalia 1961 lebte, bevor sie zu Fidel zog) und die Casa del Gallego ganz in der Nähe der Einheit 160.

In der Provinz Matanzas besitzt Castro zwei Ferienhäuser, eines an der Nord-, das andere an der Südküste. Das Haus im Norden befindet sich mitten im Touristenort Varadero. Dort haben sich Fidels Söhne, die er mit Dalia hat, sehr gern aufgehalten, denn es liegt direkt am Strand. Das Haus im Süden, die Casa del Rosario, befindet sich in der Schweinebucht, wo Castros Jacht liegt, die *Aquarama II*, sowie der Rest seiner privaten Flotte. Weiter östlich, in der Provinz Ciego de Ávila, liegt ein weiteres Haus am feinen Sandstrand – und zwar auf der Isla de Turiguanó vor der Nordküste, in der Nähe der Touristenhochburg Cayo Coco, das von Tauchern aus aller Welt geschätzt wird.

In der Provinz Camagüey, noch weiter östlich, gibt es die kleine Hacienda San Cayetano, zu der ein eigener Reitplatz gehört, obwohl Fidel nicht reitet. Ein anderes Anwesen in Camagüey, das Tabayito heißt, liegt versteckt in einer Wohnanlage für Mitglieder der Nomenklatura. Weiter kenne ich noch ein Anwesen, das Guardalavaca genannt wird und in der Provinz Holguín liegt, und zwei Residenzen in Santiago de Cuba, der großen Stadt im Osten der Insel: ein Haus in der Avenida Manduley (zwei Etagen, eine Bowlingbahn) und ein anderes (mit Pool) in einem Komplex, der zum Innenministerium gehört.

Ich kann mir gut vorstellen, dass nicht einmal der Präsident der Vereinigten Staaten derartig viele Immobilien besitzt. Aber wie auch immer die Antwort auf diese Frage lautet: Fidel schwört Stein und Bein, dass er nicht mehr als neunhundert Pesos im Monat zu seiner Verfügung habe …

13

VON DER SCHIPPE GESPRUNGEN

Es war ein erster Warnschuss. 1983 erkrankte Fidel schwer, 1992 kam die Krankheit zurück. Als er 2006 schließlich erneut schwer krank wurde und die Zügel der Macht seinem Bruder Raúl übergab, gehörte ich, neben seinen Ärzten und seiner unmittelbaren Entourage, zu den wenigen Menschen, die einen Zusammenhang zu seinen früheren Erkrankungen sahen.

★

März 1983. Wir waren seit einem Monat zurück aus Neu-Delhi in Indien, wo Fidel am siebten Gipfeltreffen der Bewegung der Blockfreien Staaten teilgenommen hatte; das Leben folgte seinem gewohnheitsmäßigen Lauf: Der *Comandante* ging jeden Tag ins Büro, um laufende Vorgänge zu erledigen. Der April begann sogar mit einem glücklichen (wenn auch geheimen) Ereignis, von dem ich selbst erst viele Jahre später erfuhr – nämlich mit der Geburt von Abel, dem unehelichen Sohn Fidels mit seiner Dolmetscherin Juanita Vera. Dieses Baby ist heute ein Mittdreißiger und sieht aus wie ein Latin Lover, jedenfalls nach den Fotos zu urteilen, die mir gut informierte Freunde vor Kurzem zukommen ließen.

Zwei Wochen später, am 20. April, begleiten wir Fidel nach Mitternacht zu seinem Anwesen nach Punto Cero. Dalia empfängt ihn wie gewöhnlich mit einem Kuss und nimmt ihm die Kalaschnikow ab, um sie in die erste Etage, ins Schlafzimmer, zu bringen. Der *Comandante* zieht sich in seine Räume zurück, während wir, die Eskorte, uns in unsere Unterkunft begeben, einem Gebäude, das fünfzig Meter abseits vom Haupthaus liegt.

Gegen zwei Uhr morgens läutet die Klingel, das tut sie immer dann, wenn Fidel auf dem Sprung ist. Wir jagen also aus den Betten und rennen zu den Wagen, in der Meinung, dass eine dringende Sitzung, ein internationales Ereignis oder ein geheimes Treffen uns in die Stadt zwingt. Von Domingo Mainet, dem Chef der Eskorte, erhalten wir die Information, dass wir zum Palacio de la Revolución aufbrechen. Zehn Minuten später ist unser Konvoi aus drei Mercedes unterwegs durch die Nacht und ins verschlafene Havanna.

Als wir in der Tiefgarage des Palastes ankommen und Fidel aus dem Auto steigt, bemerke ich etwas Ungewöhnliches an ihm. Unter seiner Uniform trägt er seinen blauen Schlafanzug! Und mehr noch: Als er mir den Rücken zudreht, um zum Fahrstuhl zu gehen, entdecke ich einen Fleck auf seinem Hinterteil. Mein erster Gedanke ist, dass er sich wohl auf etwas Nasses gesetzt hat. Allerdings fällt mir im Lift auf, wie blass er ist. Ich schließe daraus, dass er ein Verdauungsproblem hat, und ahne nicht, dass die Situation ungleich beunruhigender ist – bis Domingo Mainet nicht auf den Knopf der dritten Etage drückt, wo das Büro des *Comandante* liegt, sondern auf den der vierten Etage, wo Fidels Privatklinik untergebracht ist.

Die Klinik ist ein Miniaturkrankenhaus mit nur drei Schlafräumen: Fidels Zimmer, das mit einem Bad und einer Terrasse mit Blick über Havanna ausgestattet ist, ein zweites für seine Leibwächter (vor allem für die beiden »Blutspender«, die im Fall eines Klinikaufenthalts des *Jefe* immer bei ihm sind) und ein drittes für das diensthabende Personal. Weiter verfügt diese geheime Klinik über einen Röntgenraum, eine Apotheke, ein Labor und allerlei medizinisches Gerät, unter anderem über einen kostspieligen Computertomografen von Siemens. Dann befindet sich dort noch die

zahnmedizinische Praxis von Fidels Zahnarzt Prof. Salvador, wo dieser dem *Comandante* Ende der 80er-Jahre Implantate als Ersatz für seine eigenen Zähne einsetzt. Weiter beherbergt die Klinik einen Gymnastikraum, eine Küche und ein Esszimmer. All das ausschließlich für eine einzige Person, für Fidel. Denn anders als die anderen Führer der Revolution geht der *Jefe* nicht ins Centro de Investigaciones Médico Quirúrgicas (CIMEQ), obgleich es der ganze Stolz der kubanischen Medizin ist. Fidel geht in seine eigene Klinik.

In jener Nacht steht Fidels Ärzteteam schon bereit, als wir in der vierten Etage ankommen. Anwesend sind Fidels Leibarzt, der Chirurg Eugenio Selman, sein Kollege Raúl Dorticós, der zu den hervorragenden Ärzten Kubas gehört und international hohes Ansehen genießt, ferner Dr. Ariel, der Anästhesist, und Dr. Cabrera, der für die Blutreserven und Transfusionen verantwortlich ist. Und natürlich waren da noch Wilder Fernández, der persönliche Pfleger Fidels, und zwei Schwestern. Dieser auserwählte Kreis der Besorgten nimmt den *Comandante* sofort in Empfang.

Am nächsten Morgen steht das Team auf dem Flur und berät sich. Dabei erfahre ich, dass es bei seinem berühmten Patienten ein Krebsgeschwür im Darm gefunden hat. Ich kann nicht sagen, zu welcher Therapie die Ärzte sich letztlich entschlossen haben, nur dass Fidel elf Tage in dieser Klinik geblieben ist und die Zeit seiner Genesung, die er in Punto Cero verbrachte, sich über drei Monate hingezogen hat. Das ist der Grund, warum Fidel zwischen dem 20. April und dem 17. Juli 1983 nicht öffentlich aufgetreten ist und keine Rede gehalten hat.

Bei dieser Gelegenheit wurde erstmals die Strategie der gezielten Desinformation angewandt, die darin bestand, Fidels Doppelgänger auf dem Rücksitz der Präsidentenlimousine durch Havanna spazieren zu fahren, um jegliches Gerede über die Abwesenheit des *Comandante* im Keim zu ersticken. Von Zeit zu Zeit kam sein persönlicher Frisör und schminkte und staffierte Silvino Álvarez, das Double, mit einem falschen Bart aus. Dann fuhren wir im Konvoi vom Palast der Revolution aus deutlich sichtbar an den westlichen Botschaften vorbei. In regelmäßigen Abständen, jedes Mal, wenn wir auf der Straße an einer Gruppe von Menschen vorbeikamen, kurbelte der falsche Fidel, der wie der echte Fidel rechts hinten saß, das Fenster herunter und winkte den Leuten von ferne zu. Während dieser Zeit der Genesung wich auch die Leibgarde nicht von ihrer Alltagsroutine ab. Wir fuhren jeden Tag von Fidels Haus ins Büro, um den Schein zu wahren. Niemand bemerkte etwas. Alle glaubten, Fidel, der »Vater der Nation«, sei in Havanna und in seine Arbeit versunken.

★

Seit jener ersten Gesundheitskrise achtete man mehr auf die Ernährung des *Comandante.* Seine Ärzte hatten ihm eine Diät auf Basis von weißem Fleisch und frischem Gemüse verschrieben, also wurden im Garten seiner Residenz in Punto Cero Gewächshäuser angelegt, er aß seitdem so gut wie kein rotes Fleisch mehr. Auch gewöhnte Fidel es sich an, jeden Tag einen kalten, frisch gepressten Orangensaft zu trinken, der ihm an 365 Tagen im Jahr, wo immer er sich befand, um Punkt 16 Uhr serviert wurde. In Sachen Alkohol wurde allerdings kein Verbot ausgesprochen. Fidel trank weiterhin Whisky, wenn auch weniger als vorher. Alles zusammen – er hatte 1980 auch das Zigarrenrauchen aufgegeben – trug maßgeblich zu seiner Genesung bei. Am Tag des Kindes, am 17. Juli, trat er erstmals wieder bei einer Rede im botanischen Garten des Lenin-Parks in Havanna auf. Alles nahm wieder seinen gewohnten Lauf. Ich muss aber zugeben, dass ich Fidel seither anders sah. Manchmal er-

tappte ich mich selbst dabei, ihm verschämt auf das Gesäß zu schauen.

★

Die zweite gesundheitliche Krise kam neun Jahre später, 1992, nach der erinnerungswürdigen Reise Fidel Castros nach Spanien. In jenem Jahr gab es für den *Máximo Líder* tausend gute Gründe, der Heimat seiner Vorfahren einen Besuch abzustatten: die Teilnahme am Iberoamerika-Gipfel in Madrid am 23. und 24. Juli, die Eröffnung der Olympischen Spiele von Barcelona am 25., die Feier zum kubanischen Nationalfeiertag in Sevilla am 26., ein Besuch der Expo in Sevilla am 27. und zuletzt eine Pilgerfahrt nach Láncara, dem Geburtsdorf seines Vaters in Galizien, rund hundert Kilometer von Santiago de Compostela entfernt. Ich erinnere mich, dass Fidels Kommen und die »übertriebenen« Sicherheitsmaßnahmen rings um seine Person von der großen spanischen Tageszeitung *El País* bissig kommentiert wurden. Der Autor schrieb von »fünfzig bewaffneten Männern, die zu einer bis zuletzt geheim gehaltenen Zeit am Flughafen von Barajas mit zwei Iljuschin in den Farben der Cubana de Aviación landen, von denen die eine Maschine nur als Köder dient«.

Ich selbst war als Verantwortlicher des Spähertrupps einige Tage früher in der spanischen Hauptstadt eingetroffen. Im Hotel Ritz, einem der schönsten Paläste Madrids, hatte ich die Zeit genutzt, um mich mit dem Direktor gutzustellen, dem ich drei Flaschen Rum der Sorte Havana Club und eine Kiste Cohiba-Zigarren der Version Lanceros No. 1 schenkte, die Che Guevara sehr geschätzt hatte. Derlei Aufmerksamkeiten sind immer nützlich, wenn man später um einen Gefallen oder Service bitten möchte, dessen Ziel ist, den Schutz des eigenen Staatschefs zu verbessern. Ich ließ auch Fidels Bett, das in Einzelteile zerlegt aus Havanna gekommen war, aufs Zimmer liefern. Das Zimmer selbst inspizierte ich, und es war das zweite Mal in meiner Laufbahn, dass ich, nach dem Fund in der falschen Decke unserer Botschaft in Simbabwe, auf ein von Agenten im Fensterrahmen verstecktes Mikro stieß. Natürlich fanden wir nie heraus, wer es dort versteckt hatte. Zuletzt ließ ich einen geheimen Durchgang im Ankleidezimmer öffnen, der die Suite von Fidel mit dem Zimmer seiner Dolmetscherin, mit »Oberst Juanita«, verband. Der Sohn, den sie mit Fidel hatte, war jetzt neun Jahre alt.

★

Nach der Landung der beiden Iljuschin und dem Check-in im Ritz erfuhren wir, dass Orestes Lorenzo Pérez in Madrid war. Diesen Namen muss man sich merken, denn die Geschichte dieses Typs ist schier unglaublich. Früher sah ich die Dinge anders, aber ich muss sagen, heute bewundere ich ihn über alle Maßen.

Eineinhalb Jahre zuvor, am 20. März 1991, hatte Lorenzo, ein Pilot der kubanischen Streitkräfte, klammheimlich die Kurve in Richtung Florida gekratzt, um ein paar Minuten später seine MiG-23 auf dem US-amerikanischen Luftwaffenstützpunkt auf Boca Chica Key zu landen. Unnötig zu erwähnen, dass er seine Schlagzeilen sicher hatte. Dieser Offizier, der offensichtlich kein Zauderer war, verlangte die Freiheit für seine Frau Victoria, 34 Jahre alt, und ihre beiden elf und sechs Jahre alten Kinder; sie sollten Kuba verlassen dürfen, um ihm in sein neues Leben zu folgen. Fidel willigte natürlich nicht ein, im Gegenteil, er schwor, dass Lorenzos Frau und die beiden Söhne bis an ihr Lebensende auf Kuba bleiben und der »Verräter« seine Familie nie wieder sehen würde. Lorenzo begann daraufhin, einen riesigen Rummel zu machen, er ging bis nach New York und Genf, um die Medien und die UN-Menschenrechtskommission zu sensibilisieren. Ohne Erfolg. Er sprach sogar mit Michail Gorbatschow und George H.W. Bush, auch das allerdings ohne Ergebnis.

Und nun war dieser brave, naive Familienvater mit dem pausbäckigen Gesicht in Madrid: Er hatte sich am Zaun des Retiro-Parks angekettet und war in den Hungerstreik getreten, hinter ihm hingen Plakate und Fotos seiner Familie, unter denen geschrieben stand: »Castros Geiseln«. Die Zeitungen hatten ihm diverse Artikel gewidmet. Zu einem bestimmten Zeitpunkt unseres kurzen Aufenthalts in Madrid wollte Fidel, auf dem Weg vom oder ins Ritz, am Retiro-Park vorbeifahren, um sich selbst ein Bild von dem Skandal zu machen. »Lasst uns sehen, was *este loco* (dieser Verrückte) macht.« Ohne dass Orestes Lorenzo auch nur im Entferntesten etwas ahnte, fuhren wir nur wenige Meter an ihm vorbei. Mit der tiefsten Verachtung, zu der Fidel fähig war, sagte er: *»Este ridículo no va a lograr nada.«* (»Er ist lächerlich, nichts erreicht er damit.«) Und doch …

Am folgenden 19. Dezember wagte dieser »Verrückte« eine der schönsten und romantischsten Heldentaten, von der ich je gehört habe. Es war wie in einem Märchen. Im Cockpit einer geliehenen alten Cessna aus den 60er-Jahren holte er seine Familie ab, indem er unbemerkt auf einem Stück Autobahn im Norden Kubas landete, wo seine Frau und seine Söhne schon auf ihn warteten, gemäß den Anweisungen, die er ihnen durch zwei als mexikanische Touristen getarnte Freunde hatte zukommen lassen. Dann flog er mit seiner Familie unter den Augen der kubanischen Radarüberwachung mit seiner Propellermaschine im Tiefflug übers Meer zurück und landete den Vogel nach hundert Minuten extremster Anspannung in Florida, wo er seine Frau und Kinder endlich in den Arm nehmen konnte.

Viele Jahre später, als ich mich selbst schon eine Weile in

den USA aufhielt, traf ich Orestes in dem großen Haus in Florida, in dem er mit seiner Familie lebte. Er war glücklich wie ein Fisch im Wasser und ist heute Chef eines gut laufenden Unternehmens. Als ich ihm erzählte, wie Fidel zwanzig Jahre zuvor, während seines Hungerstreiks in Madrid, nur wenige Meter an ihm vorbeigefahren war, schwiegen wir eine Weile, ganz benommen von der Geschichte unserer sich kreuzenden Schicksale.

★

Nach Madrid traf Kubas König Fidel bei der Eröffnung der Olympischen Spiele in Barcelona auf einen anderen König, nämlich auf Juan Carlos. Unter den anwesenden Gästen der Ehrentribüne erkannte ich noch Nelson Mandela, den Franzosen François Mitterrand, den Spanier Felipe González, den Katalanen Jordi Pujol, den Argentinier Carlos Menem und den US-amerikanischen Vizepräsidenten Dan Quayle. Fidel hat die Olympischen Spiele immer sehr ernst genommen, besonders die Leistungen der kubanischen Mannschaft, die seiner Auffassung nach Ausdruck der Größe der Revolution und der Entwicklung seines Landes sind. In jenem Jahr, da die UdSSR nur wenige Monate zuvor von der Landkarte verschwunden war, bekam Fidel schwarz auf weiß, dass Kuba zu Großem fähig war: Am Ende der Wettkämpfe nahmen unsere Sportler den vierten Platz im Medaillenspiegel ein, hinter den USA, Deutschland und China, aber vor Spanien, Südkorea, Ungarn und Frankreich, das auf dem achten Platz lag.

Der Besuch Galiziens war, nach einem Abstecher nach Sevilla, der Höhepunkt der Reise. In der Heimat seiner Vorfahren wurde Fidel von Manuel Fraga, Präsident der galizischen Regionalregierung, wie ein König und Bruder empfangen. Drei Tage voller Feiern und Gefühle. Fidel besuchte das Haus seines Vaters in Láncara, wo er von drei entfernten

Cousinen empfangen wurde. Danach hatte Manuel Fraga ein Dominoturnier organisiert. Die beiden Politiker spielten sogar einmal eine Partie unter freiem Himmel, auf der Ladefläche eines Lkw. Fidel muss recht schnell gewonnen haben, obwohl er eigentlich kein guter Spieler war, denn sonst würde ich mich daran erinnern, weil wir bis vier Uhr morgens dort gesessen hätten, bis er gewonnen hätte …

Einmal stand neben mir ein weinendes, ungefähr zwölfjähriges Mädchen aus offenbar bescheidenen Verhältnissen, das den *Comandante* ansah. »Was hast du?«, fragte ich es. Das Mädchen erklärte mir, dass ihre gesamte Familie und sie selbst Fidel über alle Maßen bewunderten. Sie hatte nicht lange überlegt und war, nur mit einem kleinen Bündel, losgezogen und drei Tage gelaufen, hatte unter freiem Himmel geschlafen, um diesen großen Mann zu sehen. Ich sagte ihr: »Lass deine Sachen hier und komm mit.« Ich brachte sie zu Fidel, der sie, wie ich es auch getan hatte, fragte: *»Qué te pasa?«*, und sie dann küsste. Sie war überwältigt und zitterte vor Erregung: »Was Sie für mich getan haben, ist das Allergrößte …«

Ich habe dieses Mädchen nicht vergessen. Ich wünsche mir sehr, dass dieses Buch zu ihr vordringt und sie sich an diesen Moment der Menschlichkeit erinnert, den wir miteinander geteilt haben.

Wenig später begannen die Leute um uns herum, *aguardiente* (ein Sammelbegriff für diverse Branntweinsorten) zu servieren und in den Straßen zu kochen, besonders frittierte Speisen, in der Hoffnung, sie Fidel anbieten und kosten lassen zu dürfen. Es bildete sich eine Schlange, denn alle wollten den Gast des Tages mit einer *empanada* (mit Fleisch und Gemüse gefüllte Teigtaschen) oder einem anderen Leckerbissen der Region beglücken. Das war gut gemeint, nur bestand meine Aufgabe ja genau darin, den *Comandante* davon abzuhalten, irgendetwas zu sich zu nehmen, das nicht zuvor von unserem Sicherheitsdienst getestet worden wäre. Ich versuchte also, die »Köche« so höflich wie möglich abzuweisen, und probierte von allem etwas. »Ah, das scheint mir zu salzig zu sein für seinen Geschmack …«, sagte ich dem einen; »Stellen Sie das hier ab, ich bringe es ihm später …«, sagte ich dem anderen. Trotzdem kostete der *Comandante* verschiedene, eher fettige Speisen und beendete seine spanische Odyssee, wie er sie begonnen hatte: mit Schmausereien und Diätverstößen.

★

Ich weiß nicht, ob dieses Fehlverhalten Erklärung genug ist für die Episode, die nun folgte. Wie dem auch sei, kaum waren wir zurück in Havanna, wurde Fidel, zum zweiten Mal in seinem Leben, ernsthaft krank – und zwar unter Umständen, die denen der ersten schweren Erkrankung sehr glichen.

Es ist Anfang September 1992, wir halten uns in Punto Cero auf, als im Haus der Eskorte zu ungewohnter Zeit für den immer spät zu Bett gehenden Fidel die Klingel läutet – nämlich vor Sonnenaufgang! Als ich auf dem Parkplatz des Palacio ankomme, bemerke ich, dass Fidel, genau wie neun Jahre zuvor, lediglich seinen blauen Pyjama unter der Uniform trägt und sich am Gesäß Blutspuren abzeichnen. In der vierten Etage der Klinik wird er sofort von seinem Ärzte-Team in Empfang genommen, aber dieses Mal ist es schlimmer als 1983. Seine Ärzte sind besorgter, Fidel ist blasser. Kurz sehe ich ihn, zum ersten Mal in meinem Leben, auf einer Trage liegen, bewusstlos.

Ich bin beunruhigt und bitte seinen Krankenpfleger Wilder Fernández, der zugleich Mitglied der Leibgarde ist, um Erläuterungen. Er erklärt mir, dass die Transfusionen keinen Effekt haben. »Fidels Blutwerte verbessern sich nicht.« Mit Tränen in den Augen ergänzt er verzweifelt: »Sánchez, Fidel ist todkrank. Wir haben den Chef der Eskorte gebeten, Raúl zu informieren, er muss entscheiden, was in den nächsten Stunden geschehen soll. Aber er muss auch gleich da sein.«

1983 hatte niemand von Fidels elftägigem Krankenhausaufenthalt erfahren. Nicht einmal Raúl. Als der Minister der Revolutionären Streitkräfte nun in der Klinik eintrifft, unterrichten die Ärzte ihn über den Ernst der Lage. Es wird beschlossen, Dalia und ihre gemeinsamen Kinder zu informieren, nicht aber Fidelito, Jorge Ángel und Alina, geschweige denn den kleinen Abel, die ja bekanntlich aus anderen Betten stammen.

In den folgenden Minuten erstellte Raúl einen Plan, wie im Fall des Falles die weiteren Angehörigen und die höchsten politischen Instanzen des Landes informiert werden sollten: die engsten Mitarbeiter zuerst, dann die Mitglieder des Politbüros der PCC, dann die Mitglieder des Staatsrats, den Generalstab der Armee, die Mitglieder des Zentralkomitees und zuletzt das Volk. Der Fluss der Informationen sollte sich über mehrere Tage hinziehen. Der Bevölkerung wollte man zunächst sagen, dass Fidel ins Krankenhaus gemusst habe, dann, dass sein »ernster« Zustand nunmehr »kritisch« sei, und schließlich, dass der *Comandante en Jefe* uns verlassen habe. Letzteres sollte über eine Mitteilung des Politbüros der PCC über Fernsehen, Radio und die *Granma*, die offizielle Tageszeitung der Partei, kommuniziert werden.

Ich kann nicht sagen, wie Fidel wieder gesund wurde, denn ich bin kein Arzt. Ich erfuhr nur, dass man zwischen ihm und einem Mitglied der Eskorte mit identischer Blutgruppe eine direkte Transfusion von Vene zu Vene durchgeführt hatte. Wenn das wahr ist – und das erscheint mir absolut möglich, Fidel könnte darauf bestanden haben, diese Möglichkeit nicht unversucht zu lassen –, dann wäre das reine Torheit. Die Ärzte, mit denen ich seit meiner Ankunft in den USA gesprochen habe, bestätigten mir, dass diese Methode gegenüber einer klassischen Transfusion keine Vorteile hat.

So oder so, die Genesung zog sich über fünfundfünfzig Tage hin. Und wieder klebte Fidels Friseur dem Doppelgänger des *Comandante* einen Bart an – Silvino Álvarez spielte seine Charakterrolle auf dem Rücksitz des Präsidenten-Mercedes sehr gut.

Nach beinahe zwei Monaten der Abwesenheit vom öffentlichen Leben trat Fidel am 29. Oktober im Palacio de Convenciones, wo er eine Rede vor den kubanischen Abgeordneten hielt, wieder auf. Keiner von ihnen wusste, dass ihr Chef dem Tod erst vor wenigen Wochen von der Schippe gesprungen war.

★ 14

FIDEL, ANGOLA UND DIE KUNST DES KRIEGES

Krieg, endlich! Fidel hat in seinem langen Leben Dutzende bewaffneter Gruppen beraten, trainiert, unterstützt. Er hat Hunderttausende, wenn nicht gar Millionen antiimperialistischer Kämpfer in der ganzen Welt inspiriert. In Lateinamerika konnte sich kein Land seinem Einfluss entziehen. In Afrika, wohin Che Guevara höchstpersönlich 1965 in den Kampf zog, haben nicht weniger als siebzehn revolutionäre Gruppen von seiner Erfahrung profitiert. Im Grunde waren aber all diese subversiven Bewegungen räumlich, zeitlich und in ihren Möglichkeiten nur begrenzt und nahmen sich vor dem Hintergrund Fidels weltumspannender Ambitionen bescheiden aus. Es waren eben »nur« Guerillas …

In Angola hat Fidel Castro eine neue Stufe erklommen, die Stufe des klassischen Bewegungskriegs mit Bodentruppen, Panzern, Artillerie, Helikoptern und Kampfflugzeugen. Siebzehn Jahre lang, von 1975 bis 1992, hat es Fidel geschafft, ein Kontingent von zwei- bis dreihunderttausend Kämpfern und Zivilisten an eine Front zu bringen, die von Kuba zehntausend Kilometer entfernt ist. Das hatte die Welt noch nicht gesehen. Kein vergleichbares Land, nicht einmal Israel, hat sich je militärisch so weit weg gewagt, mit so vielen Männern. Die kubanischen Soldaten haben in Angola dazu beigetragen, das rassistische Apartheidsregime von Südafrika zu schwächen und ihm eine militärisch wie politisch blutige Niederlage zuzufügen.

★

Diese unglaubliche Geschichte, die außerhalb von Kuba wenig bekannt ist, beginnt in Lissabon, am 25. April 1974. Die Nelkenrevolution bringt die Diktatur António Salazars zu Fall, der Portugal seit den 30er-Jahren im Griff hat.

Gleich nach dem Machtwechsel beschließt die neue Regierung, die portugiesischen Kolonien aufzugeben, die neben Mosambik, Guinea-Bissau, Kap Verde, Macao und Timor noch ein weiteres Juwel umfassen: Angola – reich an Öl und anderen Bodenschätzen. Dort drüben beginnen die drei Unabhängigkeitsbewegungen, die sich der Kolonialmacht bislang uneins in den Weg stellten, sogleich, sich um den Kuchen zu streiten. Auf der einen Seite steht die MPLA (Movimento Popular de Libertação de Angola, die Volksbewegung zur Befreiung Angolas) unter der Führung des Marxisten Agostinho Neto (1922–1979), der vom sowjetischen Block unterstützt wird. Ihm gegenüber stehen die FNLA (Frente Nacional de Libertação de Angola, die Nationale Front zur Befreiung Angolas) mit ihrem Führer Holden Roberto (1923–2007) und die UNITA (União Nacional para a Independência Total de Angola, die Nationale Union für die völlige Unabhängigkeit Angolas) von Jonas Savimbi (1934–2002), die vom Westen unterstützt werden.

Um die landesinternen Spannungen nicht weiter zu schüren, die das Land in einen Bürgerkrieg zu treiben drohen, verkünden die Portugiesen rasch, schon im Januar 1975, das Datum der Unabhängigkeit: den kommenden 11. November. Der Countdown läuft, jeder Partei bleiben zehn Monate, um den Krieg vorzubereiten. Denn das haben alle begriffen: Wer am Tag des Rückzugs der Portugiesen die Hauptstadt Luanda kontrolliert, wird automatisch neuer Machthaber im Land.

Agostinho Neto, der Anführer der MPLA, der zehn Jahre zuvor im Kongo mit Che Guevara zusammengetroffen war, ruft selbstverständlich Fidel Castro zu Hilfe. Einem Geniestreich gleich, plant dieser unverzüglich die berühmte »Operation Carlota«: eine Luftbrücke zwischen Havanna und Luanda, um Tausende »Internationalisten« und reichlich Ausrüstung zu transportieren, sodass die MPLA mit Agostinho Neto bis zur Schicksalsstunde der vereinbarten Unabhängigkeit Luanda würde halten können. Ein kühnes, ein wahnwitziges Unternehmen. Und tatsächlich überqueren im Herbst 1975 Tausende Soldaten auf Kreuzfahrtschiffen und in viermotorigen Bristol Britannias der Cubana de Aviación den Atlantischen Ozean, um in allergrößter Heimlichkeit an den angolanischen Küsten anzulanden. Die Tatsache, dass die kubanischen Truppen aus vielen Schwarzen und Mischlingen bestehen, die vor Ort nicht weiter auffallen, erleichtert die Sache.

Als die Welt entdeckt, dass Tausende Kubaner in Luanda sind, zeigt man sich überall überrascht. Nicht nur die Amerikaner, auch die Sowjets! Fidel hat es nicht für nötig gehalten, den Kreml von seinen Manövern in Kenntnis zu setzen. Vor vollendete Tatsachen gestellt, ist die sowjetische Führung wie vor den Kopf geschlagen. Wen wundert es: Seit Beginn der Kolonialzeit ist zum ersten Mal eine ganze Armee auf dem schwarzen Kontinent gelandet.

★

Der Plan des *Comandante* geht auf. Am 10. November 1975, nach einem einwöchigen Kampf, trägt Agostinho Neto in der entscheidenden Schlacht mithilfe der Kubaner den Sieg davon und bringt Luanda endgültig unter seine Kontrolle. Am 11. November verkündet der neue Anführer des Landes die Unabhängigkeit. Mitten im Kalten Krieg fällt Angola dem sowjetischen Block zu. Die neue marxistische Regierung erhält Unterstützung von russischen Militärberatern und Kriegsmaterial. Das erlaubt ihr, große Teile des Landes zu kontrollieren. Der Mythos von der kubanischen Unbezwingbarkeit, der seinen Ursprung in der Schweinebucht hat, wird in Havanna noch bestärkt.

Ich selbst war damals noch nicht Teil von Fidels Leibgarde. Ich war sechsundzwanzig und studierte an der Hochschule des Innenministeriums, weil ich Sicherheitsoffizier werden und hochrangige Persönlichkeiten schützen wollte. Mein größter Wunsch aber war, für die Revolution zu sterben. Ich ging also zu einem Oberen und flehte ihn an, mich nach Angola zu schicken, damit ich an dem ruhmreichen Abenteuer teilhaben könne. Zu meiner großen Überraschung erteilte er mir nur trocken eine Abfuhr und fragte, für wen ich mich hielte. Er erklärte mir, dass nicht ich über meine Zukunft entscheide, sondern dass es der Revolution zukomme, die Mission auszuwählen, für die ich am besten geeignet sei. Erst später begriff ich, dass ich in jenem Stadium meiner Laufbahn, also rund zwei Jahre vor der Berufung in Fidels Leibgarde, schon längst dafür ausgewählt worden war.

★

Köstliche Überraschung 1976: Der amerikanische Senat, der sich nicht in ein »afrikanisches Vietnam« drängen lassen will, beschließt das Clark Amendment, ein Gesetz, das den USA verbietet, Waffen nach Angola zu exportieren oder militärisch einzugreifen. Im März 1977 unternimmt Fidel seine erste triumphale Reise nach Angola, wo die Situation mittlerweile mehr oder weniger unter Kontrolle ist. Nach dem natürlichen Tod von Agostinho Neto 1979 wird José Eduardo dos Santos Präsident Angolas (was er heute noch ist). In den 80er-Jahren wird die Sache komplizierter. Die US-Invasion in Grenada im Oktober 1983, bei der 638 Kubaner in Gefangenschaft geraten, versetzt dem Mythos von der Unbesiegbarkeit Kubas einen heftigen Schlag. Im Südwesten Angolas unternehmen die

Südafrikaner neue Militäroffensiven. Fidel schickt weiterhin Nachschub an kämpfenden Truppen, die Russen liefern weiterhin Panzer, Flugzeuge, Helikopter und Raketen, ohne Kosten zu scheuen. Trotzdem müssen sie vermehrt Niederlagen hinnehmen. Zehn Jahre nach dem Beginn des Konflikts fürchten kubanische Mütter nur das eine: dass ein Offizier des Ministeriums der Revolutionären Streitkräfte eines Morgens an ihre Tür klopft, um ihnen, gemäß der Tradition, mit einem Blumenstrauß in der Hand den Tod ihres Sohnes im Kampf zu verkünden. Insgesamt lassen mehr als zweitausendfünfhundert Kubaner ihr Leben im Angolakrieg.

★

Zu diesem Zeitpunkt mehren sich die Meinungsverschiedenheiten der Kubaner und Russen. Nach Fidels Meinung eignet sich die Doktrin der sowjetischen Kriegsführung nicht für die afrikanischen Schlachtfelder. Auch wirkt sich nachteilig aus, dass die Russen Schwierigkeiten haben, sich der afrikanischen Mentalität anzupassen. Während die Affinität der Kubaner zu den Angolanern augenscheinlich ist, wirken die Sowjets wie Außerirdische. Die erste ernsthafte Unstimmigkeit: Im Juli 1985 besteht die sowjetische Militärführung auf einer großen Offensive, der »Operation Congreso II«, gegen Mavinga, eine Provinzhauptstadt im Südosten des Landes, tausend Kilometer von Luanda entfernt. Fidel plädiert dagegen, die Umstände erscheinen ihm als ungünstig. Der Verlauf der Geschichte gibt ihm recht: Nachdem die kubanisch-angolanischen Truppen das Ziel ihrer Offensive erreicht haben, müssen sie schnell wieder abrücken, weil die Russen den Verpflegungsnachschub nicht korrekt abgesichert hatten. Der Kampf war umsonst gewesen …

Im *war room* der Revolutionären Streitkräfte in Havanna, wohin ich Fidel oft begleite – und wo er alle Schlachten in

Angola mitverfolgt hat –, höre ich ihn noch unzählige Male zu Raúl sagen: »Ich wusste, dass es so kommen würde. Ich habe es ihnen gesagt, den Russen, dass man die hinteren Linien und den Nachschub absichern muss … Jetzt ist es zu spät … Da hätte man früher dran denken müssen!« Und dann weist der *Comandante* seinen Bruder an, der seit jeher der Mittler zwischen Havanna und Moskau war, den allerhöchsten Instanzen im Kreml seine tiefste Unzufriedenheit zu übermitteln. Und so geschieht es.

★

Im darauffolgenden Jahr wiederholen die Sowjets zwischen Mai und August ihren Fehler. Sie stürzen sich in die zweite große Offensive und erleben, aus den gleichen Gründen wie beim ersten Mal, eine jämmerliche Niederlage: Die Südafrikaner und die UNITA von Jonas Savimbi sabotieren die Brücken über die Flüsse und schneiden den kubanisch-angolanischen Truppen den Rückweg ab. Und wieder lässt Fidel dem Kremlchef Michail Gorbatschow sein Missfallen überbringen – einem Sowjetführer, der sich zudem den USA auf diplomatischer Ebene annähert, wie der *Comandante* missbilligend feststellt.

★

Einen Monat darauf, im September 1986, reist Fidel zum Gipfel der Bewegung der Blockfreien Staaten nach Simbabwe, wie ich und … Oberst Gaddafi. Fidel beschließt, einen Abstecher nach Angola zu machen, wo vierzigtausend Kubaner stationiert sind, Soldaten und Zivilisten, darunter auch Raúls Sohn, der junge Alejandro Castro, der heute Oberst ist. Es ist das zweite Mal, dass Castro angolanischen Boden betritt, neun Jahre nach seiner ersten Reise 1977.

Der Abstecher dauert drei Tage. Am zweiten Abend besucht Fidel unsere Fronttruppen. Seine Eskorte ist auf ein Minimum reduziert: drei Leibwächter, darunter ich, der Chef der Eskorte Domingo Mainet und Eugenio Selman, Fidels Leibarzt. Wir starten bei Einbruch der Nacht und fliegen, wie in einem Film, in drei Hubschraubern dicht über dem Boden in Richtung Front. Nachdem wir mitten in der Savanne gelandet sind, wird mir klar, dass uns nur ein paar hundert Meter von den Südafrikanern trennen. Der Feind ist so nah, dass man die Lichter im Lager sehen kann. Wenn die gewusst hätten …

Vor Ort spricht der *Comandante* zu unseren Soldaten, überschüttet sie mit Worten, feuert sie an, macht sich ein Bild von ihrer Stimmung und lässt sich die militärische Lage erklären. Man hätte meinen können, Napoleon spricht mit seinen *grognards*, den Haudegen seiner Garde. »Aus welcher Region kommst du? Aus Oriente? Ah, sehr gut …«, »Seit wann bist du in Angola?«, »Wie ist eure Versorgung?« Ich erinnere mich, dass Fidel abends, zurück in Luanda, nach diesem Ausflug in Hochstimmung war.

★

Die Niederlagen nach den beiden Großoffensiven veranlassten die Sowjets schlussendlich dazu, das Kommando abzugeben und Fidel Castro die taktische und strategische Planung zu überlassen. Ein durchaus ungewöhnlicher Umstand, der es verdient, betont zu werden: Den ganzen Krieg über lenkte Fidel die militärischen Operationen von Havanna aus, vom anderen Ende der Welt. Er war sehenswert, der Stratege in seinem *war room*, seiner Kommandozentrale des MINFAR, die mit Karten des Generalstabs und Skizzen der Kampfgebiete zugepflastert war! Er beherrschte die Kunst des Krieges (er hatte die gleichnamige Schrift des antiken chinesischen Militärstrategen und Philosophen Sun Tzu gelesen), er war wie Napoleon und Rommel in einer Person. Seinen Generälen diktierte er, schriftlich oder per Telefon, seine Anweisungen. Das klang dann bisweilen so: »Die Verteidigungslinie östlich des Flusses muss verkürzt werden. Brigade 59 und 26 sollen sich zu befestigten Stellungen näher am Fluss zurückziehen. Beide Brigaden müssen das gesamte südwestliche Territorium unter Kontrolle bekommen, sodass die 8. Brigade für Verpflegung und Nachschub sorgen kann. Aktuell sind sie zu exponiert und Angriffen aus der Zone ausgesetzt, die zuvor von der 21. Brigade verteidigt wurde. Angesichts der Situation ist das Risiko zu groß und muss unverzüglich korrigiert werden.«

Beinahe zwanzig Jahre später konnte es der südafrikanische Ex-General und Ex-Verteidigungsminister Magnus Malan, der bei Cuito Cuanavale gegen die Kubaner gekämpft hatte, noch immer nicht fassen. »Ich begreife nicht, wie er das gemacht hat. Militäroperationen aus einer Distanz von zehntausend Kilometern zu lenken ist theoretisch unmöglich ... Nein, das werde ich nie begreifen«, gab er in dem Dokumentarfilm *Cuba, une odyssée africaine* von Jihan El Tahri von 2007 sportlich zu. Es klang wie eine unfreiwillige Hommage an seinen einstigen Feind.

Cuito Cuanavale: Diese legendäre Schlacht war der finale Zusammenprall zwischen Kuba und Südafrika. Sie zog sich über sechs Monate hin, von September 1987 bis März 1988, und ging in die Annalen der Geschichte ein als die größte militärische Schlacht in Afrika seit dem Zweiten Weltkrieg. Dieses »afrikanische Stalingrad« mit seinen Panzern, Helikoptern, Jagdflugzeugen und Raketen endete in einer Sackgasse. Keiner hatte gewonnen, jeder beanspruchte den Sieg für sich, allerdings mussten die Südafrikaner einsehen, dass sie die marxistische Regierung von Luanda militärisch nicht stürzen konnten. Sie akzeptierten also Friedensverhandlungen, deren Ergebnis folgendermaßen aussah: Fidel überführte seine Armee zurück nach Kuba, unter der Bedingung, dass die South African Defense Force Namibia verließ, diese ehemals deutsche Kolonie, die seit 1945 südafrikanisches Protektorat war und als Pufferstaat zu Angola diente. Namibia erhielt schließlich im März 1990 seine Unabhängigkeit. Schon ein paar Wochen zuvor war Nelson Mandela aus der Haft entlassen worden. Das rassistische Regime in Pretoria sah sich unter internationalem Druck zu immer weiteren Zugeständnissen gezwungen, die dann im Frühjahr 1994 zur völligen Abschaffung der Apartheid führten. Vor seiner Wahl zum Präsidenten erklärte Nelson Mandela: »Cuito Cuanavale war das Ende der Unbesiegbarkeit der weißen Unterdrücker. Es war ein Sieg für ganz Afrika.«

★

Fidel hat durch dieses wahnsinnige Abenteuer in der sogenannten Dritten Welt an weiterem Ansehen gewonnen. Es wäre aber ungerecht, den gehörigen Anteil Arnaldo Ochoas daran unerwähnt zu lassen. Er galt ohnedies als der fähigste aller kubanischen Generäle, hatte an fast allen entscheidenden Höhepunkten des Castrismus Anteil gehabt und nun in Angola eine maßgebliche Rolle gespielt. Für meine Generation war der charismatische General mit dem Profil eines Falken das Vorbild des vollendeten Guerilleros. Er hatte schon in der Sierra Maestra gegen Batista gekämpft, dann 1965 mit Che Guevara im Kongo und 1966 in Venezuela, um dort einen *foco*, einen Brandherd, zu entfachen. Während der Operation Carlota 1975 in Angola war er eine der Hauptakteure; später befehligte er in Äthiopien auch die kubanischen Expeditionsstreitkräfte im Ogadenkrieg (1977/78), bevor er von 1984 bis 1986 auf Wunsch von Fidel Sonderberater des nicaraguanischen Verteidigungsministers Humberto Ortega wurde, dessen Land er dabei unterstützen sollte, die Angriffe der von Washington finanzierten Contras abzuwehren.

Niemand hatte mehr Orden erhalten als er, niemand sonst außer diesem Hochbegabten war als »Held der Republik Kuba« ausgezeichnet worden. 1987, als sich die kubanischen Streitkräfte in Angola aufgrund der sowjetischen Fehlplanungen in einer heiklen Lage befanden, wurde er zu deren Oberbefehlshaber berufen. Vor Ort wähnte sich dieser kluge Stratege, übrigens Raúl Castros bester Freund, gegenüber Fidel in einer besseren Position, um die Kriegslage einzuschätzen. So kam es, dass Ochoa einmal eine achttägige Pause vorschlug, die den Soldaten erlauben sollte, sich zu erholen, hingegen der *Comandante* sie unverzüglich wieder in die Schlacht schicken wollte. Ein anderes Mal erlaubte es sich der General, Alternativen zum taktischen Vorgehen des *Jefe* zu bedenken zu geben.

Im Palacio oder im *war room* des MINFAR hörte ich, wie Fidel zu Raúl Dinge sagte wie: »Ochoa zeigt Anzeichen von Unfähigkeit« (gemeint war: intellektuelle Unfähigkeit), »Ochoa leidet unter Realitätsverlust« oder auch »Ochoa steht nicht mit beiden Beinen auf der Erde«. Im Januar 1988, mitten in der Schlacht von Cuito Cuanavale, wurde der General nach Havanna zum Rapport beordert. Fidel befahl ihm, alle Brigaden vom Ostufer des Cuito abzuziehen, außer einer. Zurück in Angola widersetzte Ochoa sich dem Befehl, weil er ihn für falsch hielt, und entschied sich für andere, womöglich bessere Strategien. Wenige Wochen später wurde Ochoa zunächst nach Luanda, dann nach Havanna abkommandiert.

In meinem Innersten sorgte ich mich um ihn. Denn ich wusste schon lange: Niemand, selbst der »Held der Republik Kuba«, durfte es sich erlauben, Fidel Castro zu widersprechen. Über kurz oder lang riskierte er damit, in Ungnade zu fallen. Ich ahnte allerdings nicht, dass Ochoas Countdown schon begonnen hatte.

Kein Jahr später wurde Arnaldo Ochoa von einem Exekutionskommando hingerichtet. Auf Befehl von Fidel.

15

DIE »AFFÄRE OCHOA«

Ende 1988. Ein Tag wie jeder andere in Havanna. Er sollte jedoch binnen weniger Minuten mein Leben verändern.

Fidel war den Nachmittag über damit beschäftigt gewesen, in seinem Büro zu lesen und zu arbeiten, bis er seinen Kopf zu mir ins Vorzimmer hereinstreckte, um mir zu sagen, dass Abrantes jeden Moment kommen würde. General José Abrantes war damals in seinen Fünfzigern und seit 1985 Innenminister, nachdem er rund zwanzig Jahre lang Sicherheitschef des *Comandante* gewesen war. Er gehörte zu den Treuesten der Treuen und kam täglich mit dem *Jefe* zusammen. Neben Raúl Castro gehörte er außerdem zum innersten Machtkreis, zum Kreis derjenigen zehn Menschen, deren Namen und Funktionen ich noch einmal aufzählen möchte, obwohl der Leser sie schon kennt: José Miguel Miyar Barruecos alias »Chomy«, Fidels Privatsekretär; Fidels Leibarzt Eugenio Selman; der Diplomat Carlos Rafael Rodríguez; der Chefspion Manuel Piñeiro alias »Barbaroja« (Rotbart); Fidels beide Freunde – der kolumbianische Autor Gabriel García Márquez, genannt »Gabo«, und der Geograf Antonio Núñez Jimenez.

Ein exklusives Recht zeichnete Abrantes aus: Neben Raúl war er der Einzige, der Zugang zu Fidels Büro hatte, ohne durch den Haupteingang des Palacio de la Revolución zu gehen; stattdessen kamen sie von der Tiefgarage aus durch den Hintereingang und fuhren dann mit dem Fahrstuhl direkt in die dritte Etage.

★

An jenem Tag also, gegen 17 Uhr, steht José Abrantes plötzlich in Fidels Vorzimmer. Ich kündige ihn an: *»Comandante, aquí está el ministro!«* (»*Comandante*, der Minister ist da!«) Denn selbstverständlich darf niemand einfach so Fidels Büro betreten, ohne angekündigt zu werden, nicht einmal sein Bruder Raúl. Ich schließe die Flügeltür und setze mich wieder in mein Büro direkt neben dem Vorzimmer, wo ich auf verschiedenen Bildschirmen sowohl den Parkplatz als auch den Fahrstuhl, die Flure und den Schrank mit den drei Schlössern in den Blick nehmen kann, an denen sich die in der Decke von Fidels Büro versteckten Mikros einschalten lassen. Im nächsten Moment kommt der *Comandante* zurück und weist mich an: *»Sánchez, no grabes!«* (»Sánchez, nicht aufnehmen!«)

Die beiden Männer reden unter vier Augen, ich erledige meine Arbeit, lese die *Granma* des Tages, bringe Papiere in Ordnung und verzeichne die letzten Aktivitäten des *Máximo Líder* in der *libreta*.

Noch immer dauert die Unterredung an. Eine Stunde vergeht, noch eine ... Mir fällt auf, dass Fidel gar nicht nach seinem *whiskycito* (seinem kleinen Whisky) verlangt, auch nach keinem *cortadito* (der kubanischen Milchkaffeevariante) für seinen Gast, der für gewöhnlich mehr als nur einen davon trinkt. Nie zuvor war der Innenminister derart lange in Fidels Büro. Aus Neugier, aber auch um die Zeit rumzubringen, setze ich mir die Kopfhörer auf und drehe den Schlüssel Nr. 1, um zu hören, was auf der anderen Seite der Wand gesprochen wird.

Ich höre, was ich nicht hätte hören dürfen.

★

Die Unterredung dreht sich um einen kubanischen *lanchero*, einen Drogenschmuggler, der in den USA lebt und dort offensichtlich mit seinem Boot illegalen Geschäften nachgeht.

Und was für Geschäfte! Schlicht und einfach geht es um einen Drogenschmuggel riesigen Ausmaßes und auf höchster Ebene!

Abrantes bittet Fidel um die Erlaubnis, den Schmuggler eine Zeit lang in Kuba aufzunehmen, da er sich eine Woche Urlaub in seiner Heimat und im Beisein seiner Eltern wünscht, am Strand von Santa Maria del Mar, neunzehn Kilometer östlich von Havanna, wo das Wasser türkis ist und der Sand fein wie Mehl. Für diesen Ausflug, erklärt Abrantes, zahle der *lanchero* fünfundsiebzigtausend Dollar – in Krisenzeiten gutes Geld … Fidel hat nichts dagegen. Trotzdem äußert er Zweifel: Wie sichert man ab, dass die Eltern des *lanchero* nicht herumerzählen, sie hätten mit ihrem Sohn, der eigentlich in den USA lebt, eine Woche Urlaub in der Nähe von Havanna gemacht? Abrantes schlägt vor, den Eltern vorzugaukeln, ihr Sohn sei ein kubanischer Agent, den man in die USA geschleust habe und dessen Leben sie aufs Spiel setzen, wenn sie nicht absolutes Stillschweigen über seinen Aufenthalt auf Kuba bewahren. »Sehr gut …«, befindet Fidel und willigt ein. Zuletzt schlägt Abrantes dem *Comandante* vor, Antonio (»Tony«) de la Guardia, der Mann für Spezialfälle und Held der Befreiungskämpfe in der Dritten Welt, solle sich um die Modalitäten des Aufenthalts kümmern. Auch dagegen hat Fidel nichts einzuwenden.

★

Es war, als wäre mir der Himmel auf den Kopf gefallen. Sprachlos, ungläubig, wie versteinert hoffe ich, zu träumen oder mich verhört zu haben, aber nein, es war Realität. Ein paar Sekunden hatten mein Universum, meine Ideale zu Fall gebracht. Ich begriff, dass der Mann, dem ich seit jeher mein Leben geweiht hatte, den ich wie einen Gott verehrte und der in meinen Augen mehr zählte als meine eigene Familie, nicht nur in den Kokainschmuggel verstrickt war, sondern die Geschäfte gleichsam lenkte wie ein Pate. Am Boden zerstört, räumte ich die Kopfhörer wieder weg und drehte den Schlüssel, um die Verbindung zu dem Mikro Nr. 1 zu unterbrechen. Ich fühlte mich unendlich einsam.

Schließlich verließ Abrantes das Büro. Als er durch die Tür trat, ließ ich mir meine Verzweiflung nicht anmerken. Aber von da an sah ich Fidel Castro nicht mehr mit denselben Augen. Ich behielt dieses fürchterliche Staatsgeheimnis jedoch für mich und sprach mit niemandem darüber, nicht einmal mit meiner Frau. Ich arbeitete professionell weiter und versuchte, die Gedanken an dieses Ereignis zu verdrängen, aber meine Enttäuschung blieb. Ob ich es wollte oder nicht, mein Leben war fortan mit Fragezeichen versehen. Kein Jahr später wuchsen sich diese Fragezeichen nur noch mehr aus, als nämlich Fidel den ihm treu ergebenen Abrantes opferte und ins Gefängnis stecken ließ, um der Welt zu beweisen, dass er von dem Drogenhandel, der sein Ansehen gefährdete, nichts gewusst habe.

★

Die Kunst der Verschleierung ist nicht das geringste Talent des *Comandante*, der sich wieder über seine Arbeit machte, als wäre nichts gewesen. Aus seiner Sicht war alles logisch. Der Drogenschmuggel war für ihn in erster Linie eine Waffe im Kampf für die Revolution, nicht etwa ein Mittel der Bereicherung. Seine Gedanken dazu mögen folgende gewesen sein: Wenn die Yankees so dumm sind, Drogen aus Kolumbien zu konsumieren, dann ist das nicht sein Problem (jedenfalls nicht, solange er unentdeckt bleibt), sondern dient der Revolution, denn zum einen wird die amerikanische Gesellschaft durch Drogen korrumpiert und destabilisiert, zum anderen spült das Ganze Bares in die Kassen.

In dem Maße, in dem der Drogenhandel sich in Lateinamerika entwickelte, verschwammen die Grenzen zwischen der Guerilla und dem Geschäft mit der Sucht. Was für Kolumbien galt, galt auch für Kuba. Ich für meinen Teil konnte dieser verdrehten Logik nie etwas abgewinnen, sie stand absolut im Gegensatz zu meiner revolutionären Ethik.

★

Das Jahr 1989 begann mit den Feiern zum 30. Geburtstag des »Triumphes der Revolution«. Erinnern wir uns: Am 1. Januar 1959 war Batista in die Dominikanische Republik geflohen und hatte Fidel in Santiago de Cuba den Sieg verkündet. Dem Weltkommunismus stand allerdings ein Höllenjahr bevor. In China forderten auf dem Tian'anmen-Platz Demonstranten die Panzer heraus. In Europa hob sich der Eiserne Vorhang und fiel schließlich die Berliner Mauer.

Und auch Kuba, das nun keine sowjetischen Subventionen mehr erhielt, machte eine nie gekannte existenzielle Krise durch. Im Juli wurde, nach einem stalinistischen Schauprozess, der ruhmreiche General Arnaldo Ochoa zusammen mit drei anderen Angeklagten exekutiert; alle vier waren für schuldig befunden worden, die Revolution »beschmutzt« und Fidel für ein Schmuggelgeschäft »verraten« zu haben, von dem der *Comandante* selbstverständlich nichts gewusst haben wollte. Die »Affäre Ochoa« verursachte ein nationales Trauma, sie begrub die letzten Illusionen des Castrismus unter sich. Auf Kuba gibt es ein *vor* und ein *nach* 1989.

★

Um zu verstehen, worum es bei dieser »Affäre« ging, muss man bis ins Jahr 1986 zurückgehen, als die Abteilung MC gegründet wurde und Moskau anfing, die Wirtschaftshilfen auszudünnen. Das Departamento MC, das dem MININT unterstand, also dem Minister José Abrantes, und von Oberst Tony de la Guardia geleitet wurde, hatte die Aufgabe, mit Strohfirmen in Panama, Mexiko und Nicaragua harte Dollars zu generieren. Daher auch der Name der Abteilung »MC« (*moneda convertible* – konvertible Währung), auch wenn die Bezeichnung zunächst keine besondere Bedeutung hatte, sondern nur einer dummen und hässlichen militärischen Nomenklatur geschuldet war.

Das Departamento MC beerbte das Departamento Z, das zu Beginn der 80er-Jahre gegründet worden war, und besorgte fortan den Handel mit allem: mit Tabak, Langusten, Zigarren, die in die USA geschmuggelt wurden, mit Textilien und Elektrogeräten, die man nach Afrika exportierte, mit Kunstwerken und Antiquitäten, die man nach Spanien verkaufte, und nicht zuletzt mit Elfenbein und Diamanten aus Afrika, die man in Lateinamerika oder anderswo an den Mann brachte. Mancher Handel war legal, anderer nicht. Aber der Existenz dieses Departamento haftete nicht an sich etwas Geheimnisvolles an. Ganz im Gegenteil, die *Granma*, die parteigetreue Tageszeitung, hatte es einmal so erklärt: »Wir kämpfen gegen das Wirtschaftsembargo der USA an, das seit 1962 in Kraft ist, und beschaffen auf diese Weise die nötigen Mittel für medizinische Versorgung, Computer und anderes.«

Wenn etwas geheimnisvoll war, dann eher die Funktionsweise, die Geldkanäle, die Bilanzierung dieser Abteilung. Man nahm Undurchsichtigkeit, Chaos und Improvisation jedoch billigend in Kauf, denn das Departamento MC hatte nur diese eine Aufgabe: die Beschaffung von klingenden, frischen Dollars in Drittländern, besonders in Panama, das schon immer die erste Anlaufstation war für die illegalen Wirtschaftsaktivitäten Kubas unter Fidel Castro. Es war unvermeidlich, dass sich dabei die Wege der »Freibeuter« der

Departamentos Z und MC in jenen Jahren und jenem Teil der Erde mit denen der kolumbianischen Drogenhändler kreuzten, die ebenfalls auf der Suche nach schnellem Geld waren. Nicht ganz zufällig wurde das Departamento MC in der Bevölkerung bald scherzhaft »Marihuana y Cocaína« genannt …

In den frühen 80er-Jahren keimen bei den Amerikanern erste Verdachtsmomente gegen Kuba. Genährt werden sie von mehreren ausgestiegenen kubanischen Geheimdienstmitarbeitern, hochgestellten Funktionären aus Panama, die eng mit Manuel Noriega[10] und mit in Florida verhafteten Drogenhändlern zusammengearbeitet hatten und von denen manche bestätigen, dass die kubanische Regierung Geschäftsbeziehungen zu dem kolumbianischen Drogenboss Pablo Escobar und dessen Medellín-Kartell gehabt habe. Mitte der 80er-Jahre erscheinen in der US-amerikanischen Presse Artikel, die den intensivierten Drogenhandel auf Kuba, das lange als Durchgangsland für den weißen Stoff aus Kolumbien diente, beschreiben und in Betracht ziehen, dass die Drogenhändler mit den Machthabern Kubas in Verbindung stehen könnten.

★

Fidel sieht den Skandal kommen, vermutlich warnen ihn auch seine in die USA eingeschleusten Agenten, jedenfalls beschließt er vorzupreschen, um jeglichen Verdacht, der ihn betreffen könnte, im Keim zu ersticken. In der *Granma* informiert Fidel seine Leser, dass im April eine Untersuchung eingeleitet worden sei. Als erfahrener Schachspieler wendet er das Spiel zu seinen Gunsten und vollführt eine Rochade – einen Zug, bei dem Turm und König in einem Doppelzug gleichzeitig bewegt werden dürfen, um den König – also sich selbst! – in Sicherheit und den Turm in eine Angriffsstellung zu bringen. Fidel weiß nur zu gut, welche seiner Funktionäre in den Drogenhandel verstrickt sind, und lässt am 12. Juni die Zwillinge Tony und Patricio de la Guardia, den eben aus Angola zurückgekehrten General Arnaldo Ochoa sowie neun andere hochrangige Offiziere des MININT und zwei des MINFAR vom Departamento MC verhaften. Eine zweite Verhaftungswelle wenige Wochen später reißt noch Innenminister José Abrantes samt zwei Generälen und vier Obersten aus seinem nahen Umfeld mit sich.

Drei Wochen später beginnt der doppelte Prozess gegen General Ochoa. Am 25. Juni erscheint der Angeklagte, allein und in Uniform, vor einem »militärischen Ehrengericht« in der vierten Etage des MINFAR, wo er vor der Gesamtheit des Führungsstabs, also vor siebenundvierzig Generälen, zum einfachen Soldaten degradiert wird. Ab dem 30. Juni wird der Angeklagte vor ein militärisches Sondergericht gestellt, dieses Mal in Zivil, wie auch seine dreizehn Mitangeklagten. Dieses Gericht tagt im Erdgeschoss des MINFAR, in der Sala Universal, die aus einem Projektionsraum in einen Gerichtssaal verwandelt wurde. Der Vorgang insgesamt wurde unter der Bezeichnung *Causa nº1/1989* geführt, während der Prozess gegen Innenminister José Abrantes als *Causa nº2/1989* bekannt ist. In aller Eile wird Ochoa der Prozess gemacht; er dauert nur vier Tage und brennt sich dem kollektiven Gedächtnis der Kubaner ein als eine der größten Schandtaten der ewigen Herrschaft von Fidel Castro Ruz.

★

Und trotzdem brüstet sich die Regierung in den offiziellen Medien, in Presse und Radio, damit, wie »gerecht« sie in dieser Sache geurteilt habe: »Die ganze Welt schaut verblüfft auf diesen außerordentlichen Beweis von Mut und Moral – so liest und hört man. Sie ist das nicht gewöhnt. Nur eine echte Revolution, eine starke, unerschütterliche und tief greifende

Revolution ist dazu fähig.« Fidel, Meister des Zynismus, und »konsterniert« ob der Dinge, die er habe entdecken müssen, behauptet sogar, es handle sich dabei um »einen politischen und juristischen Vorgang, so korrekt, wie man ihn sich nur vorstellen könne«.

Der Wirklichkeit entspricht das nicht. Von Raúls Büro aus, in der vierten Etage des MINFAR, verfolgt Fidel Castro gemütlich und in Gesellschaft seines Bruders per Direktschaltung aus dem Saal die *Causa n°1* und *n°2*. Beide Prozesse werden gefilmt (weswegen große Teile davon heute auf YouTube zu sehen sind) und im Land ausgestrahlt – wenn auch nicht live, sodass heikle Stellen herausgeschnitten werden können.

Es gibt sogar eine Vorrichtung, mit der Fidel dem Vorsitzendenden des Tribunals anhand einer unauffälligen Kontrolllampe signalisieren kann, wann es Zeit ist, die Sitzung zu unterbrechen. Alles das habe ich mit eigenen Augen gesehen, denn ich war dort, teils vor der geöffneten Tür zu Raúls Büro, teils im Raum selbst. Wurde die Sitzung unterbrochen, gab Raúl mir Anweisungen: »Sag dem Chef der Eskorte Bescheid, dass die *compañeros* jeden Moment aus dem Gerichtssaal hochkommen.« Und tatsächlich: Keine fünf Minuten später standen der Vorsitzende, der Staatsanwalt und die Geschworenen in der vierten Etage des MINFAR, um Instruktionen von Fidel entgegenzunehmen, der, wie immer, alles, absolut alles lenkte und leitete. Zweimal hat der *Comandante* später öffentlich zugegeben, mit den Mitgliedern des Tribunals in Kontakt gestanden zu haben, behauptete aber, sich aus Respekt gegenüber der Gewaltenteilung mit einem Urteil zurückgehalten zu haben, um die Richter nicht zu beeinflussen ... Wenn man weiß, wie Fidel funktioniert, weiß man auch, dass diese Behauptung absolut haltlos und nur von seinem tiefschwarzen Humor geprägt ist.

★

Für die Staatsanwälte war es während der *Causa n°1* (Prozess gegen Ochoa) und der *Causa n°2* (Prozess gegen Abrantes) ein Kinderspiel, den Angeklagten die Verstrickung in den Drogenhandel, die ja den Tatsachen entsprach, nachzuweisen. Natürlich hätte es mich schockieren können zu erfahren, dass Ochoa, unser Revolutionsheld, sich mit solchen verbrecherischen Geschäften abgegeben hatte. Aber was war ihm anderes übrig geblieben – wo doch der Staatschef höchstselbst der Ursprung dieses Handels war, genau, wie er auch allen anderen Schmuggeleien vorstand, dem Schmuggel mit Tabak, mit Elektrogeräten, mit Elfenbein …? Aus seiner Logik heraus natürlich nur zum Wohle der Revolution.

Einmal hielt sich die Anklage besonders an der Frage nach einem Hangar auf dem Flughafengelände von Varadero auf, wo die für die USA bestimmten Drogen und andere Schmuggelware zwischengelagert waren.

Da machte es bei mir »klick«! Ich erinnerte mich daran, Fidel, Abrantes, Tony de la Guardia und andere Offiziere des Departamento MC zwei Jahre zuvor zu diesem Hangar begleitet zu haben. Wir waren mit drei Wagen im Konvoi am Palacio gestartet und nach einer guten Stunde Fahrt bei diesem Gebäude angekommen, das sich in der Nähe der Panamericana befindet. Ich war an jenem Tag draußen vor dem Gebäude geblieben, während Abrantes und Tony de la Guardia Fidel angeblich einen Ladung Rum und Zigarren zeigten, die für den Export vorgesehen seien. Nach nur einer Viertelstunde vor Ort machten wir uns wieder auf den Rückweg in den Palacio.

In diesem Moment des Prozesses wurde mir klar, dass Fidel zwei Jahre zuvor nicht Rum und Zigarren begutachtet hatte – wie sollte man auch erklären, dass ein Staatschef drei Stunden darauf verschwendet, sich etwas derart Banales anzusehen? –, sondern eine Ladung weißes Pulver, das darauf wartete, nach Florida gebracht zu werden. Der *Comandante* handelte ganz nach seiner Gewohnheit, er misstraute seinen Mitarbeitern und war extrem vorsichtig, darum wollte er alles selbst überprüfen, bis ins kleinste Detail, und sich vergewissern, dass alle möglichen Maßnahmen ergriffen worden waren, die Schmuggelware gut zu verstecken.

★

All das erklärt die Härte der Urteilssprüche in der *Causa nº1* und *Causa nº2*. Zum Abschluss dieser Gerichtskomödien wurden General Arnaldo Ochoa, sein Adjutant Hauptmann Jorge Martínez (beide dem MINFAR zugehörig), Oberst Tony de la Guardia und sein Untergebener Major Amado Padrón (beide dem MININT zugehörig) am 4. Juli 1989 zum Tode verurteilt. Begründung: Sie hätten den Transport von sechs Tonnen Kokain des Medellín-Kartells in die USA organisiert und dafür 3,4 Millionen Dollar kassiert. Drei Wochen später wurde José Abrantes zu zwanzig Jahren Haft verurteilt, die anderen zu geringeren Strafen. Was folgte, war die größte Säuberungswelle, die das Innenministerium MININT je gesehen hatte: Fast das gesamt Führungspersonal des Ministeriums wurde kaltgestellt und ersetzt.

Es kann nicht der Hauch eines Zweifels daran bestehen, dass Fidel und kein anderer entschieden hat, Ochoa exekutieren zu lassen und Abrantes für zwanzig Jahre hinter Gitter zu schicken. Letzterer starb dort 1991, nach nur zwei Jahren Haft und trotz seines sehr guten körperlichen Zustands, an Herzversagen, was zumindest verdächtig sein dürfte. Indem der *Máximo Líder* sich dieser beiden Männer entledigte, schaltete er zwei Mitwisser aus, Leute, mit denen er heikle Fragen des Drogenhandels diskutiert hatte. Mit dem Tod von Abrantes und Ochoa wurde die Kette der Befehlswege unterbrochen, nichts konnte ihn mehr mit dem schmutzigen Geschäft in Verbindung bringen.

Man könnte sich darüber wundern, dass derart couragierte Menschen wie diese vier zum Tode verurteilten Offiziere sich im Laufe des Prozesses, der auch im Fernsehen übertragen wurde, nicht aufgebäumt haben, um die Wahrheit in die Welt hinauszuschreien. Es wundert sich aber nur, wer den Machiavellismus eines Fidel Castro und die Methoden, mit denen das kubanische System das Bewusstsein manipuliert, nicht kennt. Hinter den Kulissen vermittelte man den Angeklagten, dass die Revolution sich, auch wegen ihrer Dienste in der Vergangenheit, nachsichtig zeigen würde. Sie werde ihre Kinder nicht aufgeben, und selbst dann, wenn das Gericht die Höchststrafe verhängen würde, wolle sie sich ihnen und ihren Familien gegenüber wohlwollend zeigen … In den Ohren dieser Männer muss das wie ein Versprechen geklungen haben: Statt sie zu töten, wolle man sie begnadigen, vorausgesetzt, sie gäben ihre Fehler zu und räumten ein, die Höchststrafe zu verdienen. Sie taten es – weil Männer in dieser Situation nichts anderes tun können.

Am 9. Juli aber, fünf Tage nach ihrer Verurteilung, beriet Castro sich mit dem Staatsrat, nicht nur, um den Ochoa-Prozess endgültig zu beenden, sondern vielmehr, um auf diese Weise die gesamte politische Führung mit in die Verantwortung zu nehmen. Die neunundzwanzig Mitglieder dieses höchsten Regierungsorgans – Zivilisten, Militärs, Minister, Mitglieder der PCC und Präsidenten von Massenorganisationen – sollten die Entscheidung des Tribunals ratifizieren oder, im Gegenteil, aufheben und die zum Tode Verurteilten begnadigen und ihre Strafen umwandeln. Jeder Einzelne sollte sich dazu äußern, alle bestätigten das Urteil. Es war Vilma Espín, die, ihre und Raúl Castros Freundschaft mit Ochoa und dessen Frau in den Wind schlagend, diesen fürchterlichen Satz sagte: »So sei das Urteil bestätigt und möge vollstreckt werden!« Am 13. Juli gegen zwei Uhr morgens wurden die zum Tode Verurteilten durch Erschießen exekutiert. Fast auf den Tag genau einen Monat nach ihrer Verhaftung.

★

Was folgt, ist die schmerzlichste Zeit meiner Laufbahn. Fidel hatte angeordnet, die Erschießung Ochoas und der drei anderen zu filmen. Zwei Tage später, an einem Samstag, taucht ein Fahrer in Punto Cero auf, wo ich mich gerade aufhalte, um einen dicken Briefumschlag abzugeben, der eine Videokassette im Betamax-Format enthält. José Delgado, der Chef der Eskorte (er hatte zwei Jahre zuvor Domingo Mainet ersetzt), sagt zu mir: »Bring das zu Dalia, sie erwartet dich, das ist ein Film für den *Jefe*.« Ich bringe den Umschlag sofort zur *compañera*, ohne im Entferntesten auf den Gedanken zu kommen, dass dieses Video den Tod von Ochoa dokumentieren könnte, und noch weniger, dass Fidel der Sinn danach stehen könnte, sich wie Dracula ein derartiges »Spektakel« anzusehen. Dreißig Minuten vergehen, Dalia kommt mit der Kassette in der Hand zurück. »Der *Jefe* meint, die *compañeros* sollten sich das Video ansehen«, sagt und ordnet sie an. Also leite ich ihre Nachricht an den Chef der Eskorte weiter, der wiederum alle um sich versammelt, an die fünfzehn Leute, darunter auch die Fahrer und Fidels Leibarzt Eugenio Selman. Dann schiebt jemand die Kassette in den Rekorder.

Das Video war ohne Ton, was wir sahen, wurde dadurch nur noch irrealer. Da waren Autos, die nachts auf einen von Scheinwerfern erleuchteten Platz fuhren. Später erfuhr ich, dass das der Flugplatz von Baracoa war, westlich von Havanna, der ausschließlich von Führungspersönlichkeiten des Regimes genutzt wird und wo ich einige Jahre zuvor zweimal der Verschiffung illegaler Waffen nach Nicaragua beiwohnte, zusammen mit Fidel und Raúl.

Ich wurde oft gefragt, wie Ochoa sich im Angesicht des

Todes verhalten hat. Die Antwort ist kurz und klar: außerordentlich würdevoll. Er stieg aus dem Wagen aus und ging aufrecht. Als einer der Henker sich anbot, ihm die Augen zu verbinden, lehnte er ab. Er hat dem Tod ins Auge gesehen, als er dem Exekutionskommando gegenüberstand. Obwohl ohne Ton, beweist die Filmsequenz, wie mutig er war. Seinen Henkern, die man im Bild nicht sah, sagte er etwas, das man nicht hören, aber sich denken kann. Aufrecht, stolz und mit erhobenem Kinn rief er ihnen vermutlich etwas in der Art zu: »Nun macht schon, vor euch habe ich keine Angst!« Kurz darauf sackt er im Kugelhagel der sieben Schützen in sich zusammen.

Die vier Verurteilten wurden innerhalb weniger Minuten exekutiert. Nicht alle waren von solch stolzem Mut erfüllt wie Ochoa. Allerdings erwies sich auch Tony de la Guardia, der ebenfalls ein bewegtes Leben hinter sich hatte (er war zunächst Mitglied der Eskorte von Allende in Chile gewesen, hatte in Angola gekämpft, war an der Einnahme des Bunkers von Somoza in Nicaragua beteiligt sowie an Hunderten weiterer geheimer Missionen), als wahrhaft mutig – weniger stolz als Ochoa, aber doch mutig. Sein Leid, seine Resignation waren spürbar, aber er brach unter der Last der letzten Minuten seines Lebens nicht zusammen.

Zu sehen, wie meine beiden anderen Kollegen litten, war schwieriger zu ertragen. Auf dem Weg von den Wagen zum Exekutionskommando brachen Hauptmann Jorge Martínez und Major Amado Padrón mehrmals zusammen. Die Wachen mussten sie jedes Mal aufheben. Man sah sie weinen, bitten, flehen. Auf ihren Hosen zeichneten sich Urinflecken ab. Es war hart und erschütternd anzusehen. Man musste schon einiges verkraften können, um das auszuhalten. Bleierne Stille senkte sich im Raum über uns herab. Niemand wagte zu sprechen.

Ich hätte es vorgezogen, von diesem Geschehnis nicht berichten zu müssen. Und mir liegt nicht im Entferntesten daran, ein Urteil über diese vergleichsweise kleinen Fische zu sprechen, die im Grunde für Fidel bezahlten. Aber mein eigener Wahrheitsanspruch verlangt das von mir. Jeder soll wissen, wozu der *Comandante* fähig gewesen ist, um seine Macht zu erhalten. Er ließ nicht nur töten, sondern Männer erniedrigen und vernichten, die ihm treuestens gedient hatten.

★

Nach Ochoas Tod tauchte Raúl Castro in die längste Trinkphase seines Lebens ab. Nicht nur, dass er seinen Freund nicht hatte retten können, nein, noch dazu musste er das Todesurteil des »Helden der Republik Kuba« in der Öffentlichkeit gutheißen, wie auch die anderen Mitglieder des Staatsrats und die militärischen Oberbefehlshaber sich dazu gezwungen gesehen hatten. Er hatte an der Ermordung seines Freundes teilgehabt – ein Widerspruch, für den es keine Lösung gab, außer den Wodka, der seither sein liebstes Getränk ist.

Noch ein anderer Faktor spielte eine Rolle: Raúl hatte die Vernichtung seines Ministerkollegen Abrantes miterlebt, der zu zwanzig Jahren Haft verurteilt worden war. Musste er da nicht befürchten, über kurz oder lang als Verteidigungsminister selbst aus dem Sattel gehoben zu werden? Wenn Abrantes, der Tonys Vorgesetzter war, bestraft wurde, war es dann nicht logisch, dass er als Vorgesetzter von Ochoa ebenfalls bestraft würde?

Die Nummer zwei der Regierung begann zu trinken wie ein Loch. Er soff sich häufig halb tot, für Minister und Generäle unmöglich zu übersehen. Seine Frau Vilma sorgte sich. Sie vertraute sich dem Chef von Raúls Eskorte, Oberst Fonseca an, und erklärte ihm die Lage. Vilma befürchtete, dass Raúls Depressionen ihn in den Selbstmord treiben könnten.

Fonseca sprach mit seinem Kollegen José Delgado darüber, dem neuen Chef der Eskorte von Fidel, also meinem Vorgesetzten, der wiederum mit dem *Comandante* selbst. Woraufhin Fidel beschloss, seinen kleinen Bruder zur Vernunft zu bringen.

An einem Sonntagmorgen fuhren wir also nach La Rinconada, dem Haus von Raúl und Vilma, das nur einen Kilometer entfernt lag von Fidels und Dalias Heim. Raúl empfing uns in einer weißen *guayabera*, dem traditionellen kubanischen Hemd, und einer Leinenhose. Der Verteidigungsminister begrüßte uns, dann ging er mit seinem großen Bruder zu einer Holzhütte im Park, die abgeschottet hinter Pflanzen lag. Als Fidel vor der typisch indianischen Hütte stand, machte er mir Zeichen, ihm nicht weiter zu folgen. Während die beiden Castros sich auf einer Bank niederließen, blieb ich etwas abseits stehen, hinter den Büschen, konnte von dort aber jedes Wort hören, ohne gesehen zu werden. Ich hörte, wie Fidel seinem Bruder ins Gewissen redete.

»Wie kann man sich nur so gehen lassen? Ein Vorbild bist du nicht für deine Familie und die Eskorte«, begann der *Comandante*. »Wenn du dir Gedanken machst darüber, dass dir widerfahren könnte, was Abrantes passiert ist, kann ich dir nur sagen: Abrantes ist nicht mein Bruder, *no es mi hermano*! Du und ich, wir sind seit der Kindheit zusammen, in guten wie in schlechten Zeiten. Du endest nicht wie Abrantes, nein, es sei denn, du gibst weiter eine so jämmerliche Figur ab. Hör mal, ich spreche als dein Bruder zu dir. Du versprichst mir, dass du dich zusammenreißt, und ich verspreche dir, dass dir nichts geschehen wird. Ich werde sogar eine Rede halten, um allen zu sagen, was du für eine integre Führungspersönlichkeit bist, und erklären, dass Ochoa dich enttäuscht und dir viel Kummer bereitet hat. Und wenn es Leute gibt, die meinen, dass du mit dieser Sache etwas zu tun hast, dann sind das *hijos de puta*!«

Kurz darauf ergriff Fidel wie versprochen die Gelegenheit, Raúl in den höchsten Tönen zu loben: seine Integrität, seine Aufopferung für die Revolution. Raúl trank weiterhin Wodka, wenn auch in Maßen.

Was mich anging, so ging es mir nicht anders als Tausenden anderen Militärs: Ich bekämpfte die Zweifel, die die Affäre Ochoa in mir gesät hatte.

16

GEFÄNGNIS UND ... FREIHEIT!

Die 90er-Jahre begannen für mich mit einer Reihe von Erfolgserlebnissen, die sich konträr zur allgemeinen Lage des Landes verhielt. Die Sowjetunion, deren Auflösung am 8. Dezember 1991 offiziell verkündet wurde, ließ Kuba fallen, das international isoliert war und in die verheerendste wirtschaftliche Krise seiner Existenz schlidderte. Als Antwort darauf rief Fidel die »Sonderperiode in Friedenszeiten« aus, die vorsah, den Tourismus zu entwickeln und Einzelnen erlaubte, *paladres* zu eröffnen (kleine Gasträume in den eigenen vier Wänden), um an die für die Rettung der Revolution benötigten unverzichtbaren Devisen zu kommen. Nur genügte das nicht, wie die *Balsero*-Krise bald zeigen sollte: Dreißigtausend Kubaner verließen ihr »Heimatschiff«, um auf Flößen *(balsas)* in Richtung Miami zu fliehen, immer Gefahr laufend, von den Haien gefressen zu werden, die in der Meerenge vor Florida patrouillieren.

Ich selbst war Fidel ergeben wie nie zuvor. Ich war zum Chef der Avanzada befördert worden und bereitete nunmehr alle seine Reisen ins Landesinnere und ins Ausland vor, so etwa zur Amtseinführung von Fernando Collor de Mello in Brasília (Brasilien) 1990, zum Iberoamerika-Gipfel in Guadalajara (Mexiko) im Juli 1991 oder, im Jahr darauf, seine Reise nach Spanien. Außerdem wurde ich als der beste Pistolenschütze Kubas ausgezeichnet, denn ich hatte über eine Distanz von fünfundzwanzig Metern einen nationalen Wettbewerb gewonnen. Bei der Eskorte und darüber hinaus hatte ich einen entsprechend guten Ruf. Kurz, ich war auf meine Arbeit konzentriert und hatte beschlossen, die Affäre Ochoa zu vergessen, obwohl die nachfolgenden Säuberungen das MININT, das damals (wie heute) von General Abelardo Colomé Ibarra alias »Furry« geleitet wurde, auf allen Etagen tief greifend destabilisiert hatte. Colomé Ibarra war der Nachfolger von José Abrantes, der 1991 in der Haft an einem verdächtigen Herzinfarkt starb, wie ich bereits erwähnt habe. Auch die Verschlechterung der Stimmung bei der Eskorte, seit Domingo Mainet durch José Delgado, einem regelrechten Idioten, als Chef ersetzt worden war, ging angesichts meines beruflichen Erfolges an mir vorbei.

★

Der Wind drehte sich 1994 allerdings schnell für mich. Zunächst heiratete meine Tochter Aliette einen Venezolaner und ließ sich mit ihm in Caracas nieder. Dann versuchte mein jüngerer Bruder, der als Koch für den Staatsrat gearbeitet und in dieser Funktion auch Fidel mehrmals am Tisch bedient hatte, sein Glück und floh auf einer *balsa* nach Florida, wo er sich nach einer gefährlichen Überfahrt niederließ.

Zwei Familienmitglieder im Ausland – das genügte, um aus mir eine suspekte Person zu machen. Mein Chef, Oberst Delgado, bestellte mich zu sich, um zu fragen, ob ich gewusst hätte, dass mein Bruder Kuba verlassen wollte. Ich antwortete mit Nein – was nicht stimmte. Dann informierte Delgado mich darüber, dass ich mit einem *Balsero*-Bruder und einer Tochter im Ausland meinen Posten unmöglich weiter behalten könne. Mir ging auf, dass Fidel höchstpersönlich mich von der Eskorte ausgeschlossen hatte, selbst wenn anfangs noch die Rede davon war, mich im MININT unterzubringen, da meine Kenntnisse und Erfahrungen wertvoll für das Ministerium wären.

Das war schmerzhaft. Sechsundzwanzig Jahre hatte ich seit 1968 im Dienst des *Comandante* verbracht, davon siebzehn Jahre, seit 1977, in seiner Eskorte – und nun sollte ich einfach damit abschließen. Der Chef der Eskorte machte mir daher diesen Vorschlag: »Hör mal, nimm dir zwei Wochen frei und überleg mal, welche Aufgabe im MININT zu dir passen könnte, dann kommst du wieder.« Auf dem Weg nach Hause kam mir der Gedanke, dass es vielleicht an der Zeit wäre, den Beruf an den Nagel zu hängen. Ich war fünfundvierzig, ich hatte den höchstmöglichen Punkt meiner Laufbahn erreicht, hatte alles erlebt, alles gesehen. Weiter würde ich nicht kommen, das wusste ich. Warum also nicht in Rente gehen? Bei den Militärs ist das in der Tat sehr früh möglich.

In den nächsten Tagen wurde ich meiner Sache sicher und weihte meine Frau in meine Absichten ein. Ich verfasste ein Schreiben an die kubanische Sozialbehörde, um meinen Anspruch anzumelden. Zwei Wochen später schrieb ich meine Kündigung, die auch, so schien es zunächst, angenommen wurde. Sehr bald ließ mich aber General Humberto Francis zu sich bestellen, der Sicherheitschef, der mit seiner Abteilung für den Schutz hoher Funktionäre zuständig war und mir nun erklärte, dass mein Weggang gar nicht infrage komme: »Du gehst nirgendwo hin – und ganz sicher nicht in Rente!« Überzeugt von meinem guten Recht, meiner absoluten Loyalität gegenüber der Revolution sowie meinen exzellenten Diensten, gab ich nicht nach und verlangte von ihm ein *conducto reglamentario* – die Erlaubnis, mich an einen Höhergestellten zu wenden; ich erhoffte mir davon eine direkte Unterredung mit »Furry« Colomé Ibarra, dem Innenminister. Ich hatte nicht die geringste Absicht, Kritik am System zu üben, ich wollte ihm lediglich meinen Wunsch darlegen, in ein ziviles Leben zurückzukehren.

★

Zwei Tage später klopften zwei Oberstleutnants an meine Tür und ließen mich wissen, dass General Humberto Francis noch einmal mit mir sprechen wolle. Ich setzte mich sofort ins Auto und fuhr zu ihm. Der General hieß mich dann in einen anderen Wagen umsteigen, der uns »irgendwohin« bringen würde, wo wir ungestört reden könnten. Kaum hatte ich auf der Rückbank des weißen Ladas Platz genommen, als ich rechts und links von zwei Wachen eingeklemmt wurde. Dann setzte sich Oberst Laudelio vom militärischen Abschirmdienst, der alle kubanischen Militärs überwacht, vorne auf den Beifahrersitz und informierte mich, dass wir in das Gefängnis von Havanna führen. Dieses Gefängnis, besser bekannt unter dem Namen »Cien y Aldabó«, nach den Namen der Straßen, wo es sich befindet, ist das schlimmste und gefürchtetste Gefängnis in Kuba. Dort verhört die Polizei ihre Strafgefangenen, schlägt sie, foltert sie und behandelt sie sonst wie schlecht.

Meine beiden Bewacher waren nervös, ich schloss daraus, dass ich in großen Schwierigkeiten steckte. Aber dass ich selbst die Ursache ihrer Nervosität sein könnte, darauf kam ich nicht! Ich dachte eher, dass jemand aus meiner Familie oder ein Freund etwas verbrochen hatte. Aber als wir in den Hof des Gefängnisses einfuhren, meinte Laudelio zu mir:

»So, Sánchez, du bist ein intelligenter Kerl, ich muss es dir nicht drei Stunden lang erklären: Du bist als Gefangener hier!«

Da bin ich explodiert:

»Was wird mir denn vorgeworfen?«

»Reiß dich zusammen. Morgen erklärt man es dir.«

»Aber warum bin ich hier?«, hakte ich nach.

Sie nahmen mir den Gürtel und meine Schnürsenkel ab und warfen mich für vierundzwanzig Stunden in eine Zelle, ohne meine Frau zu benachrichtigen, die tausend Tode starb, weil ich nicht zurückkam.

Jawohl, man hat es mir am nächsten Tag »erklärt«: dass ich ein »Vaterlandsverräter« sei und dass ich diversen Hinweisen zufolge Kuba verlassen wolle. Nichts falscher als das – das war mir tatsächlich noch nie in den Sinn gekommen!

Dann begannen die Verhöre. Hier musste ich nun am eigenen Leib erfahren, dass es in Kuba, anders als Fidel Castro seit jeher behauptet, sehr wohl die Folter gibt – wie in allen früheren lateinamerikanischen Diktaturen in Chile, Argentinien, Uruguay etc.

Die Verhöre wurden von den Leuten des militärischen Abschirmdienstes geführt, in einem kleinen Raum, in dem die Klimaanlage voll aufgedreht war. Während die Männer dicke Mäntel trugen, hatte ich nur ein ärmelloses T-Shirt an, wie alle Insassen von Cien y Aldabó. Ich fror erbärmlich. Wenn ich meine Peiniger darum bat, die Klimaanlage auszudrehen, spotteten sie nur, sie hätten leider keinen Zugang zu den Schaltern, die lägen außerhalb des Raumes. Dann ließen sie mich drei oder vier Stunden alleine, bis meine Nägel und Lippen blau waren.

Eine Woche haben sie sich angestrengt, aus mir herauszupressen, dass ich ein Konterrevolutionär sei, sie zählten wahrscheinlich darauf, dass ich zusammenbrechen und ein Geständnis unterschreiben würde. Ich aber war derart verbittert über mein Schicksal, ich unterzeichnete rein gar nichts. Einer der Männer fragte: »Du weißt sicher, dass du auf Befehl von Fidel hier bist?« Derselbe Mann sagte mir nach einer Woche, dass die Gefängnisverwaltung jetzt auf die Anweisungen des *Comandante en Jefe* wartete, um zu wissen, ob sie mich freilassen sollen oder nicht. So erfuhr ich, dass ich allein auf Wunsch desjenigen Mannes im Gefängnis war, dem ich ein Vierteljahrhundert gedient hatte!

Zu diesem Zeitpunkt wünschte ich, mit dem *Comandante* persönlich sprechen zu können; es wäre leicht gewesen, ihn davon zu überzeugen, dass ich Opfer eines Komplotts geworden, dass er auf dem Holzweg war, dass einige Angehörige der Eskorte ihm in böser Absicht ein falsches Bild von mir gezeichnet hätten. Ja, unser Chef José Delgado hegte mir gegenüber eine versteckte Eifersucht – einfach, weil er unfähig war. Meine Stellung als Konditionstrainer der Eskorte barg ein gewisses Machtpotenzial, denn ich war derjenige, der über die Zusammenstellung der Truppe bei den Auslandsreisen entschied.

Wie auch immer, man ließ mich nicht zu Fidel vor. Einmal mehr zeigte er damit, wie er die Menschen behandelt, die er nicht mehr braucht: Er entsorgt sie. Ich wusste es ja, aber so wie viele Menschen in meiner oder ähnlichen Positionen war ich mir sicher, dass ich nach allem, was ich für ihn getan hatte, verschont bleiben würde.

★

Später sperrte man mich in eine widerwärtige Einzelzelle, in der ich zwei Monate lang kein Tageslicht zu sehen bekam. Die Gefängniszellen im Cien y Aldabó sind mit Kakerlaken verseucht und mit Absicht so gestaltet, dass sie nach Urin und Fäkalien stinken. Es gibt nur ein Loch im Boden, in das man sich erleichtern kann. Der Wasserhahn, aus dem man nicht mehr als zwei Becher am Tag herausbekommt, befindet sich nur zehn Zentimeter neben diesem ekelerregenden Loch. Um mein Zeitgefühl zu destabilisieren, brachte man mir das Frühstück um zwei Uhr mittags und die Hauptmahlzeit (widerlich, kalt, zu wenig) um acht Uhr morgens. Außerdem war es in der Zelle drückend heiß, sodass der Wechsel zu der Kälte im Verhörraum unerträglich war. Zu guter Letzt hatten meine Wärter mir eine Matratze aus Reisstroh gebracht, die anscheinend kontaminiert war, jedenfalls hatte ich nach wenigen Tagen einen fulminanten, eitrigen Hautausschlag von der Taille abwärts am ganzen Körper, auch an den Hoden.

Glücklicherweise gab es Alfredo, einen CIMEQ-Arzt. Er saß im Gefängnis, weil er versucht hatte, Kuba auf illegalem Wege zu verlassen, nun arbeitete er hier auf der Krankenstation und pflegte mich. Trotzdem war ich nach zwei Monaten ein physisch und psychisch gebrochener Mann. Ich hatte dreißig Kilo abgenommen und wog statt dreiundachtzig nur noch vierundfünfzig Kilo. Ich war am Ende meiner Kräfte und bat darum, einem Verantwortlichen vorgeführt zu werden. Da brachte man mich am nächsten Tag zu einem Oberst, der vorgab, mich zu kennen. »Ich wollte Sie schon lange kennenlernen!«, sagte er. Verbittert antwortete ich, er wisse ja, wo er mich finde. Dann stellte ich ein Ultimatum:

»Wenn ihr mich nicht bis morgen aus diesem Rattenloch rausholt, trete ich in den Hungerstreik und fresse dann den Ersten, der meine Zelle betritt.«

Den Oberst irritierte meine Drohung, er nahm sie ernst. Anscheinend kam die Nachricht auch bei Fidel an, denn am nächsten Tag wurden zwölf bewaffnete Männer nach mir geschickt, um mich in das Gefängnis La Condesa in die Stadt Güines zu bringen, dreißig Kilometer südlich von Havanna.

★

Dort saß ich mit zweiundzwanzig, zum großen Teil schwerstkriminellen Mitgefangenen eingepfercht in eine Zelle, die man in Kuba auch *galera* nennt, weil das Leben dort dem auf einer Galeere ähnelte.

Der Transfer nach Güines brachte eine leichte Verbesserung der Haftbedingungen mit sich, auch wenn die »weiße Folter« (Foltermethoden, die keine körperlichen Spuren hinterlassen) weiterhin auf der Tagesordnung stand.

Das Klima in Güines ist derart, dass die Temperaturen nachts im Vergleich zu anderen Städten auf Kuba überdurchschnittlich fallen. In der kalten Jahreszeit zerrten die Wärter uns morgens um drei auf den Hof und befahlen uns, uns auszuziehen. Wir mussten nackt vor ihnen stehen bleiben, während sie uns erniedrigten: »Ist euch kalt? Seltsam. Uns nicht!« Dann brachen sie in lautes Lachen aus und gingen, wir zitterten weiter in der Nacht. Diese und noch andere schmachvolle Praktiken sind in Kubas Gefängnissen täglich Brot, und zwar seit Jahrzehnten – was Fidel und Rául Castro jedoch nie daran gehindert hat, zu behaupten, es gäbe in Kuba keine Folter, dafür seien sie zu kultiviert …

In Güines hörten die Wärter nicht auf, mich zu bedrohen:

»Wenn du weiter abstreitest, ein Konterrevolutionär zu sein und mit Verrätern zusammenzuarbeiten, wenn du das Geständnis nicht unterschreibst, kommst du hier nie raus …«

Ich biss die Zähne zusammen, sah ihnen in die Augen und antwortete:

»Wenn das mein Schicksal ist …«

★

Einen Monat nach meiner Überstellung wurde ich schließlich von acht bis an die Zähne bewaffneten Männern vor ein Militärgericht nach Playa gebracht, einer Gemeinde der Provinz Havanna. Ich wurde hinter verschlossenen Türen vorgeführt, man trat meine Rechte mit Füßen: Der Vorsitzende hörte nicht zu, wenn mein Anwalt sprach, die Belastungszeugen konnten sich in einem angrenzenden Raum absprechen und so weiter. Was mich aber am schlimmsten kränkte, war, wie einige meiner ehemaligen Kollegen im Zeugenstand mich konterrevolutionärer Aktivitäten beschuldigten. Dank meiner strafrechtlichen Kenntnisse und meines leeren Strafregisters gelang es mir trotzdem, überzeugende Argumente zu meiner Verteidigung vorzubringen. Ich machte geltend, dass ich nichts im Gerichtssaal verloren hätte, und schon gar nicht hinter Gittern, da mein einziger Fehler gewesen sei, meine Rente zu beantragen, was, soweit ich wisse, kein Vergehen sei.

Der Staatsanwalt forderte acht Jahre Haft. Einige Tage später kam mich meine Frau im Gefängnis besuchen, und sie war es, die mir das Ergebnis der Verhandlungen mitteilte: zweieinhalb Jahre! Sie war erleichtert, denn natürlich war das sehr viel weniger als die acht Jahre, mit denen sie ursprünglich gerechnet hatte. Ich aber war entsetzt, angewidert. Ich ging in Berufung. Wieder einen Monat später minderte das Militärgericht der Gemeinde Diez de Octubre in der Provinz Havanna mein Strafmaß auf zwei Jahre Gefängnis.

★

In La Condesa erhielt ich Besuch von Domingo Mainet, dem ehemaligen Chef der Eskorte, der Ende der 80er-Jahre zum Gefängnisinspektor der Provinz Havanna ernannt worden war. Er und ich befanden uns, konkret wie im übertragenen Sinne, jeder auf seiner Seite der Gitter. Mainet fragte, wie es mir gehe, ich antwortete: »Sehr schlecht. Und du weißt sehr wohl, dass ich hier nichts zu suchen habe, du kennst mich.« Dann fragte er, ob ich meine, dass ich auf persönliche Veranlassung Fidels im Gefängnis säße. Ich hütete mich davor, die Wahrheit zu sagen, denn ich wusste, wie das kubanische System funktioniert: Dem *Comandante* Vorwürfe zu machen hätte meinen Fall nur verschlimmert. Also begnügte ich mich zu antworten: »Wahrscheinlich ist er von deinem Nachfolger, von José Delgado, und den Leuten vom militärischen Abschirmdienst falsch unterrichtet worden.« Dann fügte ich hinzu: »Und wenn du mir jetzt nichts weiter zu sagen hast, würde ich gerne in meine Zelle zurück.«

Ein anderes Mal hatte ich Besuch von General Francis, dem höchsten Sicherheitschef. Als ich das Büro des Gefängnisdirektors betrat, der noch nie einen so wichtigen General empfangen hatte, stand da ein Büfett. Francis sagte, ich würde bald von Innenminister Abelardo Colomé Ibarra angehört werden, was aber nie geschah. Dann lud er mich zum Essen ein. Ich lehnte ab mit der Begründung, das sei nicht die Art von Essen, die man für gewöhnlich im Gefängnis erhalte, und wie er sicher wisse, gebe es ohnehin keinen triftigen Grund, mich zwischen diesen Mauern verrecken zu lassen. Der beschämte General senkte schmatzend den Kopf; ich setzte der Unterredung ein Ende, indem ich, wie bei Domingo Mainet, darum bat, wieder in meine Zelle zurückzudürfen. Auch dieses Mal hatte ich mich mit Kritik an Fidel zurückgehalten, um mir meine Chancen auf eine Freilassung nicht gänzlich zu verderben.

Ich bin überzeugt davon, dass man während meines Aufenthaltes hinter Gittern versuchte, mich zu töten, ähnlich wie man es mit dem ehemaligen Innenminister José Abrantes getan hatte, der nach anderthalb Jahren Haft an einem »Herzinfarkt« verstarb. Ich litt unter einer akuten Mittelohrentzündung, gegen die der Gefängnisarzt mir eine Therapie verordnete, die alles Mögliche tat, außer zu helfen. Mein Zustand verschlechterte sich Tag für Tag. Glücklicherweise erbarmte sich ein Arzt, der einen Verwandten im Gefängnis besuchte, und untersuchte mich. Er stellte fest, dass meine Behandlung unweigerlich zu einem Hirnabszess führen würde. Voller Empörung wandte dieser Arzt sich an den Gefängnisdirektor und warf ihm vor, mich umbringen zu wollen. Er drohte damit, ihn bei den Behörden zu denunzieren, und erhielt die Genehmigung, mich einmal in der Woche im Besuchszimmer zu behandeln. Mir riet er dringend, die Krankenstation des Gefängnisses zu meiden. Ich brach die ursprünglich angeordnete Therapie ab und wurde gerettet. Ohne ihn, meinen Schutzengel, gäbe es dieses Buch nicht.

★

Ja, es war in La Condesa, dass ich beschloss, später in Freiheit ein Buch zu schreiben. Eines Tages, als ich mir auf dem Gefängnishof die Sonne ins Gesicht scheinen ließ und in den blauen Himmel sah, schwor ich mir: Wenn der *Comandante* nicht die geringsten Skrupel hat, mich hier einzusperren und mir und meiner Familie ein derart ungerechtes Leid zuzufügen, obwohl ich alles dafür gegeben habe, ihn zu schützen, dann will ich der Welt das wahre Gesicht von Fidel Castro zeigen. Die Idee zu diesem Buch ist also an einem sonnigen Tag im Jahr 1995 entstanden, vor nahezu zwanzig Jahren, als ich noch die graue Kluft der Strafgefangenen trug, nur wenige Kilometer entfernt von den Sandstränden, an denen sorglose Touristen aus aller Welt *mojitos* tranken und Salsa tanzten, ohne sich auch nur einen Moment Gedanken zu machen über das Schicksal der Opfer von Fidel und Raúl Castro …

★

Zwei Jahre nach meiner Verhaftung, keinen Tag weniger, wurde ich freigelassen. Ich war sehr schwach. Dank meines Schutzengel-Arztes, der sich um mich gekümmert hatte, hatte ich zwar wieder etwas mehr auf den Rippen, wog aber trotzdem noch zwanzig Kilo weniger als vor meiner Verhaftung.

Aus dem Gefängnis entlassen, wurde ich bei der Sozialbehörde vorstellig, um meine Situation zu klären. Überraschung: Bei Durchsicht der Dokumente, die man mir überließ, sah ich, dass mein Anspruch auf Verrentung bereits vor über zwei Jahren anerkannt worden war! Das bedeutete auch, dass ich zum Zeitpunkt meines Prozesses rein formal schon Zivilist war und kein Soldat mehr. Demzufolge war die ganze Prozedur fehlerhaft gewesen, denn als Zivilperson hätte ich nicht vor ein Militärgericht gestellt werden dürfen … Nun gut, ich behielt meine Wut für mich. Immerhin war ich jetzt frei …

Damals wusste ich noch nicht, dass die Polizei mich weiter bedrängen würde, aber ich hatte sogleich den G2 am Hals: Agenten der Staatssicherheit standen rund um die Uhr vor meiner Tür und verfolgten mich auf Schritt und Tritt, ob ich nun mit dem Auto zu meiner Mutter fuhr oder nur etwas frische Luft schnappen wollte.

★

Im ersten Jahr war ich nicht sehr aktiv. Man hatte mich aus der PCC ausgeschlossen, was es mir quasi unmöglich machte, eine Arbeit zu finden. Ich lebte von meiner Rente, die dreihundert Pesos (sechzehn Dollar) betrug – nebenbei gesagt hatte man mir die Vergütung für meinen vorzeitigen Ruhestand schon vor meiner Inhaftierung zugesprochen, was einmal mehr die Absurdität meines Prozesses zeigt –, verbrachte viel Zeit zu Hause mit Nichtstun, mit meiner Familie, meiner Frau und versuchte die Zeit nachzuholen, die man mir im Gefängnis gestohlen hatte. Wohin ich auch ging, wer immer mein Gesprächspartner war: Ich hielt mich mit jedweder Kritik an Fidel Castro zurück, auch mit meiner Meinung über die politische oder soziale Situation. Der Geheimdienst wurde aus meiner Einstellung zur Revolution nicht schlau.

Nach einem Jahr kamen zwei Offiziere zu mir und boten mir Arbeit an. Da ich das Castro-System bis in alle Einzelheiten kannte, wusste ich natürlich, dass sie das nur taten, damit sie mich besser unter Kontrolle hätten, denn die Staatssicherheit hatte Spitzel und Agenten in allen Fabriken und Schulen, in der Verwaltung, in Hotels und Restaurants, auf den Märkten etc. Auf diese Weise arbeitete ich nacheinander in einem Logistikzentrum für Weizen- und Mehltransporte, wo ich später verantwortlicher Verwalter wurde, dann war ich Leiter der Nachtschicht im Café TV, einem Cabaret im Zentrum, und schließlich leitender Angestellter einer Überwachungseinheit, die dem Bauministerium angehörte.

Ich war in Sachen Spionageabwehr nicht unbeleckt und begann, alle Techniken der Verwirrung anzuwenden, die ich mir an der Hochschule oder bei der Arbeit angeeignet hatte. Statt Fidel zu kritisieren, sorgte ich mich scheinbar um seine Sicherheit. »Der *Comandante en Jefe* muss auf sich achtgeben, wenn er in dieses oder jenes Land reist, die Revolution hat viele Feinde dort«, ließ ich etwa bei einer Unterredung mit meinen Kollegen fallen, wissend, dass meine Aussagen weitergereicht werden würden. Ich nahm auch an allen revolutionären Aktivitäten teil, gleichviel, ob es um Bezirksversammlungen ging oder um eine Massendemonstration, zu der der *Comandante* aufgerufen hatte.

Gleichzeitig holte ich aber insgeheim Erkundigungen über klandestine Schleppernetze ein, die ab den 90er-Jahren immer zahlreicher wurden. So erfuhr ich, dass die Schlepper sich ihre Dienste mit mindestens zehntausend Dollar bezahlen ließen, und begann daher, verschiedene Habseligkeiten zu verkaufen, Plunder, Elektrogeräte und anderes, um das Geld zusammenzubekommen und eines Tages in eines dieser Boote steigen zu können, die mich in die Freiheit bringen sollten. Mein Bruder und mein Onkel, die ja schon in den USA lebten, ließen mir Geld zukommen, zum Teil über geheime Kanäle, zum Teil über meine Tochter, die von Venezuela nach Florida gezogen war und uns alle zwei, drei Jahre auf Kuba besuchen kam. Zudem begann ich, Dokumente außer Landes zu schaffen (Fotos, Diplome, Medaillen), die mir, wenn es so weit sein würde, helfen sollten, unzweifelhaft zu beweisen, dass ich wirklich siebzehn Jahre lang als Leibwächter von Fidel Castro gearbeitet hatte.

★

Ich wurde 1996 aus der Haft entlassen, aber ich brauchte zwölf Jahre, um die Insel zu verlassen, bis 2008, und zehn gescheiterte Fluchtversuche. Jedes Mal gab es ein Problem, sei es, dass das Boot der Schlepper zur vereinbarten Zeit nicht am vereinbarten Ort war, dass ein Schiff der Küstenwache in der Nähe patrouillierte oder ich ganz einfach das Gefühl hatte, beobachtet zu werden. Natürlich verwirrte ich die G2-Agenten nach allen Regeln der Kunst der Spionageabwehr, wie ich es auf der MININT-Hochschule gelernt hatte. Ich tauchte in den Menschenmengen eines stark frequentierten Platzes unter, bog kurzerhand in eine öffentliche Toilette ab, um mir ein anderes T-Shirt anzuziehen und eine andere Mütze aufzusetzen, oder bog um die Ecke und kehrte nach ein paar Minuten zurück, um mich zu versichern, dass ich nicht verfolgt würde. Aber dieser ganze Zirkus belastete mich sehr, und ich fragte mich oft, ob es mir eines Tages wirklich gelingen würde, von Kuba wegzukommen.

Im Juni 2008 sah plötzlich alles anders aus. Meine Frau hatte eine Reisegenehmigung für die USA bekommen, wo sie ihre Schwester besuchen wollte. Sie wollte einen Monat in Florida bleiben – außer, mir gelänge die Flucht. Und tatsächlich, eine Woche nach ihrer Abreise erhielt ich über das Schleppernetz die Nachricht, dass in den nächsten Tagen eine Bootsüberfahrt in Richtung Mexiko vorgesehen sei. Dieses Mal sollte das Treffen in der Provinz Pinar del Rio über die Bühne gehen, der westlichsten Provinz Kubas. Ich hatte ein schlechtes Vorgefühl, denn zwei meiner vorangehenden Versuche waren eben dort gescheitert, und ich war nur mit großem Schrecken davongekommen. Außerdem hatte ich fälschlicherweise den Eindruck, meine Schlepper, denen ich bereits zwölftausend Dollar gezahlt hatte, könnten für die Staatssicherheit arbeiten. Wenn sich das bewahrheitet und die Leute mich verpfiffen hätten, wäre ich für lange, für sehr lange Zeit hinter Gittern gelandet. Kurz, es wurde eng für mich. Erst kürzlich hatten Leute vom G2 meine Nachbarn befragt, um zu erfahren, weswegen ich mich manchmal in der Provinz ganz am Ende der Insel aufhielte, obwohl ich dort gar keine Verwandte hätte ...

Ich beschloss, den Versuch trotzdem zu wagen. Mein Kontaktmann hatte mir übermittelt, dass das Treffen bei Los Palacios stattfinden sollte, hundert Kilometer westlich von Havanna. Es ist eine Ironie der Geschichte, dass ich am verabredeten Tag in ein Sumpfgebiet kam, das nur sechshundert Meter entfernt lag von einem Haus, das ich sehr gut kannte, weil ich Dutzende Male mit Fidel dort gewesen war: La Deseada, seine Jagdhütte, von wo er gern auf Entenjagd ging. Zwei Tage saß ich ohne mich groß zu bewegen und ohne etwas zu essen zwischen den Mangroven und wartete auf meine Schlepper. Ich verlor schon die Hoffnung, als das Boot endlich in der Nacht, ohne Beleuchtung, anlegte.

Wir waren fünfundvierzig Flüchtlinge, die ins Boot stiegen, aber der Kapitän erklärte uns, er habe nur Order für dreißig Leute. Er forderte fünfzehn Freiwillige auf, das Boot zu verlassen – natürlich ging niemand. Nach ergebnislosen Verhandlungen startete er morgens gegen drei Uhr den Motor, mit allen Insassen! Durch das Gewicht der Passagiere lag das Boot tief im Wasser, sodass eine der Schrauben an einen Felsen stieß und zerbrach. Glücklicherweise gab es noch drei Motoren, und so erreichten wir internationales Gewässer. Auf halber Strecke nach Yucatán (Mexiko) kam uns ein anderes Boot entgegen, ein Teil der Flüchtlinge wurde mitten auf dem Meer umgesetzt. Die beiden Boote fuhren im Konvoi weiter.

Am Abend des nächsten Tages näherten wir uns endlich Cancún, dem mexikanischen Küstenort, der ungefähr zweihundert Kilometer vom westlichsten Zipfel Kubas entfernt liegt. Die Schlepper warteten, bis es dunkel war, um uns von Bord gehen und in einen Lastwagen steigen zu lassen, der uns zu einem Haus im Landesinneren brachte.

Binnen einer Woche holten die Schlepper jeweils vier bis fünf Leute ab, die sie unauffällig zum Flughafen begleiteten, von wo aus sie ins Flugzeug nach Nuevo Laredo steigen sollten, einer Stadt an der Grenze zu Texas, 1500 Kilometer von Cancún entfernt. Ich war einer der Letzten, den sie holten. Bevor die Schlepper mich allein ließen, rieten sie mir: »Sprich so wenig wie möglich, damit du dich nicht verrätst.« Der kubanische Akzent unterscheidet sich stark vom mexikanischen, Lateinamerikaner hören den Unterschied schnell heraus. Dann wünschten sie uns viel Glück …

★

In Nuevo Laredo war der Plan ganz einfach: einen gleichgültigen Eindruck machen und zu Fuß über die Grenze gehen, ohne sich kontrollieren zu lassen, zusammen mit dem Pulk von Pendlern, die jeden Tag über die Brücke des Rio Bravo hinweg auf der anderen Seite zur Arbeit gingen. Danach wäre alles geschafft … Man muss wissen, dass die Kubaner, anders als alle anderen Latinos, von dem Cuban Adjustment Act profitieren, einem Gesetz von 1966, das allen Kubanern politisches Asyl gewährt, sobald sie einen Fuß auf US-amerikanischen Boden setzen.

Kurz bevor unsere kleine Gruppe von fünf Leuten die Grenzbrücke passierte, machte sich Panik breit: Wenn wir nun doch von den mexikanischen Beamten festgehalten werden würden, so kurz vor dem Ziel? Ich atmete tief durch, sammelte mich und sagte meinen Kameraden, von denen niemand wusste, dass ich Militär gewesen war: »Folgt mir, ich gehe vor!« Und ich erklärte ihnen, dass wir, gesetzt den Fall, die Mexikaner wollten uns kontrollieren, schnell über die Grenze rennen müssten, denn kein lateinamerikanischer Beamte würde so unvorsichtig sein, Schüsse in Richtung der US-Amerikaner abzufeuern. Wir setzten uns in Bewegung.

Die dreihundert Meter, die uns von den USA trennten, kamen uns endlos vor. Als ich dann aber bei dem letzten mexikanischen Beamten vorbeikam, klopfte ich ihm spontan, ohne nachzudenken, lächelnd auf die Schulter und meinte: »Schönen Tag noch!« Dann waren meine Weggefährten und ich in den Vereinigten Staaten angekommen.

★

Dem erstbesten Polizisten, den ich sah, ein großer Schwarzer, rief ich die beiden Zauberwörter zu: *»Asilo político!«*, aber er verstand kein Spanisch. Ich wandte mich deshalb an einen seiner Kollegen, einen mit kolumbianischen Wurzeln, wie sich erwies, der sofort verstand, dass wir Kubaner waren. Er sah unseren ermatteten Gesichtern an, dass wir lange nichts gegessen hatten, und kaufte uns Limonade und ein Hühnchen von Kentucky Fried Chicken, das wir sofort verschlangen. Das war mein erstes Erlebnis mit der amerikanischen Gastronomie: nichts Besonderes, aber immer noch zehnmal besser als das, was es auf Kuba gab!

Dann führte man uns einzeln Beamten der Einwanderungsbehörde vor, allesamt des Spanischen mächtig. Wie alle Kubaner, die in die USA kommen, wurde ich streng befragt:

»Haben Sie direkt oder indirekt mit dem kubanischen Regime kollaboriert?«

»Ja«, antwortete ich.

»Auf welche Art und Weise?«

»Ich war siebzehn Jahre lang Leibwächter des *Comandante en Jefe* Fidel Castro.«

Mein Gegenüber verstummte, sah mich über seine Brille hinweg an, um zu sehen, ob ich scherzte. Ich bestätigte meine Aussage nochmals, er kriegte seinen Mund nicht mehr zu. Man muss hinzufügen, dass ich bis zum heutigen Tag das einzige Mitglied der Eskorte Fidels bin, das sich abgesetzt hat. Der Beamte lächelte breit, erhob sich und sagte: »Rühren Sie sich nicht vom Fleck, ich bin gleich wieder da.« Er verschwand für eine Stunde und kam mit einem unglaublich dicken Ordner zurück, den er auf den Tisch legte. Auf einem weißen Zettel darauf stand: »Juan Reinaldo Sánchez«. Das war *meine* FBI-Akte! Dieser Ordner enthielt alle möglichen Papiere, die mich betrafen und erlaubten, meine Biografie nachzuvollziehen. Ich erinnere mich, wie der Offizier die nächste Stunde damit verbrachte, meinen Asylantrag auszufüllen und mir dabei sehr anekdotische und amüsante Fragen stellte. So wollte er etwa wissen, wie Fidel mit einem so langen und dichten Bart wie seinem sauber essen könne. Zuletzt fragte er mich, ob ich einverstanden wäre, mich von einem FBI-Agenten befragen zu lassen, worauf ich antwortete: »Mit dem größten Vergnügen!«

Dann rief ich meinen Onkel an, der mir seit Langem wie ein Vater war. Ich hörte ihn am anderen Ende der Strippe vor Freude schreien und tanzen: »Wirklich? Du hast es geschafft? Mein Sohn, ich liebe dich! Komm schnell, wir wollen dich sehen, *ahora,* sofort!« Wir alle hatten das Gefühl, wie in einem Kinofilm das Happy End zu erleben. Er ließ mir ein Flugticket zukommen, und acht Stunden später landete ich in Miami, wo schon das allerschönste Empfangskomitee bereitstand: meine ganze Familie! Also, fast. Meine Mutter war in Kuba geblieben, mein Sohn ebenfalls; beiden sollte es erst 2012 gelingen, die Insel zu verlassen. Aber die anderen waren außer sich vor Freude! Meine Frau, meine Tochter, mein Schwiegersohn, meine Enkelkinder, mein Onkel-Papa!

Zu Hause bei meiner Tochter, wo schon ein gutes Essen und neue Kleider auf mich warteten (ich hatte von Kuba nur mitgenommen, was ich am Leibe trug), stieg ich dann in die Badewanne, rasierte mich, wusch mich und machte mich schön, um dieses unglaubliche Ereignis zu feiern: meine Freiheit. Zum ersten Mal seit Jahren konnte ich mich entspannen, das Gefühl der Beklemmung, das die permanente Überwachung durch Agenten der Staatssicherheit mit sich brachte, fiel von mir ab. Das Damoklesschwert über mir war gebrochen.

Für einen Kubaner kann es nichts Schöneres geben, als ein Wiedersehen oder eine Wiedervereinigung mit der Familie. Nie wieder sollte ich unter einer solchen Trennung zu leiden haben. Wir setzten uns an den Tisch, um *camarones al ajillo* zu essen, ein typisch kubanisches Gericht aus Knoblauchgarnelen mit Reis und schwarzen Bohnen, und verbrachten den Abend damit, zu lachen, uns zu umarmen und uns alles zu erzählen.

Nach einer kurzen Nacht erkundete ich am nächsten Morgen das Viertel Little Havanna und stellte fest, dass seine Architektur in nichts an Havanna erinnert, selbst wenn in den Parks dort Hunderttausende Exilkubaner Domino spielen und zu jeder Tageszeit den *café cubano* trinken und so für die herzliche Stimmung sorgen, die dem Volk, dem ich angehöre, so eigen ist.

★

Nach einem Jahr hatte ich Arbeit als unabhängiger Berater in Sachen Personenschutz und auch als politischer Kuba-Experte. Meine Überzeugung ist: Auf der Insel wird sich nichts verbessern, solange die Castro-Brüder an der Macht sind. Aus der Ferne sehe ich meinen alten Chef Fidel in Alter und Krankheit untergehen. Er kocht nur noch auf kleiner Flamme und ist immer weniger in der Lage, die Menschen zu regieren, die Ereignisse einzuschätzen. Ich weiß, wie er leidet, wenn er sich im Spiegel sieht, schwach wie er ist. Ich kenne ihn.

Ich empfinde keinen Hass, wenn ich an ihn denke, hege keine Ressentiments, keine Rachegelüste. Das sind negative Gefühle, die mich am Leben hindern würden. Ich war immer

Optimist, überzeugt, dass morgen alles besser ist als heute. Wenn ich jemandem gegenüber schlechte Gefühle hege, dann gegenüber Fidels Schergen, die mich vor Gericht derart erniedrigt hatten: der Staatsanwalt, die Richter, die Offiziellen vom militärischen Abschirmdienst, manch ehemaliger Kollege, der falsch ausgesagt hat, und andere Spitzel. Sie erledigen die niederen Arbeiten, und sie sind mitverantwortlich für die Aufrechterhaltung des Systems.

Was mich angeht, so habe ich mich einfach getäuscht. Mein Fehler war, die erste Hälfte meines Lebens dem Schutz eines Mannes zu widmen, den ich bewunderte für seinen Kampf um die Freiheit seines Landes und die Ideale der Revolution, bevor er vom Fieber der uneingeschränkten Macht und der Verachtung für das Volk ergriffen wurde. Mehr noch als seine Undankbarkeit gegenüber seinen Untergebenen werfe ich ihm seinen Verrat vor. Denn er hat die Hoffnung von Millionen Kubanern verraten.

Bis an das Ende meiner Tage werden mich diese Fragen immer beschäftigen: Warum enden alle Revolutionen so schlecht? Und warum verwandeln sich ihre Helden systematisch zu Tyrannen, die schlimmer sind als jeder zuvor von ihnen bekämpfte Diktator?

ANMERKUNGEN

1 Er wurde durch Carlos Lage ersetzt, der es später bis zum Vizepräsidenten des Ministerrates und des Staatsrates brachte, bevor er im Jahr 2009 abgesetzt wurde.

2 Rubén Fulgencio Batista (1901–1973) war zum ersten Mal von 1940 bis 1944 kubanischer Präsident. Damals war er demokratisch gewählt worden. Zu seiner Regierung zählten auch kommunistische Minister.

3 Alina Fernández: *Ich, Alina. Mein Leben als Fidel Castros Tochter*, Reinbek 1999

4 Die Bewegung der Blockfreien Staaten ist eine internationale Organisation, die sich 1961 in Belgrad konstituierte und in der sich die Staaten zusammenfinden, die weder dem Ostblock noch dem westlichen Bündnis angehören.

5 Vom 14. bis zum 28. Oktober 1962 kam es zu einer um ein Haar fatalen Konfrontation zwischen den USA und der UdSSR, da Letztere heimlich ein paar Dutzend Mittelstreckenraketen mit nuklearen Sprengköpfen auf Kuba stationiert hatte. Diese Krise stellt den Höhepunkt des Kalten Krieges dar und konnte durch direkte Verhandlungen zwischen John F. Kennedy und Nikita Chruschtschow in letzter Minute beigelegt werden, ohne dass Fidel Castro dabei einbezogen wurde.

6 Der Palacio de La Moneda ist der chilenische Präsidentenpalast. Weltbekannt wurde er am 11. September 1973, als ihn die Putschisten unter Augusto Pinochet erst bombardierten und dann erstürmten. Allende kam in der Moneda ums Leben.

7 Angeführt von Jonas Savimbi und finanziert von den USA und Südafrika bekämpfte die UNITA (Nationale Union für die völlige Unabhängigkeit Angolas) die marxistisch-leninistische Regierung des Landes, die aus der konkurrierenden Befreiungsbewegung MPLA (Volksbewegung zur Befreiung Angolas) hervorgegangen war und ihrerseits von Kuba und der Sowjetunion unterstützt wurde. Ähnlich wie die Konflikte in Mittelamerika zur selben Zeit war der angolanische Bürgerkrieg, der von 1975 bis 1992 andauerte, einer der Hauptschauplätze der bewaffneten Konflikte im Kalten Krieg.

8 Juanita Castro, Maria Antonieta Collins: *Fidel et Raúl, mes frères. L'histoire secrète*, Paris 2011

9 1977 hatte Gaddafi sein Land in Sozialistische Libysch-Arabische Dschamahirija umbenannt, wobei »Dschamahirija« so viel heißt wie Herrschaft der Massen oder Volksrepublik.

10 Manuel Noriega, als Chef der Nationalgarde von 1983 bis 1989 der faktische Machthaber Panamas, arbeitete ursprünglich ebenso eng wie heimlich mit der CIA bei deren Operationen gegen die kolumbianischen Drogenkartelle zusammen, bis ihm schließlich die Drogenfahnder der US-amerikanischen DEA (Drug Enforcement Administration) vorwarfen, die Seiten gewechselt zu haben und selbst in den Drogenschmuggel verstrickt zu sein. Im Dezember 1989 stürzten ihn die USA durch eine Invasion Panamas. Er wurde zuerst in Miami wegen seiner Drogengeschäfte, später in Paris wegen Geldwäsche und zuletzt in Panama-Stadt wegen Mordes an einem Dissidenten verurteilt. Dort sitzt er heute noch in Haft.

PERSONENREGISTER